■ 江苏高校哲学社会科学研究项目（批准号：2015SJB671）

■ 淮海工学院法学院公共管理学科基金

中国**回应型司法**的理论逻辑与制度建构

THE THEORY LOGIC AND SYSTEM CONSTRUCTION OF
CHINA'S RESPONSIVE JUDICATURE

吴建国 ◎ 著

厦门大学出版社

XIAMEN UNIVERSITY PRESS

国家一级出版社

全国百佳图书出版单位

图书在版编目(CIP)数据

中国回应型司法的理论逻辑与制度建构/吴建国著. —厦门:厦门大学出版社,
2016.12
ISBN 978-7-5615-6320-5

Ⅰ.①中…　Ⅱ.①吴…　Ⅲ.①司法制度—研究—中国　Ⅳ.①D926

中国版本图书馆 CIP 数据核字(2016)第 290607 号

出 版 人	郑文礼
责任编辑	李　宁
封面设计	蒋卓群
技术编辑	许克华

出版发行 厦门大学出版社

社　　址	厦门市软件园二期望海路 39 号
邮政编码	361008
总 编 办	0592-2182177　0592-2181406(传真)
营销中心	0592-2184458　0592-2181365
网　　址	http://www.xmupress.com
邮　　箱	xmup@xmupress.com
印　　刷	虎彩印艺股份有限公司

开本	720 mm×1 000 mm　1/16
印张	12.25
插页	2
字数	216 千字
版次	2016 年 12 月第 1 版
印次	2016 年 12 月第 1 次印刷
定价	58.00 元

厦门大学出版社
微信二维码

厦门大学出版社
微博二维码

前　言

在中国的传统司法制度中,司法民主与司法独立以二律背反的形态存在于整个司法过程,打破了司法制度本身所固有的规律与均衡,导致了各种司法不公的出现,冤假错案屡有发生,传统司法制度在当代公众对司法公正的强烈诉求中变得难以为继。当前社会是一个转型中的多元社会,客观存在的各种利益主体都对司法公正有着更多需求和期待,法治社会自身的发展路径也对司法公正提出了更高要求,使司法改革成为当代中国乃至世界法治进程中不可逆转的潮流。因此,中国正在大力推进的司法改革是毋庸置疑、势在必行的。然而,对于当今中国司法改革的现实模式及未来走向问题仍需广大法学者对其进行研究和探讨,从而掌握其中的规律,以更好地指导中国司法改革实践的顺利进行。

当前,纵观世界范围内掀起的轰轰烈烈的司法改革,其趋势越发凸显了司法制度的一个新特征——司法的回应性。什么是司法的回应性?简单地说,司法的回应性是指在司法过程中植入协商机制,使司法审判在坚守法律底线的前提下,被改造成为一个协商过程。这一司法改革的新趋势引起了国内外学者的广泛关注,激发了法学界的研究热情。

那么,司法和协商究竟有什么关系呢?它们又是如何发生作用的?协商民主作为一种民主理论是在20世纪后期由西方学者首先提出的。该理论产生于多元社会背景下,强调通过广大公民机会均等且身份平等地参与,就决策、立法和司法过程中的相关问题进行相互协商的必要性和重要作用。代表不同利益群体的参与各方通过彼此客观而理性的说理和论证,在沟通与对话的双向交涉中进行深刻反思,依托于内化于人类行为中的"共同善"和"交往理性"的力量,促成不同主体间的相互理解和包容,进而在彼此间发生对所协商问题的态度、思想和偏好的重要转换，最终达成使参与各方均可接受的普遍共识，该理论核心是协商与共识。其中，协商是过程与手段，共识是结果与目的。协商民主理论的提出为打破传统司法制度的专断性与封闭性提供了一种必要而具有可行性的现实方案。在当今的司法改革中，为增强司法权的合法性与公信力，我们应当在保障法官对案件进行独立判断的基础上，将协商民主的理念引入司法领域，用协商民主的原则和机理重构司法权力的运行机制，建构起一个司法协商与回应机制，以替代传统的司法官僚与专断机制，实现对司法权力的必要监督和拘束，确保司法裁判过程与结果的客观与公正。

回应型司法作为一种新型的司法制度，顺应了司法自身发展演进的规律，具有存在的必要性和可行性。协商民主与回应型司法具有内在的连通性，协商民主的参与机制、交涉机制、反馈机制和包容机制依次构成了回应型司法的基本前提、作用机理、核心功能和价值诉求，进而完成了从协商民主到回应型司法的逻辑证成。回应型司法通过破除传统政策型司法的封闭性和专断性，对司法权力进行了解构和重建，把传统社会的单向型司法制度改造为多元社会的回应型司法制度，使司法制度从单纯的内部自控体系发展成为由宪法传导制度、民意反馈制度和协商调处制度三位一体构成的他控体系与自控体系相统一的司法制度，进而使司法权受制于宪法的有力拘束，运行于民意监督之下，并通过协商调处实现对社会主体间多元价值和利益的协调与整合功能。

吴建国

2016 年 9 月于香港大学智华馆

目 录

绪　论

一、回应型司法的缘起

长期以来,中国法律学术界和实务界一直存在着对司法民主与司法独立、司法大众化与司法专业化的争论。其中,批判司法民主的声音不绝于耳。2009 年 3 月,最高人民法院颁布《人民法院第三个五年改革纲要(2009—2013)》,正式提出"大力推动司法民主化进程"①的改革目标,被认为是对这场争论的积极回应。至此,司法民主最终被确定为司法改革的方向。如今,加快司法改革,推进司法民主已成为公众的一致呼声。

在这一时代背景下,如何界定司法民主和如何实现司法民主仍是一个颇受争议的话题。当今时代的司法民主显然已经不再是历史上的"群众审判",②它无疑具有更深层次的含义。当代社会,坚守形式正义的司法裁判常常无法获得公众的普遍认可,司法规则之治可谓举步维艰。纵观之,我们发现,不是规则之治出了问题,而是形式正义出了问题。如果形式正义只是使正义停留在形式之上,那么,这种形式正义就演变为一种伪正义。形式正义既然是一种形式,就必须服务于实质正义,旨在实现实质正义之要求。实质正义是形式正义之归宿,形式正义是实质正义的实现路径和依托,两者相辅相成。当今时代所倡导的司法民主制度是和司法的实质正义相联系的,旨在通过对司法形式正义的积极改造,融入民主参与理念,建构起一种新型的司法制度,促进法官裁判与公众参与之间积极沟通和有效回应,使坚守程序正义的司法与

---

① 最高人民法院司法改革领导小组办公室.司法公开规范总览[M].北京:中国法制出版社,2012:8.

② "群众审判"属于"人治"的方法,它与法治是完全不同性质的两类治理方法。

代表朴素正义的民意实现良性互动,推动司法从形式正义向实质正义转变,以回应公众对司法公正的诉求和对权利自决的要求,实现多元社会下"和而不同"的价值追求。在这样一种社会需要的客观趋势推动下,回应型司法制度应运而生。

我们应当理性地分析中国传统司法制度所面临的现实困境,准确把握时代对司法制度的新要求,客观认识法的自身发展规律对司法制度的协同化要求。新型司法制度的产生正是基于传统司法制度的矛盾运动不断加剧,已经无法适应时代对司法的新要求,在法自身发展演变规律的作用下,逐步实现从传统单向型司法制度向现代回应型司法制度的转变。

(一)中国传统司法制度的二律背反

2014 年,最高人民法院《"三五"改革纲要》收官,《"四五"改革纲要》[①]颁布,推动司法民主化的改革措施陆续出台。然而,司法的合法性并未因不断增强的司法能力建设和不断推进的司法改革而有所提高,公众对司法权的质疑有增无减,在诸如判决公信力、涉诉信访量、民意支持度和司法廉洁性等诸多方面都反映出司法的权威性不够、合法性不足的问题。究其原因,主要是由于我们一直没有能够很好地理顺司法独立与司法民主的关系,致使司法的封闭性过强、开放性不足、专断性过强、说理性不足等一系列问题的出现。应该说,中国传统司法制度从创立之日起就未曾处理好司法独立与司法民主的关系,自身弊病不断,陷入一种二律背反的困境。随着社会不断发展,传统司法体制暴露出越来越多的问题,无法适应当代社会变革的需要,亟须创新司法制度。

然而,创新司法制度首先需要厘清司法独立与司法民主的关系,这是进行司法体制创新的前提和基础,因为对这一问题的回答直接决定司法制度将要何去何从。中国传统司法制度在司法民主与司法独立上的二律背反主要体现为两个层面:理论上的逻辑背反和实践上的现实背反。

1.理论上的逻辑背反

司法在历经了与其他社会关系不断的路径试错之后,融合了社会的、经济的、文化的、习俗的等众多因素,最终得以独立出来,形成一套架构主观自由与

---

① 全称为《人民法院第四个五年改革纲要(2014—2018)》,2014 年 7 月 9 日上午由最高人民法院司法改革领导小组办公室主任贺小荣在山东济南召开新闻发布会予以正式发布。

客观秩序平衡状态的自洽性规范系统。然而,在这一过程中,司法民主却没有被整合进系统。司法独立因缺乏司法民主的内在因子而无法有效回应民意和当事人的诉求,司法民主也因为无体可依而无法发挥应有功能,甚而走向群体的暴动。因此,此时的司法独立与司法民主呈现为强烈的二律背反。司法独立将司法视为一个专业化过程,要求技术性、程序化和精英化,排斥外界干预,而司法民主崇尚平等性、平民化和大众化,鼓励公众参与。单从价值取向上看,司法独立与司法民主二者水火不容,一个是排斥干预,一个是鼓励参与。那么,二者的关系是否真的无法调和呢?

究竟何为司法独立?我国《宪法》第 126 条明确规定"人民法院依照法律规定独立行使审判权,不受行政机关、社会团体和个人的干涉"。这是宪法对司法独立原则的经典表述。这一原则应当包括两个层面的含义:一是法院在机构设置和财政上的物质独立,二是法官在审判时的程序独立。法院的物质独立可以使其在经济上摆脱对外界的依附关系,审判时的程序独立可以使法官以中立的裁判地位和严谨的思辨逻辑体现正义之要求,通过平等而公正的审判,确保当事人诉权的实现与合法权利的保障。

何为司法民主?对于颇有争议的概念,其语义本身的辨明和界定至关重要。因为,在很多情况下,观点的争论仅缘于对语义界定的不同,对司法民主内涵的不同理解就会导致截然相反的观点。长期以来,有这样一种倾向,就是把司法民主理解为"全民审判",即对司法民主做了"大民主"式的误读,成了与司法专业化和司法独立性相对立的概念,这对我们的司法改革产生了极大误导,这是我们应当反对的所谓"司法民主"。其实,真正的司法民主,其根本意旨并不在于司法参与主体,而是指一整套司法参与的民主制度和规范体系。学术界对司法民主的解释是"使司法权的行使置于民众的监督之下,必须让普通民众有序参与决定案件基本事实、性质、措施等司法过程"[①],即将司法过程置于人民的有序参与和监督之下。

那么,司法民主所追求的公众参与是否会影响司法应有的独立性呢?司法的公众参与是指公众依据朴素正义之要求审视和监督司法权,使司法判决以公开的方式进行,通过向公众和当事人充分说理和论证,使裁决更为客观公正的行为摄入过程。公众参与不会影响法院的物质独立,因为公众不与法院发生经济关系,这一点无须赘述。我们重点分析一下公众参与对包括法官独立判断在内的程序独立的影响。由于"司法适用法律的判断,仅仅是对符合逻

---

① 陈忠林.司法民主是司法公正的根本保证[J].法学杂志,2010(5):23-27.

辑的、潜在的、预先存在的东西之一种发现。因此,判例不能创造什么,它仅仅是一种明证",①法官为使审判尽可能不掺杂个人主观先见和价值偏见,最大限度地发现法律,并据此做出符合法律本义和正义标准的裁决,不可能凭借自身的主观臆断而为。法官应当以公平和正义为标准,充分考虑立法本意、正义要求,并积极回应宪法精神、民意诉求和当事人权利要求,借助公众的群体智慧对审判说理过程进行充分的检视和反思,避免任何疏漏出现,使自身判决建立在更为客观和公正的基础之上。显然,这正是司法独立之追求,两者殊途同归。

可见,司法独立不应通过拒绝公众参与来实现,否则,只会弄巧成拙,事与愿违。排斥公众参与不仅不会使司法更为独立,反而使司法过程由于变得封闭而更有可能受制于法官的个人臆断、司法权力的寻租和行政权力的干预。公众司法参与则为司法独立提供了一种强大的支撑力量,成为与阻碍司法独立的各种干扰因素相抗衡的因素。让我们设想一下,如果没有司法民主,司法何以能够摆脱外部的行政干预和内部的司法腐败、专断以及法官的恣意裁判?公众参与司法的目的亦是追求司法的公平和正义,这与司法独立的追求是一致的。公众参与司法的方式是通过平等对话,达成协商共识,这也是符合司法独立的内在要求的。知名宪法学家李步云教授认为,司法独立原则建立的基础就是"主权在民"。如果"主权在君",君主就会通过操纵司法,使其成为维护自身统治的工具。他在文章中写道,"司法独立作为国家机构的一项重要原则和制度,是近代民主革命的产物。它是建立在'主权在民'和分权理论的基础上的"②。因此,司法独立与司法民主是相辅相成的。司法民主只有在司法独立的制度保障下才能自我实现并发挥正能量,司法独立也必须在司法民主的支撑下才能取得与其他权力相抗衡的力量,从而走向真正独立。

可见,司法独立和司法民主只是两个不同维度的概念而已,并非必然矛盾。像任何事物一样,司法独立和司法民主的真理性也是相对的,是有一个必要的限度的。在这个严格的限度内,二者就不会出现背反现象。但是,一旦哪一方超出它所应存在的合理范围,触及另一方的存在和作用域界,就势必会出现二律背反现象。我们应当清楚,司法独立所排斥的外界干预只是法律和制度外的非法干预,司法民主所追求的公众参与必须是法律和制度内的有序参与,这其实是"非法干预"与"有序参与"的边界划定问题。为此,我们必须把握

---

① 罗斯科·庞德.普通法的精神[M].唐前宏,等译.北京:法律出版社,2001:128.
② 李步云,柳志伟.司法独立的几个问题[J].法学研究,2002(3).

好二者各自的存在和作用范围,掌握它们之间的合理距离与力度。只有处理好司法独立与司法民主之间的辩证关系,才能够找到一种与宪法精神紧密对接,对司法民意合理汲取、对当事人权利给予充分关照的司法制度模式。为此,我们需要探索构建一个科学合理的宪法传导与对接机制、民意汲取与反馈机制和个案协商与调处机制,使宪法精神得以有效贯彻、司法民意能够有章可循、当事人权利得到有效保障。

2.实践上的现实背反

回顾中华人民共和国的历史,司法改革曾走过不少弯路,留给我们的教训非常深刻。早在中华人民共和国成立初期,由于在司法中过于强调人民当家做主的呼声和要求,便在全国范围内推行带有"全民司法"性质的群审群判运动,结果制造了大量冤假错案。"文革"开始后,受法律虚无主义的影响,提出了"打破公检法"的口号,司法制度遭到严重践踏,民主审判演变成"公审"式的群众批斗,演变为民主的"暴政",这让我们不禁想起了"苏格拉底之死"。这种做法无疑放任了大众情感在司法领域的恣意扩张,使司法失去专业化要求和程序化控制,空泛的民主价值必然会破坏司法体系的协调性和规范化。同时,由于民主缺乏制度依托,抽象的民意也有被劫持的风险。从表面上看,"公审"完全由民做主,但实质却是由少数别有用心的人在背后操纵。所以,"纯粹的民主,不但可能会出现多数人的暴政,而且更有可能成为少数精英分子玩弄权术的凭借"[①]。

改革开放以后,人们对群众运动式的司法审判开始反思,热情日渐消减,理性式司法审判开始替代运动式司法审判,成为审判的主要方式,体现在法官身上就是法官的专业化和职业化。我国开始建立独立的司法体系,重视提高法官的专业水平,法学重新被认定为一门学科,法官也开始成为一种职业。美国学者庞德在《普通法的精神》一书中告诫我们,司法过程就像行医一样,需要具备一些基本技能,而"掌握一门专业的技术知识体系的唯一方法只有通过特殊的学习和训练"[②]。在法律知识专业化和司法过程职业化的进程中,司法最终实现了与社会的分离,上升为一种必须凭借专门知识和技能才能胜任的领域。因为毕竟法官的思维方式不同于一般的生活逻辑,"严谨程度高,不仅体现在实体法律方面,更体现在程序法律方面;它独立性强甚至带有一定的封闭

---

①　汪进元.政治文明与宪政的关系[J].中国法学,2003(6).

②　罗斯科·庞德.普通法的精神[M].唐前宏,等译.北京:法律出版社,2001:57.

性,从前提到结论,推理严密,环环相扣,其中又蕴涵着独特的法律理性"[①]。这本是一个好的转向,但是,由于法院对司法独立理念的理解和把握出现了矫枉过正的倾向,导致司法在与社会分离后却越走越远,并与公众日渐疏离。司法参与被认为与司法独立的精神背道而驰,遭到普遍排斥。法官对司法民主讳莫如深,谈虎色变,进而以司法独立为由拒绝接受公众对司法的监督和意见,使其成为高高在上的法律专业人士的俱乐部。这直接导致了法庭的审判过程缺乏公开性,判决书过于专业化,司法职业话语与大众话语的分歧不断扩大,司法文化越发脱离大众文化,司法精神越发背离社会情感,这一切都动摇了司法获得公众信任的基础。我国台湾地区著名学者苏永钦评论说,司法已经陷入"法官越专业就越自以为是,民众越不懂就越不信任的困境,司法的专业性越强,社会的疏离感越强"[②]。于是,司法独立偏离了正常轨道,最终走向了司法独断和孤立。

随着我国市场经济的蓬勃发展,公众的参与要求和权利意识日渐增强,对司法权有了更多期待,渴望从司法权中受益。在公众的一致呼声下,以增强司法公信力为目标的司法改革被提上日程,一系列方案和举措陆续出台,但在实践中却作用有限,收效甚微。究其原因,许多司法改革措施只是作为回应公众呼声的一种手段,并没有将司法民主真正融入司法体制,与其说是在促进民主化,不如说是在强化司法权。于是,在改革过程中出现了许多怪现象。人民陪审员制度本是最能反映民众参与司法过程的一种形式,但在实践中却经常是陪而不审,形同虚设;人民监督员制度本是执行社会监督的有效手段,其选任方式却是由检察院自己选人监督自己,严重影响了人民监督员的公正性;司法公开制度本是落实司法监督、提升司法权威的有力举措,但是,由于缺乏有力的制度保障,导致司法公开避重就轻,选择性公开,甚至公而不开。在实践中,传统司法制度也表现出了二律背反的现象。要想真正走出传统司法制度的两难困境,我们必然从改革司法的根本制度入手,探索一条将司法独立与司法民主有机融为一体的司法制度改革的新进路。

---

① 莫纪宏,翟国强主编.宪法研究:第 13 卷[M].北京:社会科学文献出版社,2012:150.

② 苏永钦.漂移在两种司法理念间的司法改革:台湾司法改革的社会背景与法制基础[J].环球法律评论,2002(1).

(二)转型社会对司法的新需求

时代进入 21 世纪后,中国社会开始步入一个重要转型期。威权时代离我们渐去渐远,社会民主化进程加快推进,向着更具开放性和多元化的方向发展。随着社会主义市场经济体制的不断成熟和完善,国家权力正从对社会资源的垄断和支配地位向服务于市场经济主体的"守夜人"地位转变。在这一情势下,作为国家权力之一的司法权也开始反思司法"职权主义"的流弊,转向更加关注司法的社会效果,努力回应社会之需。司法制度不是一个自说自话的空洞而封闭的理论和制度,它必须与现实社会的经济制度和社会结构相统一,并服务于此。在新的时代背景下,它必须考虑自身对转型社会的价值和转型社会对司法的需求。英国著名的法律史学家梅因曾指出:"社会的需要和社会的意见常常是或多或少地走在法律的前面的,我们可能非常接近地达到他们之间缺口的接合处,但永远存在的趋势是要把这缺口重新打开来。因为法律是稳定的,而我们所谈的社会是进步的,人民幸福的或大或小,完全取决于缺口缩小的快慢程度。"①可见,无论法律还是司法制度都不是人为的思考,而是社会的需要。当传统司法制度已经不能继续适应转型社会的各种新需求时,社会就会亟须一种新型司法制度出现。

笔者认为,司法制度的发展演进主要有两个动力决定:一个是司法理论自身内在逻辑的自我检讨、修正和创新;另一个就是转型社会对司法制度的社会功能提出了新的要求。第一种情况是司法制度内部出了问题。这一问题可能是此前没有发现的问题或遗留问题没有解决好的,在社会发生变革的情况下,问题失去了继续存在的空间,到了非解决不可的地步;也可能是新型案件的发生使司法制度在当初设计时就存在的问题得以暴露出来。在这种情况下,司法制度仍可通过对自身的修正实现自我完善的目的。后一种情况仅仅依靠司法制度的内在反思和自身修正就无法达到继续存在的目的了,司法制度面临的困境需要从对社会问题的分析入手,找到问题出现的根源所在,明确司法程序和制度设计在面对该类案件时表现出的局限性。这就不再是司法依靠自身就能够解决的问题,我们需要把司法制度放到社会这一更为广阔的领域去检讨。

然而,这也并非要求司法制度在社会变革中随波逐流,闻风而动。"司法制度建构不仅仅是从政治渠道,而更应该从制度本身去寻求解决方案,并且应当尽力摆脱所在具体环境的影响,依靠司法制度本身的优势,去处理个案和化

---

① 梅因.古代法[M].沈景一,译.北京:商务印书馆,1983:15.

解纠纷。"①司法制度应当首先坚守自身的独立性与稳定性,不能简单地依靠外在环境的变化就轻易否定自身存在的价值,这是由司法的秉性所决定的。对司法制度的任何建构都应当从对司法制度自身的检讨和证伪中入手,从中找出应对之策,进而对司法制度进行逻辑体系和严谨性的自我修正和完善。在穷尽了司法制度内的一切可能的解决路径时,才可以考虑因社会和外在环境的变化而导致司法制度变革的可能性和必要性。也就是说,司法程序和整个制度应具有一定的稳定性,不可朝令夕改。只有在经过深思熟虑和充分论证之后,在确有必要时才可以对司法制度进行变革。否则,就很可能因解决具体问题的借口而轻易修改司法制度中本来合理的东西,必然动摇现行司法制度的稳定性,破坏司法制度内在的协调与统一。

我们不是不鼓励进行一些势在必行的司法改革,一旦具备了司法改革的正当性、必要性和可行性时,就应当适时地促成这种司法变革。由此推动进行的司法改革必然是建立在对现行司法制度缺陷的深刻认识之上,并对社会之需有着深入洞察,司法改革的方向和体系已经明确。贺卫方教授认为"改革本身需要有自身的体系,我们要对总体目标有清楚的把握,要让每一个具体的改革措施与这个总目标相一致,要让具体的改革之间形成相互补充的关系。要做到这一点,离不开决策者对与司法权的性质、现行制度弊端何在以及社会需要与改革措施之间关系的合理认识"②。

从社会制度学的视角进行分析,我们知道,制度不是哪一个人纯主观的理性设计,它不以任何人的意志为转移,制度最终是社会博弈的结果。制度的制定在于维持既定社会中人的行为稳定性,确保社会秩序处于健康而有序的状态。因此,制度需要洞悉和实现既定社会中各主体的合理需求,并在这一基础上进行主体间利益的公平分配。在社会需求相对单一的时代,司法制度对于洞悉和实现社会中各主体的需求就相对容易。当社会进入多元化时代之后,各种社会主体都有自己独特的价值取向和利益需要,主体的行为选择都是以各自不同的利益需要和价值判断为依据的。司法制度旨在协调主体间的行为,归根到底就是协调他们之间的利益关系。因而,司法制度需要把握各主体不同的利益需要和价值取向,通过平衡各方利益,使社会成员处于一种相对和谐的状态,从而维持社会稳定。正如北京大学法学院教授苏力所言,"中国司法必须回应中国的问题,当代中国的司法必须有效回应当代中国的问题……

---

① 杨力.新农民阶层与乡村司法理论的反证[J].中国法学,2007(6).

② 贺卫方.改革司法改革[N].人民法院报,2002-1-4.

任何国家的司法都必须分担一定的治理国家和社会的政治责任,这是无法逃避和放弃的"。① 司法天生就具有政治责任和社会治理功能,这是由司法的本质所决定的。司法机关作为社会纠纷的公正裁决者,由各级人民法院通过司法审判过程行使政治责任和治理社会的功能,从而实现对国家的善治。

(三)法自身发展规律对司法的要求

法是人类文明发展到一定历史阶段的产物,有其自身发展演进的客观规律。对法的发展规律的认识随着人类社会科学研究的开展而不断深化。司法作为法的适用制度,是一个与法相对独立的领域,自然有其自身的发展特点和规律。当今时代,司法制度日益发展成为一个复杂的体系。它具有双重复杂性,即外在复杂性和内在复杂性。外在复杂性是指司法在面对外在环境时表现出的复杂性,内在复杂性是指司法制度自身的复杂性。外在复杂性主要受社会发展变革的影响,数字化和全球化的趋势使人们生活在一个大数据时代,不同的文化交融与互动使人们的交往活动越发复杂。经济的飞速发展和经济模式的急剧转型使人们的经济关系变得更加错综,收入差距的不断加大和利益格局的重新组合,在推动经济急速发展的同时,也使整个社会陷入史无前例的矛盾和冲突之中。社会主体间的新型纠纷,常常为法官所不能理解和无所适从,更谈不上从容应对和妥善解决纠纷了。与此同时,司法体制的内在复杂性也在不断加大,这主要体现在法官实际角色的变化所呈现出的复杂性。法官是维护社会公平与正义的神圣职业,本需由精通法律、审判经验丰富和德高望重的法学专家担任,理应亲自参加审判活动并独立做出判断和裁决。然而,事实是,现在的大多数法官由年轻的审判人员担任,有经验的资深法官却退居幕后,成为法院具有行政职务的领导。法院行政领导一般是审判委员会的成员,虽不直接参加庭审和质证过程,却能以审判意见的方式左右重大、疑难案件的最终裁判结果,使主审法官的角色变得扑朔迷离。简单地讲,就是案件的审理权和裁判权分离,审理案件的法官无裁判权,有裁判权的管理者却不审理案件,形成审裁分离、审责分离的现实状况。传统司法制度的两种复杂性结合在一起,使司法裁决越来越偏离公正的标准和立法的本意,与法的精神和发展规律严重背离,无法顺利实现立法目的。

司法是国家司法机关及其司法人员依照法定职权和程序,具体运用法律处理案件的专门活动,即司法是对现行法律的具体运用。哈耶克认为,司法就

---

① 苏力.关于能动司法与大调解[J].中国法学,2010(1).

是"以判决而适用法"。[①] 我国学者对司法的定义为"司法是指法院（司法机关）依法裁决争议的活动"[②]。由司法的概念可知，司法仅是对法的一种适用活动，因而必须与法的原则和精神相契合，并随着社会的发展，努力保持与法发展演进趋势相一致的协同性。这就要求我们首先了解法在社会转型期的发展规律，探明法的演进趋势。20 世纪 70 年代末期，美国伯克利学派的代表人物、加利福尼亚大学伯克利分校法学教授诺内特和塞尔兹尼克在其合著的《转变中的法律与社会：迈向回应型法》一书中第一次提出了回应型法理论，将历史上的法律现象分为三类：压制型法、自治型法和回应型法。该理论认为，回应型法是对自治型法的继承和发展，它是社会发展和法治进化相互作用的结果，适应了社会发展的需要，具有某种历史必然性，标志着法的演进步入了更高阶段。该书作者特别强调了法的务实性和适应性，回应型法出现的目的就是通过改造法律制度，使其能够更好地解决社会现实问题。因此，回应型法旨在使实质正义与形式正义统一于制度框架内，在维护普遍性规范和公共秩序的同时，构筑一个符合社会变革之需的规范模式。法发展到一定阶段，必然要求司法与之相适应。法在每一个历史阶段的任务和目标的变化都会引起司法的某种变革，以便更好地实现该阶段法律所追求的任务和目标。当多元社会出现以后，面对不同的利益需要和价值诉求，法开始从自治型法向回应型法演进，以应对社会转型的需要，并对新的社会环境做出调适和回应。法在客观上要求司法制度从自治型司法向回应型司法协同演进，以适应转变中的法律和社会。在现阶段，立法开始强调人文关怀，注重人权保障功能，司法也随之从传统社会的强调国家强制力的首要地位和贯彻实施国家政策转变为"以当事人的合意为基础和国家强制力为最后保证，以解决纠纷为基本功能的一种法律活动"。[③] 可见，司法正以社会需要为导向，开始整合公众意见，回应当事人合意，以司法的协商共识为其合法性的根基，从传统司法的贯彻实施国家政策的功能向解决社会纠纷的功能转变。

法的三种类型及其与回应型司法的对接情况见表 0-1。需要说明的是，表 0-1 的前三项内容来自美国学者诺内特、塞尔兹尼克在《转变中的法律与社会：迈向回应型法》一书。笔者将两位学者提出的法的三种类型做了向回应型司法的延伸性探究。

---

① 龚祥瑞.西方国家司法制度[M].北京:北京大学出版社,1993:19.

② 贺日开.司法权威的宪政分析[M].北京:人民法院出版社,2004:23.

③ 杨一平.司法正义论[M].北京:法律出版社,1999:25.

表 0-1 法的三种类型及其与回应型司法的对接

类型	压制型法	自治型法	回应型法		回应型司法
法律目的	秩序	正统化	权能		回应社会需要
合法性	社会防卫和以国家利益为名的理由	程序公正	实体正义		司法协商共识
规则	粗糙且烦琐,对规则制定者仅有微小的约束力	精细,被认为同样约束统治者和被统治者	从属于原则和政策		司法过程遵从宪法要求
推理	特殊的推理过程;便利而具体	严格遵行法定权威;容易被指责为形式主义和法条主义	有目的的;认知能力的扩大		司法推理整合了公众的意见,同时能够经受公众的任何质疑
强制	广泛的强制性;受微弱限制	由各种法定约束所控制	积极寻求替代物,即各种鼓励性的、自我维持的义务体系	对接司法制度	司法借助于各种力量施加强制,如各种监督和制约机制的作用、群体协商一致的拘束等
道德	公共道德;法定道德主义或称作"强迫的道德"	机构道德,即专心于法律过程的完整性的道德	公民道德;或称作"合作的道德"		司法依具有"共同的善"的公民道德对案件进行辨明,司法审判过程的参与各方在道德上开展合作,对案件进行说理和辩论,通过协商方式达成司法共识
政治	法律从属于权力政治	法律独立于政治;分权	法律愿望与政治愿望一体化;权力混合		司法制度与政治制度都需回应宪法要求、公众诉求和个人权利,因而两者背反现象逐渐消减,并开始良性互动
对服从的期望	无条件的;不服从本质上被作为蔑视加以惩罚	依法证明为正当的背离规则行为,如检查制定法或命令的有效性	按照实体危害评估不服从;被看作是提出了各种正统性问题		司法制度对不服从给予理解和回应,积极修正问题裁决,同时避免危害社会的失当不服从
参与	谦恭的依从;批评被作为不忠诚	评价受既定程序限制;出现法律批判	评价由于法律辩护和社会辩护的一体化而扩大		司法程序离不开公众参与,为社会辩护提供司法路径

资料来源:表中前三项数据参考[美]诺内特、塞尔兹尼克.转变中的法律与社会:迈向回应型法[M].张志铭,译.北京:中国政法大学出版社,1994:16.

二、回应型司法的研究现状

（一）国内对回应型司法的研究

1.大陆回应型司法的研究现状

从 20 世纪 90 年代起,中国法学界就围绕如何进行司法改革和创新展开了热烈的讨论,与此相关的司法制度研究成为法学研究的热点。学者纷纷著书立说,表达自己对当代司法改革的观点,加入到对当代司法制度的研究中。笔者在中国知网中搜索篇名中含有"回应型司法"一词的文章,共搜到 11 篇。其中,发表于 2011 年之前的论文只有 4 篇,其余几篇都是最近两年的文章。在中国知网中搜索关键词、主题和摘要中含有"回应型司法"的文章,搜索到的文章数分别只有 8 篇、24 篇和 14 篇。① 这说明,回应型司法还是一个少有人研究的新兴领域,或者说,回应型司法作为一种司法模式还没有引起学界的足够关注。笔者对中国知网中的已有文章进行了逐一分析,这些文章中,有的学者是从司法解释的角度谈论回应型司法的,如苏州大学刘思萱博士的《论政策回应型司法解释》;有的学者是从刑事司法实践的角度谈论回应型司法的,如四川大学肖仕卫博士的《刑事法治实践中的回应型司法——从中国暂缓起诉、刑事和解实践出发的分析》、安徽蚌埠学院朱德宏老师的《回应型司法与刑事契约》、上海市松江区人民法院陈旭法官的《回应型司法下的巡回审判运行研究》;有的学者是从司法程序的角度谈论回应型司法的,如中国人民大学肖建国教授的《回应型司法下的程序选择与程序分类——民事诉讼程序建构与立法的理论反思》;有的学者是从民意诉求的角度谈论回应型司法的,如西南财经大学唐静同学的《网络舆论压力条件下的回应型司法》、西南政法大学郝艳兵博士和重庆大学吴如巧教授的《提升司法公信力,迈向回应型司法》、上海市黄浦区人民法院金民珍和徐婷姿法官的《回应型司法的理论与实践》、西安市中级人民法院康宝奇法官的《关注民生:回应型司法的必然要求》、重庆市高级人民法院高翔法官的《和谐社会视野下的回应型司法》;有的学者则从司法转型的角度谈论回应型司法的,如河南省驻马店市中级人民法院苗建勇法官的《从自治型到回应型司法转变》。除了上述论文直接使用了"回应型司法"一词外,还有一些学者的研究成果虽然没有直接提到"回应型司法"一词,但其文章的

---

① 笔者在中国知网的检索时间为 2015 年 3 月。

思想已经显示出对当前司法的回应性在某种层面的关注,也应当被视为学界关于回应型司法的研究成果。统观之,这些文章作者大多能够敏锐地捕捉到时代变化对司法回应性的要求,并能够选取司法的一个特定角度对回应型司法做出阐释。比如,文章要么围绕回应型司法的某一特定方面进行分析,要么以某个具体的司法制度展开论述,并较好地揭示回应型司法的一些表现和特征。但是,客观地讲,这些文章并没有对回应型司法进行全面而深入的理论解释和逻辑论证,亦没有进行系统化的制度建构。

在法学研究上颇具西学传统的"北大学派"依托北京大学司法研究中心,对中国司法所面临的现实问题进行了深入探讨。其代表人物之一贺卫方教授提出了在我国司法中存在的诸多悖论和疑问,如"没有经过任何法律和司法训练的人员为什么可以进入法院从事审判工作?司法人是政权的代表还是法律的代表?司法人的权威性应当用什么符号来表达并以此区分于一般人?司法判决应当具有什么样的最低风格和精神?裁判者应当至少处于什么样的位置行使裁判权,从而使民众确信其裁判是中立的和可信的?"①对司法所面临问题的揭示可谓一针见血,直指中国司法制度的要害,以令人信服的方式将问题呈现在人们面前。贺卫方教授认为,当前,我国法学界对于司法改革的方向缺乏基本共识,指出现有的政治体制是制约司法改革的重要因素,司法权力的独立必须摆脱政治权力的干预,真正回应法的本质对司法程序和法官素质的要求,回应人民对司法的期待。

2007 年,中国政法大学教授何兵在《南方都市报》上发表文章,谈到沉冤十余年的聂树斌案件时,其认为冤案频发的根源在于法官对于司法权的垄断和人民参与司法的缺乏。他在文章中提出,"必须坚定不移地打破法官群体对司法权的垄断,通过各种秩序化的民主手段,实行人民对司法权的有效控制"②。何兵教授论述了司法民主化和职业化的关系问题,指出"司法改革应当向民主化方向努力,没有司法民主化涵养的法官职业化,只会造就独裁的法官而不是独立的法官"③。因而,作者认为,在新时期,使人民司法贴近人民大众是司法改革的重大议题。为实现司法贴近人民的目的,必须打破司法神秘主义,不能过于夸大司法的专业化和职业化,甚至将法官誉为"法律帝国的帝

---

①　程春明.司法权及其配置:理论语境、中英法式样及国际趋势[M].北京:中国法制出版社,2009:4.

②　胡舒立,王烁.中国 2013:关键问题[M].北京:线装书局,2013:190.

③　何兵.人民司法如何贴近人民?[N].南方都市报,2008-4-15.

王"。司法应当以人民群众所能理解的方式将法律的具体规定适用于纠纷的解决。在这一过程中,司法应当允许人民进入法庭,自由听审,为其接近司法提供便利。可见,何兵教授的研究重在强调司法应该回应公民的参与要求和权利诉求。

北京大学的罗豪才教授在《软法与协商民主》一书中,进一步明确了软法①的概念。他指出,软法不仅是制定出来的规则,它还要与自己建构的外在环境相结合。众多软法的参与者在相互影响的过程中实现协调配合和协同行动,因而软法得以持续自我再生,成为一个"自创生"系统。② 作者将软法系统所建构的这样一种参与者之间相互沟通与协调的环境之具体表现方式称为协商民主。于是,作者将协商民主的概念自然地引入软法中,从协商民主与软法的相互关系着手,进而探讨协商民主的完善对我国软法未来发展的重大影响。作者将法治发展,特别是宪政发展与协商民主联系起来,并以协商民主的兴起作为探讨软法未来发展的时代背景和内在动力。由于协商民主建立在多方对话的基础上,是一种典型的回应型民主形式,基于协商民主生成的软法因而是一种以对社会问题的回应为其特征的规范。罗豪才教授在文章中将协商民主理论应用于法学领域,阐明了协商民主与软法的关系,这为当代法学研究开辟出一条新的道路。但是,罗豪才教授的文章只是针对软法上的立法问题展开的,对于协商民主与刑法、刑事诉讼法等硬法的关系,对协商民主与硬法相关联的司法的关系、协商民主是否能够以及如何应用于司法过程的问题并没有论及。

中国人民大学法学院肖建国教授在其论文《回应型司法下的程序选择与程序分类——民事诉讼程序建构与立法的理论反思》中指出,"我国正处在政策实施型司法向回应型司法的转型过程中。民事司法结构和模式的转型呼唤程序自治性、程序主体性的制度建构,呼唤程序规则的独立性和经由程序的正当化机制的回归"③。肖建国教授认为,随着社会发展对人的权利的关注,为了更好地满足当事人不同层次的实体权利和程序利益保护的需要,应当根据

---

① 软法是相对于依靠国家强制力实施的硬法而言的,主要指那些不能运用国家强制力保证实施的法律规范。北京大学法学院在罗豪才教授的倡议下于 2005 年 12 月成立了软法研究中心,致力于对软法的研究。

② 罗豪才.软法与协商民主[M].北京:北京大学出版社,2007:210.

③ 肖建国.回应型司法下的程序选择与程序分类:民事诉讼程序建构与立法的理论反思[J].中国人民大学学报,2012(4).

各类司法程序的不同价值取向和技术特征进行分类入法,如诉讼程序与非讼程序、私益诉讼与公益诉讼、审判程序与执行程序等,以方便当事人进行程序选择。由于民事诉讼程序是以解决私权纠纷为目的设立的,因而本质上是为当事人利益服务的。程序选择也应以当事人为主体进行,赋予当事人寻求解决方案的程序权利,以至于裁判结果的正确与否直接与当事人对程序的选择相关。法官负责确保诉讼程序的正当性,而不能代替当事人选择适用的程序。"国家对法律程序的规制服务于对判决进行程序正当化的目的,实际上是提供了一条诉讼当事人随时可以选择离开的基准线。"①作者进而提出回应型司法与程序选择权具有天然的自洽性。回应型司法特别重视程序的重要性,以至于"在一个纯粹回应型国家的极限情形中,程序问题几乎完全掩盖了实体问题"。②

　　四川大学法学院肖仕卫博士在《刑事法治实践中的回应型司法——从中国暂缓起诉、刑事和解实践出发的分析》一文中认为,近年来中国刑事司法实践中兴起的暂缓起诉和刑事和解制度,对中国传统的刑事司法理想构成了实质性挑战。因为暂缓起诉和刑事和解制度并不拘泥于传统的实体法和程序法所设定的惩罚犯罪的目的,而更多地考虑法律之外的社会环境、公共政策等因素,更加重视个案正义和社会效果,关照和回应了社会关系实质性化解矛盾和社会需求,意味着一种新的刑事司法形态——回应型刑事司法在中国的出现。由于回应型刑事司法能够解决中国大量的现实问题,并具有伦理上的正当性,因此可能成为未来刑事司法制度发展的一个新方向。③ 应该说,肖仕卫博士已经锐敏地捕捉到司法正在发生的微妙变化以及未来的发展趋势,但其论文仅限于刑事司法方面,主要论及了两个具体制度,从中提示出刑事司法的发展动向,避开了对回应型司法理论问题的分析,也没有进一步提出对回应型司法的制度设想。

　　上海大学陈琦华博士在《回应型法理念:立案庭制度的实践与创新》一书中,通过对×法院立案庭五项创新制度——诉前调解制度、诉讼服务中心制

---

　　①　肖建国.回应型司法下的程序选择与程序分类:民事诉讼程序建构与立法的理论反思[J].中国人民大学学报,2012(4).

　　②　达玛什卡.司法和国家权力的多种面孔:比较视野中的法律程序[M].郑戈,译.北京:中国政法大学出版社,2004:153.

　　③　肖仕卫.刑事法治实践中的回应型司法:从中国暂缓起诉、刑事和解实践出发的分析[J].法制与社会发展,2008(4).

度、判后释明窗口制度、执前督促履行制度、流程审判通报制度的产生背景、社会功能和产生的效果进行描述，展示了×法院立案庭的角色由配角到主角，其功能由一元到多元的发展过程。① 在社会结构诸要素的推动下，×法院立案庭产生了一系列新的制度，对社会结构的要求予以回应。陈琦华博士对回应型法的研究立足于法律社会学的视角，将回应型法理念主要运用于法院立案庭的制度创新上。但是，其并没有对回应型司法进行理论层面的深入分析，只是在回应型法理念的向度上对与个案相关的司法制度进行了实践上的探索。

华东理工大学法学院李瑜青教授在其论文《司法实践中平衡术的动力与行动逻辑——对行政诉讼从法社会学视角所作的一种研究》中提出，"法学的研究不能仅关注制度的层面，更要关注制度层面下人这个主体的行动，去发现法律在社会生活中实际的发现过程……探讨当代中国司法实践中法官如何在行政权力规则与法律规则的双重逻辑之间，在情、理、法、势之间做出某种妥协与平衡"。② 他认为，司法过程就是一个利益平衡的过程，为了维护法律的存在与正当性，达到一种中立性与普适性的效果，当代中国司法必须向重目的和实质正义的方向发展，妥协、协商与平衡对于审判来说至关重要，审判结果应关注来自于各方的反应，在此基础上提出了回应型审判的概念。

《人民法院报》于 2012 年 11 月发表了上海市黄浦区人民法院金民珍和徐婷姿法官的《回应型司法的理论与实践》一文。单纯从题目来看，该论文是一篇对回应型司法从理论到实践进行全面阐述的文章。或许是作者囿于报纸篇幅所限，文章并没有对回应型司法进行理论层面的深入分析，仅着眼于司法个案实践的评述。作者所言的回应型司法理论仅限于文章开始部分对回应型司法的概念和特点做的一个简论，认为"回应型司法是主张司法发挥主动作用以回应社会需要的一种模式"。③ 对于作者认为回应型司法主张司法发挥主动作用的观点值得商榷。笔者认为，即使是积极的司法回应也只能是对需要解决的问题做出的一种回应，仍必须坚守司法克制主义，不能动摇司法的"中立性"与"被动性"。该文作者谈到，回应型司法具有三个特点：灵活性，主要指不仅可以适用法条裁判，还可以适用法律原则和法律价值进行裁判；主动性，主

---

① 陈琦华.回应型法理念：立案庭制度的实践与创新[M].北京：法律出版社，2012：18-19.

② 李瑜青，邓玮.司法实践中平衡术的动力与行动逻辑：对行政诉讼从法社会学视角所作的一种研究[J].政治与法律，2008(6).

③ 金民珍，徐婷姿.回应型司法的理论与实践[N].人民法院报，2012-11-2.

要指司法通过能动干预诉讼过程,达到平衡当事人的诉讼能力,从而有效解决社会纠纷的目的,并根据社会发展的需要能动适用法律,以达到更好的社会效果;开放性,主要指司法通过审判活动将司法过程与社会需求连接起来,达到一个最佳的平衡点。在文章的第二部分,作者主要谈论回应型司法的实践,提出要根据经济社会发展及社会主义道德体系构建的要求,通过解释甚至类推的司法技术手段能动地适用法律,开阔眼界,全局思考,创新思维,融情于法,使法不拘泥形式,切忌机械执法,就案判案等。对于该文作者对回应型司法的定位和取向,笔者不得不说,该文作者关于回应型司法的构想充满了理想主义色彩,在现实中难以实现,最终很可能走向重实体轻程序的歧途。离开程序正义,实体公正也将无从实现。最后,该文作者就回应型司法在运行过程中应当注意的问题和回应型司法对法官与法院提出的具体要求进行了简要论述。在应当注意的问题部分,文章认为,在审判过程中,法官对具体规则的运用应优先于法律原则。但笔者对此不敢苟同,笔者坚持认为法律原则高于具体规则,并应当统领具体规则。文章认为,法官在适用法律时可以对法律条文进行法社会学解释,但笔者认为,法社会学解释是一种学理解释,应属于法学研究者的工作,法官只能对法条进行严格意义上的文本解释,否则,就必然导致司法权力运作空间过大,极易背离立法本义。可见,《回应型司法的理论与实践》一文对回应型司法的研究也只是提到了回应型司法这一概念,但对回应型司法的定位和性质问题并没有给予必要的学理阐释和理论上的支撑,其对回应型司法的观点也值得商榷。文章在回应型司法应用层面的研究也只局限于回应型司法对法官和法院的要求,而没有为司法提出更为全面的制度安排。然而,不可否认,作者在文章中提出了回应型司法的概念,并将回应型司法视作司法未来的发展趋势,体现了作者颇有预见的学术前瞻性和敏锐的学术洞察力,这是非常值得肯定的。

2.台湾地区回应型司法的研究现状

在台湾司法改革的问题上研究最多的学者莫过于台湾政治大学法学院的苏永钦教授。他曾担任台湾地区"司法院"副院长一职,积极致力于推动台湾地区的司法改革,被视为台湾新一轮司法改革的主要设计者。为此,苏永钦教授做了大量深入而细致的研究,取得了有关台湾司法改革的一批学术成果,并在其担任"司法院"副院长期间提出了一系列司法改革的创新理念。2002年,苏永钦教授在北京大学做了一场名为《台湾司法改革问题》的报告。在报告中,苏永钦教授谈到,台湾地区目前已经实现了司法独立。但是,独立并不能解决台湾地区司法制度面临的所有问题,不能为了追求司法独立而顾此失彼。

当前,台湾地区已经在司法独立的道路上越走越远,具体表现为台湾地区司法资源的配置效率过低,而台湾地区司法独立的步伐却表现得太快,两者出现了严重脱节,为司法制度带来许多问题。司法独立不等于司法孤立,司法改革作为一个攸关根本制度的公共议题,也不是少数法律精英的专属权利,应当更多地倾听民众的呼声,反映民众的关切。然而,当前的台湾地区司法制度在司法独立的名义下已经变得高高在上,难以亲近,普通民众的意见被排斥在司法之外,无法进入司法的话语体系。苏永钦教授认为,司法改革必须对这一问题有个清醒的认识,及时从对民众的疏离转向回应民众的期待,实现民众的诉求。苏永钦教授认为,当前台湾地区司法改革的主要途径是通过进一步完善已经独立化的司法制度,"实现司法资源分配的公平以及裁判内容与社会脉动的合拍"。[①] 他特别强调司法需要通过制度改革对公众诉求及社会变革做出积极回应,以促进司法的社会化改革,这是台湾地区司法改革的当务之急。为此,台湾地区的司法改革必须立刻改弦易辙,直面存在的问题,将改革的重点放在司法的社会化上。[②] 他认为,在台湾地区"司法院"推动的司法改革中,真正具有建设性且成本最低的改革是由王泽鉴大法官担任召集人推行的裁判书通俗化研究推动小组。通过该小组的工作,极大地促进了裁判结果的可接受性。在制度层面上,强调把司法改革的重点放在法治的"简化"上,提出根据"成本收益"原则,建立"金字塔型诉讼结构",以更有效地利用审判资源,提高司法效率。

　　台湾政治大学法学院廖元豪教授在《司法与台湾民主政治——促进、制衡,或背道而驰?》一文中谈到,司法官在处理案件时,固然应该进行独立判断,不受任何政治人物与政治部门的影响和指挥。然而,司法官身为民主宪政体制的一分子,是民主秩序的捍卫者,行使职权仍应以民主为念,时刻思索如何在文义、体系和结构等传统法律规定的限制下,做出一个有利于民主的决定,有意识地朝向"促进民主"的方向解释、审理和裁决,即提升司法官的民主敏感度。与此同时,司法官与公众也不能被"司法独立"或"审判独立"的招牌所迷惑,以为司法的裁决以及司法官都应该免于处罚。虽然台湾地区"宪法"在第80条明确规定,禁止行政部门直接干预审判活动,但是绝不表示法官能够免于公众的批评、怀疑与指责。[③] 廖元豪教授认为,从公共的角度,对司法进行

---

① 引自苏永钦教授于 2002 年在北京大学所做的名为《台湾司法改革问题》的学术报告。

② 夏勇,张明杰.改革司法[M].北京:社会科学文献出版社,2005:431.

③ 廖元豪.司法与台湾民主政治:促进、制衡,或背道而驰?[EB/OL].http://article. chinalawinfo.com/Article_Detail.asp? ArticleID＝40882,2007.

监督与批评是民主国家里的民众天经地义的事情,司法不能以独立为借口对此置若罔闻,必须做出回应,使审判活动能够经受得起民众的检视。作者在文中呼吁,司法在执行"宪法"所保障的人权条款时,应尽力保障那些经常被排斥、镇压、贬抑的边缘群体,而不是仅仅关切主流和多数群体的价值。作者认为,台湾地区的大法官虽然能够致力于使普通人受到正当程序的保障,但是,他们在通过对抗主流的多数来保障结构性弱势者的权利方面做得还很不够。如何使法官在保障一般人权时,能够及时而充分地关照和回应少数人的合理诉求是一个尚未解决的课题。①

台湾研究院法律研究所研究员刘孔中在其论文《台湾地区司法改革 60年:司法独立的实践与挑战》中,认为司法权的运行顺利与否依赖于行政权与立法权提供的资源与法源依据,这是由司法权的本质所决定的。但是,行政权和立法权本身却具有影响司法独立的诸多诱因,最终使司法权无法有效制衡行政权与立法权,陷入一种两难境地。如何处理好司法权与立法权、行政权的关系是司法改革成功的关键。刘孔中研究员认为,台湾地区司法权在经过 60年司法改革的历程后最终获得了独立地位,但却使其自身成为台湾社会进步的重大障碍之一。究其原因,作者认为,"司法权的行使若不能符合人民期待与正义观,轻则侵害人民基本权利,重则将会导致人民对国家机器的重大不信任,进而侵蚀国家统治、治理的正当性,甚至钳制民主政治的制度选择"②。他进一步指出,台湾地区当前最大的司法问题是司法判决质量难以让民众信服,司法改革必须对此做出回应。作者提出引进平民参审制,将公众的生活经验和法律价值与情感导入司法程序,建立起一个由实际人类思考和法律专业知识组成的互相共生的关系,从而强化公众对司法的信赖,使法律制度运作民主化,使司法程序符合社会的期待;建立坚实的第一审,作者认为,通过在第一审程序中强化裁判质量,使民众对第一审裁判就能够产生依赖,进而终结诉讼,实现迅速结案的目的。③

(二)域外对回应型司法的研究

日本早稻田大学法学研究科田口守一在《日本裁判员制度的意义与课题》

---

①　廖元豪.司法与台湾民主政治[J].台湾民主季刊,2007(3).

②　刘孔中,王红霞.台湾地区司法改革 60 年:司法独立的实践与挑战[J].东方法学,2011(4).

③　刘孔中,王红霞.台湾地区司法改革 60 年:司法独立的实践与挑战[J].东方法学,2011(4).

一文中认为,市民参与是现代社会的普遍性课题。因为职业人和普通人就一些重要问题能否实现互动,不仅仅是司法的课题,更是现代社会所普遍遭遇的课题。这也并不仅仅是日本这一国家所独有的课题,而是 21 世纪的全球性课题。[①] 日本学者松尾浩也教授在《刑事法学的地平线》一书中谈到,国民之所以参与司法,是因为在国民参与司法的环境中,作为法律专家的法律职业者与普通国民能够互相信赖、充分沟通并实现协助。在具体的刑事诉讼程序中,应该确保广大国民与裁判官一样,既能行使权利,又可分担责任;在决定裁判结果上,能够以主体性身份,实质性地参与到新制度中。[②] 从上述论著中可见,日本学者还是非常重视司法与民意的沟通与互动的,积极鼓励国民参与司法过程。

在 20 世纪 80 年代后期,韩国法学界就修宪问题与推动民主化运动展开了广泛而全面的探讨。1988 年,韩国正式成立了宪法裁判所。它是一个保障宪法实施的专门机构,具有独立性,行使宪法裁判权。由于该制度在韩国国家机关体系中的具体地位问题没有明文规定,韩国学者们围绕宪法裁判制度的性质、宪法裁判与国民主权的关系、宪法判决的效力、宪法诉愿功能等问题开展了深入研究。韩国宪法学者权宁星教授认为,宪法裁判所是政治性的司法机关,它是按照司法程序解决政治问题的机构,具有政治和司法的二重性。[③] 学者普遍认为宪法裁判所在控制权力、保障宪法精神实现和人权与自由保障等方面有着重要作用。韩国宪法学者许营教授认为,宪法裁判所是同立法、行政与司法机关并列的第四种国家机关,起着第四国家权力的作用。[④] 同时,韩国学者们继续深入研究,提出了一些颇有价值的意见,如认为宪法和司法制度作为一门实践学科,必须以社会为基础,反映社会实践要求,必须回应社会之需。[⑤] 他们认为,韩国许多理论直接移植于德国、日本、法国、英国等国,表现出该国在法治化的进程中过于激进化的倾向。在移植的过程中,引进了一些并不完全适合韩国国情的法律制度。由于奉行"拿来主义",缺乏对其进行本地化加工,许多法律在回应社会方面显示出某种不适应性,使其在实践中面临

① 田口守一,付玉明.日本裁判员制度的意义与课题[J].法律科学(西北政法大学学报),2012(1).

② 松尾浩也.刑事法学的地平线[M].东京:有斐阁,2006:25.

③ 权宁星.宪法学原论[M].汉城:法文社,1991:952.

④ 许营.韩国宪法论[M].汉城:博英社,1988:810.

⑤ 韩大元.韩国宪法学理论的发展[J].中外法学,1997(3).

一些争议。

新加坡东亚政治经济研究所法律专家吴撷英教授认为在审判中,尤其是民事审判中应当坚持和为贵,设立和解制度。首先应当寻求和解,和解可以减少无谓的对峙和开庭,节约司法资源,提高司法效率,更有利于合作的展开,这是一种双赢的局面。新加坡坚持"群体利益至上",这被视为新加坡司法制度的重要原则。因此,新加坡提倡出于对社会安全的考虑,应当从严执法,甚至严刑峻法,以保持给予犯罪足够的威慑力。

美国伯克利学派的代表人物加利福尼亚大学伯克利分校法学教授诺内特和塞尔兹尼克合著的《转变中的法律与社会——迈向回应型法》一书中,作者把社会上存在的法律现象分为三大类:压制型法、自治型法以及作为改革方向的回应型法。① 从社会发展和法治演化过程看,"回应型法"的出现具有某种必然性。回应型法的目的是通过探索如何使法律更好地适应社会需要和解决社会现实问题,在此基础上,实现对法的改造,从而为法设定出一个符合社会变革需要的规范性模式。这一规范性模式的基本构思是,"使实质正义与形式正义统合在一定的制度之内,通过缩减中间环节和扩大参与机会的方式,在维护普遍性规范和公共秩序的同时,按照法的固有逻辑去实现人的可变价值期望"② 。诺内特和塞尔兹尼克教授认为,回应型法是对自治型法的继承和发展,标志着法的进化进入更高级阶段。作者在书中尤其强调回应型法的务实性,把回应型法看作务实派法律理论的纲领。③

三、本书的研究方法

(一)理论分析法

理论分析法是一种建立在感性认识基础之上,将大量感性材料进行去粗取精、去伪存真、由此及彼、由表及里的改造,通过理性认识和思维,从而揭示事物的本质及其规律的一种科学研究方法。该方法依据一定的理论原理,通

---

① 诺内特,塞尔兹尼克.转变中的法律与社会:迈向回应型法[M].张志铭,译.北京:中国政法大学出版社,1994:81.

② 季卫东."当代法学名著译丛"评介(选登)[J].比较法研究,1994(1).

③ 诺内特,塞尔兹尼克.转变中的法律与社会:迈向回应型法[M].张志铭,译.北京:中国政法大学出版社,1994:16.

过较为深入的分析研究,实现对现象的定性分析,形成某种能够客观反映事物本质和内部联系的判断和方案,并可用来指导今后的实践活动。一个制度的建构,如果缺乏基本理论的支撑和论证过程,其可行性就会遭到质疑,必然根基不稳,难有说服力。本书所建构的回应型司法制度就是建立在协商民主理论、法治理论和司法制度理论的一般原理之上的。笔者通过对协商民主理论和司法制度理论的深入分析,从中找出协商民主理论和司法制度的内在联系和相通之处,即两者都崇尚理性,重视对规则和程序的遵从和对"共同的善"的秉持。这些共通之处为在司法制度中引入协商民主理念提供了合理性和切入点,进而得出协商民主的参与机制、交涉机制、反馈机制与包容机制对回应型司法的基本前提、作用机理、核心功能和价值诉求的促成作用,从而完成了从协商民主到回应型司法的证成逻辑,对回应型司法的三大制度构建具有决定意义。

(二)比较分析法

比较分析法对不同制度的学习、借鉴和创新来讲是一项非常必要而又极其重要的研究方法。它是按照一定的标准,对某一事物和现象在各种环境下的相同和不同表现进行逐一比较,从中找出事物和现象的本质属性及其内在规律,并据此得出解决问题的方法。比较分析法中比较的方法和范围可以很广,既可以是同类比较,也可以是异类比较;既可以是纵向比较,也可以是横向比较;可以进行质的比较,也可以进行量的比较等。总之,比较的目的是全面而深入地认识和了解研究对象,找到异同之处或优劣之处,用以自我完善的需要。

由于回应型司法制度在我国司法实践中刚刚起步,尚属新生事物,国内学界对此问题的理论研究比较匮乏。因此,本书更多的是通过查阅和借鉴域外与司法制度相关的理论研究成果与司法实践经验展开。具体而言,笔者对日本、韩国、新加坡、欧美等国家,以及我国台湾地区回应型司法的理论研究和司法实践予以重点关注。即使本身是一个被实践证明为先进的国外制度经验,在引入我国时也必须考虑我国的具体国情,不能脱离经济和社会发展的实际,不能超越或落后于法治发展的固有阶段,更不能照搬照抄他国经验。这就需要我们具体问题具体分析,对源自不同国家的司法制度模式进行比较和选择。本书使用比较分析法,在全面比较各国有关回应型司法的理论和实践的基础上,提出适合我国现阶段发展要求的回应型司法的制度建构。此外,本书还使用图表的形式进行更为直观的比较,比如将新型的回应型司法与传统的政策型司法进行多角度全方位的比较,以说明两者之间的区别与联系和优胜劣汰的演进趋势;将不同模式的违宪审查制度进行比较,以寻求适合我国的宪法司法适用的具体路径和做法等。

(三)案例分析法

案例是已经发生的事实,在事实中有对一个实际情境的具体描述。在这一描述中,既包含了有关理论或制度要说明的典型问题,也包含了对于这一问题的解决办法。在引用的这样一个案例情境中,案件发生的起因、过程和结果都是已经确定的。在解释一个新的理论或制度问题时,通过对某一理论和制度所适用的典型案例进行分析,将该理论和制度置于具体的实践之中进行检验,通过用事实说话,从而使理论和制度具有了较强的证明力和说服力,使文章谈及的内容更容易被人所理解和接受,案例分析法具有直观、生动、形象和可信的特点。例如,本书在谈及宪法的司法适用性时,就是通过引用中国宪法学上的典型案例"齐玉苓案"说明宪法通过司法适用所实现的人权保障功能。

四、本书的创新之处

(一)将协商民主与司法制度相结合

协商民主作为一种新型的民主形式,既能够反映体现多数人意愿的民意要求,又能够合理关照个体权利。同时,协商民主必须依托于一套完整的规则体系和运作机制,如协商参与主体地位平等、发言机会均等、不得先入为主、协商主持人中立等规定,否则,有效协商就无从开展,所以,协商民主应是一种严格的"规则之治"和"程序之治"。这与司法制度的程序性、规则性和强制性是相连通的,因而,协商民主具有与司法制度相共生的天然秉性和内在特质。

当前,国内外学界已有不少研究协商民主的著说,党的十八届三中全会已将协商民主作为我国的一项重要民主形式确立下来。与此同时,国内外对司法制度的研究也是著说颇丰,入木三分,党的十八届四中全会已将司法制度改革和法治中国建设提上日程。这说明,无论是协商民主还是司法制度对国家发展的重要意义都是不言而喻的。但是,在这两个问题的研究上,将协商民主与司法制度结合起来进行研究的学者却无几人。无论是国内法学家的"软法与协商民主"，①还是国外法学家的"法律商谈理论"②等著说，最多是在谈论协商民主与静态的法律规范或是立法的关系，并没有将协商民主适用于动态的司法过程。在本书中，笔者通过在司法制度中植入协商民主程序和机制，使协商民主与司法制度有机结合，融为一体，成为司法制度的内在运作机制。这一机制通过破除传统司法权的专断性和封闭性，对传统的政策性司法制度进行解构和重建，进而构建起一个新型的回应型司法制度，将传统的单向型司法制度改造成为能够有效应对多元社会的回应型司法制度。

(二)三位一体的回应型司法制度设计

目前为止，对于回应型司法，学界尚无一个统一的定义。笔者在最终将选题确定为回应型司法制度时，在中国知网直接以"回应型司法"为检索词进行标题搜索，只能找到 4 篇文章。尽管最近两年，国内学界出现了少数有关回应型司法的文章。但是，总体而言，相关研究成果仍然为数不多。在论及回应型司法的这些有限的文章中，作者主要将回应型司法定位在司法和解、调解、控辩交易及替代性纠纷解决机制等个案回应的制度上，大多是在回应当事人诉求的狭义层面上研究和使用"回应型司法"这一概念，还有一些国内学者甚至把回应型司法与恢复性司法混为一谈。这些文章都没有对回应型司法进行深入剖析，没能为回应型司法寻求足够的理论支撑，更没有对回应型司法进行全面而系统化的制度化建构。③ 诚然，针对当事人的个案协商调处制度是回应型司法的一个重要方面。但是，回应型司法绝非仅限于此。法官通过司法过程传导宪法精神和要求，通过各种途径向公众公开案件裁决过程，进行判决说理和适法解释，听取公众对判决的意见、回答公众质询等无疑是回应型司法的应有之意。司法制度通过对现行法律规范和法律适用中的合宪性问题进行审查，回应宪法对司法程序和公民权利保障的要求；通过广泛听取并反馈公众对法官审判说理过程和法律适用的意见，回应公众对司法公开和司法公正的要求和期待。回应型司法旨在贯彻和落实宪法原则和精神，沟通和反馈民意诉求，关照当事人权利自决要求，最终实现司法保障公民权利的目的。

可见，回应型司法是一种直接与司法的目的相对接的司法制度，从根本上

---

① 罗豪才.软法与协商民主[M].北京：北京大学出版社，2007：224.

② 哈贝马斯.在事实与规范之间：关于法律和民主法治国的商谈理论[M].北京：生活·读书·新知三联书店.

③ 详见绪论中有关"回应型司法的研究现状"的论述。

超越了工具理性的樊篱。[①] 理性的片面化走向极端就会蜕变为工具理性，工具理性的最大问题是"它把问题的合理性变成了解决问题的程序、方法和手段的合理性，把一件事在内容上是否正确的判断变成了对一种解决方法是否正确的判断"[②]。回应型司法追求司法参与者非工具理性的独立价值，注重司法民主的真实性，关注公民对司法过程的有效参与，依托多方诉求表达与反馈机制，积极回应社会需求。所以，回应型司法不是一个单一的回应机制，而是一个全方位的多向回应机制。笔者认为，回应型司法应当与以上三个层面的要求进行有效对接并建立起反馈与回应机制，才能充分发挥司法的积极作用。这三个层面的要求就是宪法对司法程序的要求、民意对司法公正的要求和当事人对权利自决的要求。笔者尝试建构的司法回应机制应根植入司法制度之中，使之成为司法制度的内在运行机制。该机制旨在回应三大要求，通过司法系统的有效运行发挥作用，在司法过程中实现三大要求。

综上所述，本书的主要创新之处是通过协商民主理念在司法制度中的适用，将传统的司法制度从一个单纯的内部自控体系发展成一个包含宪法传导制度、民意反馈制度和协商调处制度三位一体的他控体系和自控体系相统一的回应型司法制度。

五、本书的写作框架

全书共分为绪论、正文和结语三部分，其中正文包括七章内容。

绪论部分主要论述了回应型司法的缘起、回应型司法的研究现状、回应型司法的研究综述、本书使用的主要研究方法、创新之处和本书的写作框架等内容。

第一章探明回应型司法的理论逻辑，为回应型司法奠定理论基础。本部分主要介绍了作为回应型司法理论基础的协商民主理论的概念、特征和价值，对协商民主的兴起及其理论内涵进行了阐述。根据协商民主的运作机理，推导出从协商民主到回应型司法的证成逻辑，即协商民主的参与机制是回应型司法的基本前提，协商民主的交涉机制是回应型司法的工作机理，协商民主的

---

① 传统司法作为工具理性的产物，难免带有工具理性的弊病，体现为传统司法对秩序和稳定的追求常常会超出对个体价值的尊重，就会出现以维护社会秩序和公众整体利益为名侵犯公民个体权利的现象。

② 尤尔根·哈尔贝斯，半夏埃尔·哈勒.作为未来的过去[M].杭州：浙江人民出版社，2001:181.

反馈机制是回应型司法的核心功能,协商民主的包容机制是回应型司法的价值诉求。最后介绍了回应型司法的概念和意义,对回应型司法的必要性与可行性进行了论证。

第二章提出中国回应型司法的实现路径,建构中国回应型司法的结构模型。在创设一个新的制度前,需要对原有制度进行解构。笔者对中国传统政策型司法的功能进行了评析,指出回应型司法对政策型司法在功能上的超越之处,依托于回应型司法解构政策性司法的作用机制,以协商共识打破传统司法权的专断,以开放性与互动性消除传统司法权的封闭性,从而实现了对中国传统司法制度的彻底解构。从司法为民到司法民主、从暗箱司法到阳光司法、从究问式诉讼到对抗式诉讼构成了中国回应型司法的实现路径。根据司法制度对宪法精神、民意要求和当事人权利诉求的回应性,将中国司法制度从单纯的内部自控体系建构成由宪法传导制度、民意反馈制度和协商调处制度三位一体构成的他控体系与自控体系相统一的回应型司法制度。在此基础上,明确了回应型司法结构的支点,勾勒出回应型司法的结构模型。

第三章主要介绍了东亚国家和地区以及以法国、德国和美国为代表的西方国家在回应型司法改革上取得的成绩和经验。这些国家和地区关于回应型司法改革的有益做法值得我们借鉴。概括地讲,主要有四点经验和启示:推进民主司法,强化便民司法,建立独立高效的法官管理体制和主张多元纠纷解决机制。

第四章建构中国回应型司法的宪法传导制度。宪法传导制度旨在将宪法的理念、原则和规范通过司法制度传导到现实中,通过司法对宪法的遵从与适用,贯彻和落实宪法规范,回应宪法对公权力的限制和保障公民权利的要求。通过对美国式的司法审查制度、德国式的宪法诉讼制度和法国式的合宪性审查制度等三种宪法司法适用的典型制度进行考察,并结合中国的具体国情,提出建构中国宪法传导制度应包括两个方面:(1)建立宪法的司法适用制度。司法过程通过对部门法的适用,间接适用宪法规范,维护公民的宪法权利。然而,在部门法对权利保护出现缺位时,宪法应当作为权利保护的兜底性条款予以适用,以实现对公民权利救济和保障的目的。(2)健全合宪性审查制度。在我国,较为可行的方案是完善人大常委会的释宪制度。依托于法规备案审查制,加强全国人大常委会对宪法实施的监督,健全宪法解释的程序和机制,促进合宪性审查的经常性和有效性。宪法传导制度是支撑回应型司法的三大制度之一,彰显了司法对宪法的回应性,它既是宪法自我实现的需要,也是司法制度本质属性的体现和司法制度的目标。

　　第五章建构中国回应型司法的民意反馈制度。当今社会,司法民意作为实现司法公正的维度被提出来,成为司法制度确保自身合法性的重要依据。在司法过程中,法官应当通过汲取和整合民意的方式,对证据的真实性、证明力和法律适用的准确性与公正性进行说理和论证,以增强司法裁决的合法性与公信力。该章介绍了司法民意的概念、必要性及其功能,特别强调了民意影响司法的合理限度。这种限度表现为司法民意不得对抗法律的确定性规范,不得违反司法独立原则和司法民意反馈的制度化和法律化。协商民主在司法制度中的运用和司法协商机制的构建为识别和整合真实而理性的民意提供了切实可行的方法和程序安排。中国司法民意反馈制度的建构包括三个方面,即法院管理中的民意反馈制度、法院审判中的民意反馈制度和案件执行中的民意反馈制度。

　　第六章建构中国回应型司法的协商调处制度。司法的协商调处制度将有利于减少当事人之间的对抗,实现彼此间的合作,将"为权利而斗争"的传统观念转化成"为权利而对话"的现代理念。该章首先介绍了司法协商调处制度的基本理念、必要性和可行性。建构中国司法协商调处制度包括两个方面:一是诉讼方式的协商调处制度,即控辩协商制度和案件速裁制度;二是非诉讼方式的协商调处制度,即替代性纠纷解决制度(ADR制度),包括调解、和解和社区司法制度等。司法协商调处制度旨在用更少的司法资源实现更好的司法效果,从而回应公众对权利自决的要求,实现对权利的积极救济。

　　第七章指出回应型司法面临的实践困境及其化解之策。司法回应机制在实际运作过程中会遭遇回应机制启动不能、回应机制反馈失灵、回应机制反馈延迟和回应机制信息丢失等问题,从而导致司法回应机制陷入实践困境。造成困境的原因是多方面的,主要有司法过程的行政干预使司法回应失灵;司法参与的成本过高使司法回应懈怠;"理性无知"的广泛存在使司法回应偏离;公众权利意识的缺失使司法回应低效。要有效化解回应型司法的实践困境,应通过依托普法教育,培育回应型司法的适格主体;创新司法体制改革,激活回应型司法的作用机制;推动公众亲历司法过程,增强回应型司法的运行动能。

　　结语部分对中国回应型司法制度进行展望。中国回应型司法制度适应了当今时代的发展趋势,促进了司法公正的实现。同时,我们也应当看到,回应型司法制度是随着公民社会的成长而不断发展的,有着自身的演进规律。目前,回应型司法的制度体系尚不完善,只有通过进一步研究,找寻规律,努力推动回应型司法的制度创新,克服回应型司法在发展进程中的现实难题。笔者对中国回应型司法制度的未来充满信心。

第一章　回应型司法的理论逻辑

第一节　回应型司法的理论基础——协商民主

一、协商民主的概念

协商民主理论产生的背景是多元社会下出现的诸多矛盾和问题需要一种新型的民主形式。在此之前，单一的均质社会主要由同质化的民主理论来支撑整个社会运行。当多元的异质社会出现后，同质化的民主理论无法适应社会发展需要，必然要被一种可以容纳多元利益诉求和价值标准的新型民主理论所取代，协商民主理论便应运而生。

协商民主理论的兴起是参与民主理论在 20 世纪后期的重大突破，这一民主形式又被称为慎议民主(deliberative democracy)[①]，是西方特定历史条件下的产物。[②] 1980 年，美国克莱蒙特大学政治学教授约瑟夫·毕塞特在《协商民主：共和政府的多数原则》一文中首次使用"协商民主"一词。该理论源自并超

[①] "deliberative democracy"在学术界有多种中文译法，最为常见的是"协商民主""审议民主"，大陆学界多译为"协商民主"，台湾地区学界多作"审议民主"，"deliberative"一词有"慎思明辨"之意，从最原初的含义出发，译为"审议民主"更为准确，但考虑到大陆学界业已约定俗成，故作者在文中仍坚持译作"协商民主"，但切勿忽视其"慎思明辨"之本义。

[②] 对于我国在 1949 年成立的中国人民政治协商会议是否为"慎议民主"意义上协商民主的具体实践形式，这一问题在学界多有争论，值得商榷。但是，单从协商民主理论的发展来看，该理论仍然是产生于 20 世纪后期的西方学术界。

越了以洛克为代表的自由主义民主理论和以卢梭为代表的共和主义民主理论，它既不把国家看作是经济社会的守护者，也不把国家看作是制度化的伦理共同体，而是强调社会的多元性。协商民主是一种在多元社会的背景下，通过公民的平等参与，就决策、立法和司法活动展开协商和对话，各方就不同意见进行客观而理性的说理和辩论，在沟通过程中进而反思，发挥"共同的善"和"交往理性"①的力量，促成不同利益间的相互妥协与偏好的转换，最终达成共识，做出令参与各方均可接受的决定的民主形式，其概念的核心是协商与共识。在协商民主的过程中，既要尊重个人利益，同时也要重视他人的合理诉求，促进政治共同体之间、不同文化和利益主体之间的相互交流与理解，能够容纳当今社会的多元化、个性化和差异性，又能为实现双赢而超越多元化和差异性，在理解、沟通和妥协中达成共识。通过协商民主这一过程，还可以提升公众的认知和沟通能力，知识和理性也在社会中同步传播与扩展。通常来说，协商民主可以分为微观协商民主和宏观协商民主两种基本类型。微观协商民主是一种狭义上的协商民主，仅指人与人之间面对面的交流形式。我国知名宪法学家李龙教授在其论述协商民主的文章中指出："所谓微观协商民主是一种面对面的交流形式，主张以理服人，强调有一套公共的程序规范，目的是为公共的机关协商提供理想模式。"②宏观协商民主则是指协商民主的理论和制度，它是以交往行为理论为基础建构起来的一种民主实现形式，是与选举民主相并列和对等的概念。

美国政治学家罗伯特·达尔认为，在协商过程中需要一种"开明理解（enlightened understanding），即需要公民掌握充分的信息，拥有良好的理性，对有争议的利益和公共事务作出清晰的理解"③。为了避免私人力量支配公共讨论，确保参与者拥有同样的话语权，协商民主要求参与者必须做到身份地位平等、发言时间均等、意见同等对待，这是协商民主得以顺利开展的前提条件。在协商过程中，协商的任何一方参与者如果想要说服对方，必须将他所赞成或反对的观点予以公开，接受他人的检视和挑战。协商者通过一系列的思

---

①　法兰克福学派后期代表人物、德国哲学家和社会学家哈贝马斯提出的一个概念。他认为理性存在于人们日常生活的语言交往活动中，因而称为交往理性。这种交往理性体现了人们的共同本性，起着沟通人们之间相互理解的重要功能。

②　李龙.论协商民主：从哈贝马斯的"商谈论"说起[J].中国法学，2007(1).

③　DAHL，ROBERT.Democracy and Its Critics[M].New Haven，CT：Yale University Press，1989：108-110.

想交锋和观点碰撞的交涉过程,自然会发生情感、态度和偏好上的某些改变和转换,将那些或多或少有些含糊、草率、不理智甚至有些偏执的意见转化为更为清晰的、坚定的、深思的、明智的和设身处地的主张。[①] 至此,达尔所提出的"开明理解"就顺利实现了,这是协商民主理论的重要概念之一。罗尔斯和哈贝马斯在自己出版的著作中都提到了协商民主,从而使协商民主声势大振。其后,大卫·米勒、詹姆斯·塔利、辛格等学者纷纷加入对协商民主的研究中,使其成为当代西方最重要的理论之一。

协商民主的实践由来已久,具有深厚的历史和文化积淀。经考证,在古典民主中就可以找到协商民主的印迹。如在古雅典的公民大会上,人人都可以平等发言,就某一问题进行讨论,会议采取协商和投票相结合的方式作出决定。可见,协商民主观念及其实践像民主本身一样古老,真可谓与生俱来。中国著名政治学家徐大同教授认为,"共同协商是封建社会的基本原则,它不仅体现在立法活动中,而且也是行政与司法事务中的基本原则"[②]。这说明,共同协商的做法不仅历史悠久,本身亦具有适用于司法的秉性。我国 1949 年成立的中国人民政治协商会议就是广泛联系和团结各阶层群众发挥参政议政、民主监督的政治协商机构,是践行协商民主的一种重要形式。党的十八大在总结我国长期协商民主实践经验的基础上,结合对协商民主的最新研究成果,明确提出和深刻阐述了社会主义协商民主概念和意义,这是社会主义民主政治发展史上具有里程碑意义的重大理论创新。[③] 如今,协商民主已经成为我国人民民主的重要形式。协商民主理论主张以参与和沟通为路径,以相互理解和偏好转换为中介,以理性共识为目的,实现对多元社会中每一个体权利的充分关照与积极回应。

二、协商民主的特征

根据协商民主的概念和代表性观点,美国著名学者塞拉本哈比认为,协商民主应当具有这样一些显著特征:(1)所有协商参与者都应受到平等原则和对称原则的约束,都有同等的发言、质疑、询问和辩论机会;(2)所有协商参与者

① JOHN PARKINSON,Why Deliberate? The Encounter between Deliberation and New Public Managers,Public Administration Vol.82 No.2,2004:379.

② 徐大同.西方政治思想史(第二卷)[M].天津:天津人民出版社,2005:183.

③ 郑万通.十八大确立"社会主义协商民主制度"概念具有里程碑意义.南方都市报[N].2012-11-15.A11.

都拥有设置话题的权利;(3)所有协商参与者都有权对对话程序的规则及其运行方式展开反思性论证,不存在不辩自明的规则限制议程或对话,亦不能对协商参与者的身份进行限定,只要受到决策影响的相关个人或团体能提供正当证明就不能被排除在外。[①]

北京大学的罗豪才教授在《软法与协商民主》中提出了由规则、参与、信息和沟通四部分组成的协商民主机制,[②]这四个方面一并构成了协商民主的典型特征,主要概括为以下四个方面:

1.在规则性上,强调协商过程的"规则之治"

必须有明确的正式或非正式的规则支持协商的启动,通过制度化的方式保证协商顺利开始和持续进行。在规则的主导下,每个人都有机会启动和参与讨论议题,并进行质疑、询问和辩论。整个协商过程也必须严格遵循既定规则,如禁止先入为主、发言机会均等、同等话语权等,协商结果也要以阶段性共识的方式通过规则固定下来,成为进一步协商的框架和前提。[③]协商民主依托于对规则的严格控制,才得以使协商过程顺利进行。可见,强调严格的规则之治是协商民主的一个重要特征。

2.在参与性上,追求广泛而有代表性的公众参与

协商民主对民主参与的要求是广泛参与与公众代表参与有机结合,因为"参与很广泛但是缺乏代表性,可能无法准确反映大众的政策偏好,但是参与过少,则更大的公民契约的目标会被牺牲"[④]。协商参与的意义在于参与者受到尊重的感觉和承认其所拥有的主体地位。同时,参与本身会使讨论的目标变得具有不确定性,而不再由个别人把持。协商民主作为一种开放性的公众参与机制,它使行政官员再也无法一人随意操控政策的提出和走向,最终会迫于无奈而放弃这种独断性权力,从而使决策性权力走向平等和开放。

3.在信息性上,促进了信息的公开化和流动性

协商民主通过彼此交流,使信息分布更为均衡,改变了信息垄断和不对称的局面。参与者之间通过协商对话和信息交流将彼此要求进一步公开化和明

---

① BENHABIB,Toward a Deliberative Model of Democratic Legitimacy,Seyla Benhabib,ed,*Democracy and Difference*,Princeton:Princeton University Press,1996:70.

② 罗豪才.软法与协商民主[M].北京:北京大学出版社,2007:205.

③ 魏武.寻求不一致的一致:试论软法与协商民主机制的结构性耦合[J].法制与社会发展,2007(4).

④ EDWARD C. WEEKS,The Practice of Deliberative Democracy:Results from Four Large-Scale Trials,Public Administration Review,Jul/Aug 2000(60)4:362.

确化,促使参与者必须有理有据地提出自己的主张,通过对信息的占有、信息的交流与披露及其信息之间的相关性和契合性,说服协商参加者能够支持自身观点,而非过去那种凭借对信息的隐瞒和压制的方式,从而最大化地避免了其中的私利和无理成分。

4.在沟通性上,倡导理解、包容和思辨,实现了不同观点的有效沟通

由于"沟通的本质允许替代",①不同观点的交流使人们能够以不同的方式和全新的视角思考问题,深思熟虑地对待不一致的观点,倾听每一个体的愿望和要求,进而尝试理解、宽容和接受他人的不同观点,注重关照他人的合理利益,通过转变自身偏好,帮助成员寻找替代方案,做出更好的选择,促成共赢结果的达成。②

三、协商民主的价值

应该说,协商民主的提出极大丰富和完善了我们对民主的理解。这一民主形式更加注重民主的实质,得以破解选举民主(即票决民主)困境和缺陷。德国著名社会学家哈贝马斯虽然不是第一个提出协商民主理论的学者,但他对协商民主的论述却是最为深刻的,他本人更是颇为关注协商民主的价值问题。在他所撰写的《交往行为理论》《在事实与规范之间》和《包容他者》等经典著作中,哈贝马斯对协商民主理论及其价值进行了深刻而细致地论述。最终,协商民主所追求的偏好转换而非偏好聚合的民主价值成为民主理论的主流观点,从而使协商民主一跃成为 20 世纪末最为引人瞩目的民主理论。哈贝马斯认为,该理论把现代社会看成是"一个高度人为的共同体,更确切些说,是由平等而自由的法律同伴所结成的联合体,他们之结合的基础既是外部制裁的威胁,同时也是一种合理推动的同意的支持"③。这种"合理推动的同意"就是民众对法律的共识,而促成"同意"得以达成的"合理推动"力量就是平等对话产生的交往理性力量。在这一过程中,所有可能受到决策影响的人都应该有平等参与决策的机会,有表达自己利益的权利和要求,并能够平等地选择议题和控制议程。即使边缘群体,也不

---

① 贡塔·托依布纳.法律:一个自创生系统[M].张骐,译.北京:北京大学出版社,2004:20.

② 罗豪才.软法与协商民主[M].北京:北京大学出版社,2007:212-213.

③ 哈贝马斯.在事实与规范之间:关于法律和民主法治国的商谈理论[M].童世骏,译.北京:生活·读书·新知三联书店,2003:22.

能因出身、性别、种族、财产、学识等因素而有所区别，均应赋予同等发言机会和话语权力。哈贝马斯把司法民主理论重新带回到活生生的现实世界，通过在公共领域中主体间平等而自由的交往，在理性的对话和辩论中，最终达成法律上的共识，并以此共识为基础，实现对国家法律系统的重建。

爱尔兰知名学者库克认为，协商民主具有五方面的价值："(1)公共协商过程的教育作用；(2)公共协商过程形成共同体的力量；(3)公共协商程序的公正性；(4)公共协商结果的认识平等；(5)协商民主表述的政治理想与'我们是谁'的一致性。"①美国学者托马斯·克里斯蒂亚诺也对协商民主的价值进行过专门的研究和探讨。他认为，协商民主以公共协商过程为基础，无论公众是支持抑或反对一项决定，其依据始终是公民所秉持的"共同的善"以及对社会正义的追求；公共协商对提高一项决策的质量具有重要的工具价值，促进了正义结果的产生；公共协商过程中的主体平等参与和平等协商地位具有基于正义要求的内在价值。②

综合上述观点，笔者认为，协商民主具备以下基本价值：

1.促进决策的合法性

协商民主使决策的形成建立在拥有丰富信息的前提下，通过受决策影响的公众对决策内容的充分沟通和广泛协商的基础上，在获得公众对政策的理解、认同和支持的共识中，最终做出具有合法性的公共决策。这种决策之所以是合法的，是因为协商民主通过公众对决策的审议程序赋予了决策以合法性，这种赋予主要体现为对决策的"协商共识"。正如美国社会学家科恩所言："当且仅当它们是平等公民之间的自由、理性一致的结果时，这些结果才是民主合法的"③。公共协商过程使决策的做出建立在公民的认真审视和一致认可之上，"政策之所以被采纳，不应该是因为最有影响力的利益取得了胜利，而应该是因为公民或其代表在倾听和审视相关的理由之后，共同认可该政策的正当性"④。

2.有利于政治共同体的形成

协商民主所推动的沟通对话、偏好转换与理性共识是一种公共合作行为，而非纯粹表达私欲的个人自利行为。协商民主的过程是一个产生公共协议的

---

① 陈家刚.协商民主[M].上海：上海三联书店，2004：43-44.

② 詹姆斯·博曼，威廉·雷吉.协商民主：论理性与政治[M].北京：中央编译出版社，2006：184-185.

③ JOSHUA COHEN.Deliberation and Democratic Legitimacy[M].The Good Polity，Blackwell，1989：22.

④ IRIS M.YOUNG.Communication and Other：Beyond Deliberative Democracy[M].NJ：Princeton University Press：120-135.

过程,协商民主的结果是达成一个关照更多人利益、具有公共产品性质的共识性协议。协商民主中的所有参与者都有一个共同目标,即追求一个比任何一方最初所提出的意见更为完善、更为包容的最终意见。参与者在协商民主过程中感受到的是彼此理解、共同合作的协力,而非相互打压、彼此竞争的压力。至此,一个政治共同体就形成了。

3.有助于良好公民精神的养成

公民精神是当代社会中一个合格公民所应当具备的基本道德和政治素质,主要体现在权利意识、规则意识和责任意识等几个方面,它受到一定社会发展阶段的经济基础、政治体制和文化环境等多种因素的影响和作用。当代社会的良好公民精神集中体现为具有自主性、参与性、责任感和充满宽容精神、妥协精神的品格和素养。协商民主承认公民社会的相对独立性,注重公民的理性化和自主品格的养成。[①] 协商民主的理念及其对参与主体和参与过程的要求对培养良好的公民精神起着重要的推动作用。

4.有利于理性力量的充分发挥

协商民主崇尚理性,依托于一个理性的对话机制,参与者彼此间遵循"交往理性"的规律,进行着思想和意见的交换。在协商过程中,尤其强调充分发挥理性的作用,对各种问题讲明道理,回答质疑,以理服人,极力避免情绪化对决策过程的影响。协商民主真正使理性凌驾于权力之上,这是协商民主的重要作用和价值所在。协商过程越是公开、越是平等,协商的理性化也就越强,决策结果也就越能够为所有协商者理解和接受。决策通过理解而被接受的结果反过来又会进一步肯定和强化了理性的作用,将理性的力量发挥到了极致。

5.促使制度更具回应性

美国社会学家科恩认为,协商民主是通过提供参与、沟通和对话的条件和机制,促进公民平等地参与到公开而自由商议和讨论中的一种制度,以期能够促使政治权力以竞争性选举、公开透明运行和接受司法监督等形式存在,将对公共权力的行使与公民协商一致紧密联系起来,并形成一个具有回应型的协商机制和民主制度。[②] 由于制度本身受制于诸如信息公开、平等参与、公共协商和理性共识等协商民主所要求的原则和程序的拘束,权力拥有者必须与协商参与者不断进行沟通与互动,依托协商民主的参与机制、交涉机制、反馈机

① 伍俊斌.协商民主的价值分析[J].北京科技大学学报(社会科学版),2011(3).

② GORDON WOOD.The Radicalism of the American Revolution [M].New York:Knopf,1993:162-166.

制和包容机制,做出的决策才更具有合法性和公信力,这一过程势必促使制度放弃在传统社会中的专制性,增强在多元社会中的回应性。[①]

第二节　从协商民主到回应型司法的证成逻辑

世界已经进入一个多元化时代,不同的文化和价值观念不断涌现,构成了我们所赖以生存的丰富多彩的世界。但是,随之而来是多元社会的利益重组,导致各类矛盾凸显,讼争案件的大量出现使司法资源濒临匮乏的边缘,公众对判决的质疑使司法权力日渐式微,传统司法模式面临多元社会的严峻挑战。

承认多元社会的合理性是传统司法制度必须面对的首要问题,对这一问题的解决方式将决定司法改革的进路。具有不同文化背景和生活方式、不同政治派别和社会集团的群体共存于同一个社会中,这是多元社会的客观现实。那么,司法制度如何应对才能维护多元社会的稳定性,巩固社会秩序的良善基础,实现国家在民主宪政时代对成长起来的公民社会的合法而有效的治理呢?对此,政策实施型的传统司法制度由于弊病重生,公信力明显不足,合法性受到严重质疑,亟须顺应时代要求予以重新定位,进行制度转型。新型司法制度应当更具包容性,能够协调不同利益需求和价值标准的主体关系,从而有利于多元社会的和谐与稳定。为此,司法制度必须对多元社会的利益需要和价值诉求给予关注与回应,增强司法制度的回应性成为一种必然趋势。司法制度崇尚理性,重视对规则和程序的遵从和对"共同的善"的秉持,这使司法制度本身与协商民主之间具有许多相通之处和内在联系。多元社会对司法制度的回应性要求也在呼吁司法制度求助于协商民主机制,以增强对社会的有效回应,促进自身的开放性、平等性、包容性与共识性品格的形成。正是协商民主的参与机制、交涉机制、反馈机制和包容机制一并作用,最终促成了回应型司法制度。

一、协商民主的参与机制是回应型司法的基本前提

将司法权置于公众的监督之下,让公民有序参与案件审理过程的协商民

[①]　詹姆斯·博曼.公共协商:多元主义、复杂性与民主[M].北京:中央编译出版社,2006:198-199.

主参与机制使公众从社会发展的客体一跃成为社会发展的主体,进一步强化了公民的自主意识和自决空间,这是回应型司法运行的先决条件。

回应型司法的制度起点必然是司法参与机制。因为没有真正的司法参与,何来有效的司法协商,司法回应更是无从谈起。参与机制的真正意义在于获取全面而充分的信息,并可进行自由而充分的意见表达,为下一步的协商、交涉与反馈等各阶段提供前提条件,奠定基础。如果一方不能参与到民主协商的过程中,就必然致使双方力量的不对等和信息的不对称。然而,信息不对称会造成双方之间的隔阂,隔阂预示着不信任的开始。当今社会,公众之所以对司法颇不信任,就是由于司法与公众之间存在着巨大的隔阂所致,这种隔阂包括物理隔阂和心理隔阂。司法的物理隔阂是指司法与公众之间的空间距离,司法的心理隔阂是指司法与公众之间的心理距离。由于司法参与渠道不畅和参与效果不佳,现实中只有少数人能够亲历司法过程,多数人被排斥在司法程序外,只能间接获得对司法的认知和司法信息。这种空间上的物理隔阂直接加剧了司法与公众之间的心理隔阂。"法律活动中更为广泛的公众参与乃是重新赋予法律以活力的重要途径"[①],司法制度要想消除与公众之间的隔阂,强化自身对公众与社会的回应性,其基本前提就必然是促进公众司法参与,缩小司法与公众之间的空间距离。

民主是一种促进公民有序参与的程序安排,而协商民主不仅需要公民广泛而有序的参与,而且特别强调参与主体的平等性和参与机会的均等性,这是由平等协商的性质所决定的,为协商参与的真实性和有效性提供了有力保证。司法制度依托于协商民主的参与机制,在增强司法制度开放性和参与性的同时,将司法参与从单向式的被动参与转变为双向互动式的主动参与,凸显了司法制度的回应性特征,使单向型司法制度上升为回应型司法制度。因此,协商民主的参与机制是回应型司法的基本前提。

二、协商民主的交涉机制是回应型司法的作用机理

协商民主的交涉机制作为一种正当程序,不仅为广大社会公众带来了程序上的正义,更是极大促进了实质公正的实现,使司法制度所追求的客观公正的裁决结果有了现实而可靠的依托。美国著名政治哲学家罗尔斯在其代表作《正义论》一书中提出了"纯粹的程序正义"的理念。他认为,程序要件至关重

---

① 哈罗德·J.伯尔曼.法律与宗教[M].梁治平,译.北京:商务印书馆,2012:35.

要,现实中并不存在关于结果正当与否的权威标准,也不存在对于正当结果的绝对标准,只要大家都能够遵循一种正确和公平的程序,其结果也会是正确和公平的。① 比如,在司法过程中,违反正当程序得出的审判结论就不是真正的司法共识,便不能作为裁判依据。相反,如果在审判过程中适用的所有程序都是正当的,那么,严格按照正当程序所得出的审判结论就是公正的。由此可见,程序正当对于结果公正具有决定意义。但是,"程序的本质特点既不是形式性也不是实质性,而是过程性和交涉性"。② 作为"程序之治"的回应型司法,也必然离不开提出主张、进行质疑和相互辩论等多方参与者的互动与交涉环节,因而需要寻求一种与司法制度相契合的理性交涉机制,并使其内化为回应型司法的作用机理,从而起到规范司法程序运行的作用。

协商民主注重协商主体间的互动性与交涉过程,因为协商民主是建立在参与者地位平等、话语权力均衡的结构之上的。在这一结构框架内,任何一方想要将自身观点和利益上升为群体协商共识的一部分,从而满足自身的利益和要求,必然离不开其他协商参与者对某一观点的充分了解和认知,在尽可能理解观点本义的基础上,经过进一步审视、思辨、论争和妥协等说服与被说服的交涉过程,进而发生偏好转换的逻辑理路,即从最初对某一观点的不了解与反对到不理解和冷漠,再到理解与宽容,最终转变为认同和支持的演进过程。这一过程要求一方能够清楚地表达自身利益诉求,充分说明理由,通过对各自主张的一系列交涉过程,回应其他协商参与者的合理质疑和正当要求,借助与其他各方的认同和协作,最终达成共识。这就是协商民主的交涉机制,它在既定的协商规则下,以事实和理由为依据,对彼此的立场、观点和利益进行沟通、协调、权衡与妥协,进而实现说服与被说服的交涉过程,特别强调回应型司法的参与各方通过富有理性的对话、辩论、推理和审议等交涉行为和机制参与决策的协商过程,从而赋予决策以合法性。

哈贝马斯指出,人的交往行为可分为三种,即协调性行为(regulative handlungen),即为达到某一目的共同或依据分工而采取的协调与协作行为;规范性行为(normative handlungen),即依照已经获得公认的伦理道德和规范而采取的行动;表达性行为(expressive handlungen),即人们表达出自己的内心动

---

① 罗尔斯.正义论[M].何怀宏,等译.北京:中国社会科学出版社,1988:80.

② 季卫东.法律程序的意义:对中国法制建设的另一种思考[J].中国社会科学,1993(1).

机与情感、需要、恐惧等情绪的行为。① 哈贝马斯的上述三种行为可视为回应型司法交涉机制的重要组成。我们将协商民主的交涉机制运用于司法领域，对司法制度进行全面改造，将协商民主交涉机制中的开放性、参与性、协调性、规范性和表达性等特点融入司法制度中，从而增强司法制度的交涉性和回应型，将传统司法制度改造成为一个能够凝聚各种社群利益的回应型司法制度。在不同主体进行司法参与的过程中，主体间的相互理解和共识的达成、偏好转换的实现都凸显了司法过程中说理和论证等交涉机制的重要作用。哈贝马斯指出，这是"相互理解的概念揭示出语言的参与者出于理性动机而达成的认同一致"②。回应型司法正是以协商民主的交涉机制作为制度各要素之间的作用机理，法官的职责就是充分利用协商民主的交涉机制，把握回应型司法的作用机理，积极参与到司法协商的说理与反驳的互动环节，努力为适用法律做出裁决寻求必要而充分的理由，从而能够在与司法参与各方相互交涉的过程中占据优势，说服各方接受裁决结果。

三、协商民主的反馈机制是回应型司法的核心功能

反馈机制是协商民主的重要环节，如果没有反馈，协商者就无法获知信息是否已经传递到接收方。信息反馈，具体又分为正反馈和负反馈两种。正反馈是指信息发送方收到了来自信息接收方发出的与自己最初发送的信息相一致③的信息反馈，则说明双方或多方的协商共识顺利达成。负反馈是指信息发送方收到了来自信息接收方发出的与最初发送信息不一致④的信息反馈，则说明双方或多方的协商共识没有达成。其原因存在三种可能情况：信息发送方发送出的信息本身存在错误、信息在传递中途失真、信息接收方对信息做了误读或是观点异议。但是，只要能够收到反馈信息，信息发送方就可以根据反馈信息的具体内容做出某种推理和判断，从而明确进一步采取措施的三种情况：修正所发送的信息、排除信息传递中途的干扰因素、对信息接收方开展

---

① 陈平原.学人(第 4 辑)[M].南京:江苏文艺出版社,1993:439.

② 哈贝马斯.交往行为理论(第 2 卷)[M].法兰克福:苏尔坎普出版社,1981:378.

③ 反馈信息的一致性表示信息接受方对发送方信息的认可,双方取得了共识。

④ 反馈信息的不一致性表示信息接受方对发送方信息的不认可,使接受方重新发回至信息发送方的信息中包含接受方所不同的意见因子。这一因子能够反映出接受方所持的意见情况。此时,如果想获得一致的意见反馈,信息发送方应对反馈的信息进行修正,再发送,再接受,这一过程可能要往复几次,直至达成共识。

进一步的信息解读释义和说理论证的交涉活动。信息发送方根据反馈信息所做出的信息修正、干扰排除和信息解读对信息接收方来说亦是一种反馈，这是对反馈信息做出的再反馈。信息接收方还可以对这种再反馈做出又反馈，如此循环往复，直至最终达成协商共识。可见，反馈机制是一种双向或多向多次互动的行为和过程，对信息的传递和修正、信息的补充和完善具有非常重要的作用，并直接推动了协商共识的达成。

协商民主的反馈机制是协商双方或多方进行的多次往复的相互沟通与协商互动的行为和过程，其在司法制度中集中体现为司法制度的反馈性与回应性，即法官就案件审判过程和裁决结果说明情况，通过明法析理的方式进行司法反馈，回应广大公众和案件当事人的质疑和异议；与此同时，公众和当事人也针对法官审判过程和裁决结果的明法析理做出反馈。这种司法信息的沟通与反馈过程就是协商民主的反馈机制在回应型司法制度中进行运作的体现。协商民主的反馈机制正是通过内置于回应型司法制度中，发挥着促进司法信息公开、传递、沟通与反馈的作用。

司法信息的沟通与反馈环节是司法凸显自身回应性的集中表现，对确保司法制度的公开公正和增强司法公信力来说至关重要，成为回应型司法制度的核心功能。其原因在于，它不仅能够促进公众有序的司法参与，有利于实现司法信息的充分沟通与共享，而且能够激发多方主体间的说理论证、明法析理的交涉行为。这些因素都努力促成司法对各种主体的回应，极大促进了司法公正的实现。司法信息的沟通与反馈具体表现为案件当事人、法律职业者和社会公众依托于内置于司法制度中的协商民主的反馈机制进行相互沟通和协商互动，得以充分了解法官做出裁决所适用的法律和事实依据，彻底明晰其中的推理逻辑，向法官提出具有针对性的反馈意见，以监督和帮助法官做出公正裁决。法官也应认真听取各方反馈意见，以获取有价值的信息，及时检讨和修正自身在审判过程中做出的关于事实认定或适用法律上的不当之处，或是通过耐心细致的解答释义和析法说理，说服公众和当事人接受裁决结果。从司法信息的沟通与反馈的整个过程看，回应型司法的这一核心功能对于促进司法公开与公正具有重要意义。

四、协商民主的包容机制是回应型司法的价值诉求

协商民主理论认为，当我们面对与自己不同的道德评价和行为模式时，我们不能简单地将一种特定的价值标准置于绝对的优势地位，使其凌驾于其他

标准之上,而是应当平等地对待每一个体基于自身特质的合理价值追求和生活方式。可见,协商民主是一个颇具包容性的民主形式,顺应了多元主义社会对民主的要求。中央编译局研究员陈家刚博士认为,多元主义意味着世界存在多种合理的价值以及关于"共同的善"的合理观念。[①] 这些价值既是无法比较的,也是不可通约的,甚至是相互冲突的。个人可以根据自身特点,自由地选择采纳多个价值中的任何一种价值,抑或把任何不同价值结合在一起,进而形成自己关于良善生活的观念。[②] 当今时代,人们均可以按照自己喜欢的方式生活,各种善和德性的存在使不同的生活方式合理化,并共存于同一时代和社会中。英国著名的政治哲学家约翰·格雷在他的《自由主义的两张面孔》中写到"不同的生活方式崇尚不同的善和德性这一事实并非不完美的特征,而是人类可以以不同的生活方式很好地生活的标志"。[③] 协商民主正是基于这些理念,更加尊重公民提出的各种不同观点、利益和偏好,积极促进不同群体间的跨文化交流,从而将各阶层、各党派、各团体,包括弱势和边缘群体全部纳入统一的协商过程。通过富有诚意的协商与对话,寻求对有争议问题的彼此理解和相互宽容,进而凝聚和达成共识。因此,协商民主集中体现了多数与少数相统一的原则。它既反映了多数人的主流意见和利益诉求,也吸收了少数人的合理主张和正当利益,使决策建立在多数人和少数人彼此宽容与理解的共识之上。

协商民主的理论和方法是司法制度的包容与整合之道。司法需要从协商民主中汲取智慧,摆脱零和博弈的思维定式,寻求一种能够整合社会中的多元价值和利益关系的回应型机制。这一机制应当平等地关照每一个体合理的权利诉求,而不仅仅是多数人的需要。如果审判时只是简单地适用多数人认可的单一文化或道德标准,就会上演电影《刮痧》中的一幕,作为中国古老中医疗法的刮痧却被美国法院认定为虐童行为,文化上的差异使法律与正义背道而驰。通过对法律文化的研究,我们知道,一个制度的背后总是有着各种深厚的文化因素和根基在起作用,这就是法律的文化底蕴。无论你了解还是不了解,

---

① 陈家刚在他的多元主义观中提到的"共同的善"和约翰·格雷所提到的"不同的善"是不矛盾的,"共同的善"意指人类对于真善美的永恒追求,具有终极性和底层性,而"不同的善"是个人自由形成的关于良善生活的不同理解。

② 陈家刚.多元主义、公民社会与理性:协商民主要素分析[J].天津行政学院学报,2008(4).

③ 约翰·格雷.自由主义的两张面孔[M].顾爱彬,李瑞华,译.南京:江苏人民出版社,2002:8.

它总是存在的,并深深地影响着法律制度的具体表现形式。但是,公平和正义确是人类各种文化所共通的。"不同的文化类型应当超越各自传统和生活形式的基本价值的局限,作为平等的对话伙伴相互尊重,并在一种和谐友好的气氛中消除误解,摒弃成见,以便共同探讨与人类和世界有关的重大问题,寻找解决的途径。"[①]因此,多元社会的司法制度必须经得起不同文化的拷问,回应不同文明的合理诉求,这是司法的社会与文化责任,是司法文明进步的标志。司法制度应当承认个体价值的多元化和价值冲突解决标准的多元性,能够兼顾整体与个体合理利益的实现,这与协商民主对多元利益和偏好的转换与整合要求相契合。司法制度只有变得更具谦抑性与包容性,更多司法尊让,才能容纳各种社会的不同文化和多元价值的诉求,使各种社会主体在司法制度的关照与回应中获取彼此的理解和包容,从而形成具有公信力的社会共识。

第三节　回应型司法的概念和意义

一、回应型司法的概念

司法作为一种公共资源,其公正性将对整个社会产生重要的指引作用,并与我们每个公民的权利和利益息息相关。因而,确保司法公正绝不是法院一家的事情,而需要整个社会的关注与协力。诚然,司法过程有其自身实体判断上的专业性和程序控制上的独立性。但是,这并不能必然推导出司法应当保持自身的自治性与封闭性。司法程序在处理案件时,尤其是处理那些社会影响较大、与公众联系密切和受到广泛关注的案件时,司法机关通过向社会广大公众公开案件相关信息,听取公众意见,依靠协商合意化解社会争议,实现在多元社会下聚合价值共识的作用,从而促进司法公正的实现。因此,在当今的多元社会中,"司法过程中的单方强制逐渐退隐,权力因素逐渐成为背景,相关政法机关与人员显得富有社会责任并乐于倾听,多方协商,沟通与合作成为作

---

① 章国锋.关于一个公正世界的"乌托邦"构想:解读哈贝马斯《交往行为理论》[M].济南:山东人民出版社,2001:178.

出司法决定的主要渠道"①。

在多元社会中,既然司法乐于倾听,并愿意与各种主体进行沟通与协商,那么,如果要确保协商的有效开展,司法必然要与各种主体进行充分互动和明法析理,对多方主体做出积极而富有建设性的回应。这种司法的多元互动性与司法独立的品格可以兼职,两者并不矛盾。"现代意义上的司法既是独立性的司法,也是回应型的司法,回应型司法倡导并强调法律对现实社会中多方主体的要求作出积极回应。"②司法互动的目的是通过相互之间的司法协商能够明法析理,追求司法的真精神,最终实现对司法独立与公正品格的捍卫。为促进司法互动的关键环节——司法协商的顺利开展,司法制度通过引入协商民主的理念和原则,将司法制度与协商民主深度融合。在两者融合之后,司法制度因协商民主所推动的多方参与和对话协商的广泛展开而对外界呈现出更强的回应性,即培育出鲜明的回应性特征。至此,回应型司法作为一种独立的司法模式最终被确立下来。

回应型司法是指司法承认并尊重当今社会行为模式和价值追求的多元化,注重司法公开,通过司法辩论和说理过程,主动接受社会公众对法律事实、程序及判决正当性的合理审视与质疑,以协商民主所推崇的"共同的善"和交往理性作为司法参与各方开展对话与合作的基础,积极回应各种社会主体的不同诉求和价值标准,以求在质询与回应的双向反馈中达成更具理性的司法共识,最终做出具有公信力裁决的司法模式。之所以称为回应型司法,就是为了强调多元社会的司法不同于传统社会的政策性司法的显著特征,即司法的多元回应性。司法的这种多元回应性主要表现在三个层面:第一,司法对宪法精神的回应,并由此建立起回应型司法的宪法传导制度;第二,司法对民意要求的回应,并由此建立起回应型司法的民意反馈制度;第三,司法对当事人权利自决的回应,并由此建立起回应型司法的协商调处制度。因此,回应型司法将中国司法制度从单纯的内部自控体系建构成由宪法传导制度、民意反馈制度和协商调处制度三位一体构成的他控体系与自控体系相统一的回应型司法制度。在这一制度中,协商民主理论是回应型司法得以存在和发展的理论基础,回应型司法是协商民主理论在司法制度中的具体运用。协商民主所追求

---

① 肖仕卫.刑事法治实践中的回应型司法:从中国暂缓起诉、刑事和解实践出发的分析[J].法制与社会发展,2008(4).

② 庹继光.公正审判权视阈下的传媒介入监督研究[M].北京:中国社会科学出版社,2011:98.

的理性共识是回应型司法存在的合法性基础,利益多元化是回应型司法发展的原动力,对宪法精神、司法民意和个体权利的有效回应是回应型司法的显著特征,整合多元价值和协调多方利益是回应型司法的主要任务和目标。

二、回应型司法的必要性

(一)回应型司法促成司法公正主观性与客观性的统一

1.司法公正的主观性

在司法过程中,法官不只是被动而机械地适用法律,如果那样可行的话,我们完全可以编制一个电脑程序来代替法官判案。但是,法官存在的意义远非如此。法官审判案件包含两个层面的内容:一是法官对法律规则的精准适用;二是法官对自由裁量权的公正适用。在法官适用法律规则方面,为使法律能够更加契合不断变化的社会生活,即使奉行严格规则主义的欧陆法系的法官也需要通过法律释义的方式创造性地适用法律,以弥合法律与社会之间的鸿沟,从而在实现立法本意上有所作为。贺卫方教授在他的《司法的理念与制度》一书中特别强调了司法的这一功能:"立法机关在制定法律的过程中,固然有其吸纳民意的机制,但是这毕竟不像法院那样与活生生的社会生活整合在一起。我们可以说,法院乃国家的官方权力与一般社会大众之间最重要的交汇点之一。在这个位置上,法院不仅可以调整社会关系,而且更容易将社会生活中自然生成的某些规则上升为国家的法律,从而缩小法律与社会之间的断裂或距离。"①可见,在不违背立法本义的前提下,法官需要创造性地将法律规则和社会生活对接在一起。这里的创造性并非法官造法,而是法官从立法的基本精神出发,对法律文本所做的探究性理解。但是,法官的这种理解一旦超出法律所容忍的范围就极易偏离立法本义,造成错判。在法官适用自由裁量权方面,正如同卡多佐所说,自由裁量权是一种"科学的自由寻找——使审判、结果与正义相互和谐"②,借助于法官的能动性以克服法律规则的僵硬性,使既定规则具有一定的伸缩性和宽容度,能够自我调适,从而更加接近正义。庞德认为,法律的历史始终是在推崇广泛的自由裁量权和坚持严格细致的规则

---

① 贺卫方.司法的理念与制度[M].北京:中国政法大学出版社,1998:105.

② 本杰明·卡多佐.司法过程的性质[M].苏力,译.北京:商务印书馆,2009:5-6.

之间来回摆动。① 但是,无论是对法律规则的适用,还是对自由裁量的斟酌,两者都是法官的主观判断,法官的个人因素,如法律水平、职业道德、思想修养及喜好与偏见都将深深地影响判决结果的客观与公正。同时,司法作为一种权力,还具有一切权力都容易被滥用的弊病,正如孟德斯鸠所言:"一切有权力的人都容易滥用权力,他们使用权力一直到遇有界限的地方才休止,这是一条万古不易的经验。"②可见,整个司法过程不过是法官对具体案件适用法律的主观判断过程和法官对司法权力的自我掌控过程。法官在这一过程中的主观能动性使司法公正的实现具有很大的主观性和不确定性,构成了司法公正的主观性语境。

2.司法公正的客观性

但是,实现司法公正要求法官对案件的主观判断必须符合客观标准,以确保法官公正无私地运用司法审判权。英国著名法学家布莱克斯通指出,法官只不过是一位"活着的法律宣示者"。③ 因为,从本质上讲,法不是法官凭空想象的产物,它只是一种实然或应然的存在,是一种存在于法条内涵或正义价值中的内在必然结论。司法审判除了要符合普遍意义上的客观性之外,还要得到社会的普遍认可。"法院确立和适用的法律规则在其普遍性的意义上具有客观性,这还不够。这些规则还应该得到社会的一般标准或法律体系中特殊的支持。"④司法的这种契合社会之需的秉性使其具有满足社会要求的自我定位,具有符合正义和良知标准的自我期待,而这些标准亦具有客观性。因此,立法本意的既定性、立法价值的指向性、正义标准的恒定性和社会需求的特定性构成了司法公正的客观性语境。

可见,在司法公正的语境中,司法公正的主观性与客观性并存。司法公正的主观性只是作为实现司法公正的客观性之方法而存在,不得背离其客观性,并最终服务于司法公正的客观性。由于司法公正的主观性体现在法官审判案件的职能活动中,审判过程和结果是否符合司法公正的客观性标准,完全取决于法官的职务活动。因此,我们在强调司法公正客观性的时候,就要特别强调

---

① 博登海默.法理学:法哲学及其方法[M].邓正来,姬敬武,译.北京:华夏出版社,1987:141.

② 孟德斯鸠.论法的精神[M].张雁深,译.北京:商务印书馆,1985:252.

③ 本杰明·卡多佐.司法过程的性质[M].苏力,译.北京:商务印书馆,2000:7.

④ 迈克尔·艾隆·艾森博格.普通法的本质[M].张曙光,等译.北京:法律出版社,2004:13.

对法官审判过程的客观性要求。法官应当严格按照宪法和法律的精神、原则和具体规定审理案件,公开案件事实、证据以及判决说理过程,接受公众对审理过程的评判,听取和回应案件当事人的辩诉建议和各项权利要求。这一切都强化了司法公正的客观性。

3.司法公正的主观性与客观性的统一

根据上述对司法公正主观性与客观性的分析,我们不难得出结论,司法公正的实现是主观性符合客观性的过程。司法公正的客观性要求法官在主观上不得先入为主,摒弃价值偏见,以绝对客观和公允的态度,以坚守正义、大公无私的职业道德和法律百科全书的知识修养进行审判。但是,我们不得不承认这只是一个理想状态,我们何以证明现实中的法官在审判时能够做到上述要求呢? 司法审判权在依靠国家强制力取得合法地位的同时,其自身的正当性通常被认为是不证自明的。许多学者就是在这一前提下,仅根据从理论到理论的逻辑框架就构建出一个对外隔绝的司法自控系统,以排斥一切外在因素对司法的影响,实现司法对自身的监督和制约。这种逻辑分析过程看似合理地捍卫了司法的独立性,却掩盖了司法独立需要满足的两个前提条件,即法院运作科学化和法官裁判理性化。在现实的司法过程中,法院内部的监督机制极易陷入自身行政化的怪圈。如判决前的请示和批示制度,这一做法显然与法院依法独立审判和法官独立判断原则相违背。这说明,现实中法院的运作远非科学化。再者,由于现实中普遍存在的法官专业修养和职业道德的缺失,法官的法律知识和逻辑能力存在很大局限性,法官在司法的封闭系统中也很容易出现惰性、臆断、滥权等消极表现。这说明,法官裁判也远非理性化。因此,在上述两个条件都尚不完善的情况下,司法制度在实践中频频出现的公正性问题和时有发生的冤假错案就不足为怪了。这直接导致民众对司法的质疑声不断高涨,司法的合法性面临严峻挑战。

回应型司法要求为法官在案件审判过程中,时刻注重回应法律规定和社会需要,极力避免掺杂个人的主观先见和价值偏见,不对案件事实采取主观臆断,不得滥用司法权力,在充分考量案件事实和法律规范的基础上,依据准确的法律知识和法律的确定性规范,努力契合与回应社会之需,发挥必要而适度的主观能动性,以最大限度地发现法律,做出符合法律本义和社会正义的裁决。回应型司法的上述要求是司法回应性的体现,回应型司法正是通过这些要求将司法公正的主观性与客观性连接在一起,以回应性为桥梁和纽带,最终使二者走向统一。

（二）回应型司法是解决现实诉争的最有效方式

司法过程是一种实践理性，不是从理论到理论的推理，因而不可将其凌驾于现实之上，成为一个无法企及的空中楼阁。司法领域的理论与实践相结合、主观与客观相统一需要通过以理论为指导的实践层面的具体司法制度予以实现。社会中的诉争是客观存在的，尤其在社会多元化发展的今天，诉争问题会伴随着阶层利益的分化和社会矛盾的增加而呈扩大化趋势。美国著名法学家德沃金认为，在实践中，诉讼总会引起三种争论：关于事实的争论、关于法律的争论以及关于政治道德和忠实义务的双重争论。① 在诉争客观存在的背景下，司法应当能够妥善解决现实中的诉争问题，回应公众质疑，实现司法公正。德沃金所提出的诉讼三争论说为当今司法制度提出了一系列课题，能否真正而彻底地解决诉讼的三大争论，考验着司法制度具体模式的合理性与必要性。然而，回应型司法对其给予逐一解答，妥善解决了诉争问题，使司法公正得以最终实现，从而证明了回应型司法存在的必要性。

首先，关于事实的争论，其实就是证据的认定问题，这种争论不仅存在，而且经常因为证据认定标准由法官一方把持而导致认定程序不透明、证据链不完整甚至认定完全错误，最终制造了各种冤假错案，严重影响了司法公正。在英美法系国家，公众通过大陪审团进行事实审的方式参加到庭审过程中，直接对争论事实和证据认定做出裁决。回应型司法致力于推动公众积极参与司法过程，在这一过程中，鼓励公众与法官之间的沟通与反馈。公众来自生活的实践经验和对证据的理性审视与协商辩论为事实认定筑起了一道公正之门。回应型司法依托于司法对民意的汲取与回应，妥善解决了司法过程中的事实认定问题。

其次，关于法律的争论是指实定法的真实内容和立法目的是什么的问题，这不能仅仅依靠法官的个人理解，否则，无论多么科学而严谨的司法体制也会演变成为法官固守己见的工具。根据"疑罪从无"的原则，法官在适用法律时必须阐明根据，说明道理，其解释能够回应公众的合理质疑，使论证毫无疏漏。这正是回应型司法对法官审判和裁决过程的要求。回应型司法排斥法官在审判案件时的一意孤行和恣意裁决，但这并不等于回应型司法反对司法独立和法官对案件的独立判断。回应型司法只是旨在构建一个三位一体的回应型司法制度，即一个回应宪法精神、贯彻宪法原则和遵守宪法规范的制度，一个汲

---

① 德沃金.法律帝国[M].北京：中国大百科全书出版社，1996：3.

取与回应公众意见的制度,一个尊重和回应案件当事人权利自决和协商调处要求的制度,最终使司法成为有源(以宪法为源)之水,使审判过程有据可依,裁决结果经得起公众拷问,并能够实现对当事人权利救济与自决要求的司法制度。

最后,作为代表公平与正义的法官职业必然要求法官遵守职业道德和忠实义务。无论法官个人是否赞同这种道德,他都有义务遵守。这种义务虽来源于法官接受职务时的受托和承诺,更来源于司法对公平和公正的追求。然而,法官能否做到这一点则在很大程度上取决于民众对法官的监督和制约。回应型司法通过司法公开、司法参与、司法协商、司法反馈与司法监督等机制,加大对法官的监督,形成司法权力的制约,通过进一步完善法官管理体制,实现对法官更加全面科学的管理。

(三)回应型司法使司法摆脱行政干预,转向外部监督机制

法官独享审判权并不等于法官可以独享判决结果的正当性,法官独立判断和司法公正本身并没有必然联系。鉴于我国司法制度过于官僚化和行政化的弊病,国人对法官独立判断原则有着更多期待,要求彻底改变法院内部科层制的准行政化管理模式,改革审判委员会的运行机制,避免审判委员会、院长和庭长等不实际审理案件的法院领导影响,甚至决定案件的裁判结果。应当说,这一要求是具有合理性的,也切中了传统司法体制的主要弊病。然而,找到问题容易,解决起来并不简单。在找到问题所在的同时,我们必须分析问题出现的原因,其存在的环境是怎样的,怎么才能去除其赖以生存的土壤。这就像是一个人身上长出的肿瘤,并不是简单地把肿瘤本身切除即可,还要对他的整个身体进行检查和调理,并要改变存在诱因可能的生存环境和生活方式,才能从根本上遏制肿瘤的再出现。对于司法制度来说也是如此,体制的弊病及其表现已经找到,下面更为重要的是通过对弊病进行深入的病理分析,找出深藏其中的内在诱因,在此基础上,寻求切实可行的解决方案。唯有如此寻根溯源,才能从根本上解决问题。

在现阶段,我国法官的整体法律修养和审判能力高低不均,有些法官尚不能完全胜任司法公正对法官的职业要求。在这种情况下,如果现有的审判体制又缺乏必要的司法审判监督机制、专家建议导入机制、司法审判协商机制和司法权力制约机制的话,就极易导致侵犯当事人诉讼权利、判决结果显失公平、同案不同判等情形的出现。尤其对于那些重大、疑难案件,法官经常会遇到对证据确认和法律定性上的现实困难,无法自主定夺,而又缺乏合法有效的

司法建议导入机制,这在客观上就为审判委员会、院长、庭长等未参与庭审过程的行政领导介入案件审判过程提供了机会。在某种程度上讲,法院审判委员会和院长、庭长对疑难案件的集体讨论对于监督和指导主审法官的审判行为和促进判决结果的合法性具有一定作用。但是,倘若如此,就会促使没有实际参与庭审证据开示和辩论过程的同级法院领导和上级法官却可以名正言顺地对司法审判过程施加影响和干涉,并在一定程度上决定着案件的裁判结果。下级法院向上级法院的请示制度模糊了二者的审级关系,实际剥夺了公民享有的二审权利。因此,司法体制改革的一项重要内容就是确保法官享有的独立审判权,这无疑具有非常积极的意义。

然而,在法官充分享有独立审判权之后,另一个问题又出现了,不得不引起我们的警醒。一旦脱离了审判委员会和院长、庭长对疑难案件的关注,并不再承担集体讨论的责任后,法官的审案质量会不会有下降的可能,从而导致新的不公出现?此外,法官完全的独立审判虽可避免上级法院或同级行政领导对法官所审案件的不当干预,却也同时降低了其对案件的监督、建议、约束和制衡,使法官更容易利用自身独享的审判权进行司法权力寻租,使司法腐败存在下行的风险。因此,我们应当客观地看待法官独享裁判权在我国现有司法制度环境下的实际效果。但是,这并不等于笔者赞同同级法院行政领导或上级法院介入和干涉法官的独立审判过程,而是希望在确保实现法官独立审判权的同时,更应尽快建立起一个司法回应机制来替代现有的司法官僚体制,将现行的司法行政权力对司法权的主导制度转变为以司法公正作为价值追求的宪法、民意和案件当事人为主导对司法权的建议、监督和约束制度,从而对法官独立审判权的不当行使进行监督、建议、纠错和约束。此外,通过改革法官管理体制,加强对法官的遴选、考核、任免和责任追究等制度建设,提升法官的职业素养和责任感。

(四)回应型司法依托"共同善"促成司法共识,奠定司法的合法性基础

世界已经进入一个多元化时代。多元社会理论告诉我们,虽然我们的社会是多元的,人们的思想观念和行为方式是多样的,但是,人类对真善美的追求却是一致的。德沃金于 2002 年在中国政法大学演讲时提到的"人同此心、心同此理"说的就是这个道理。他坚持"整全性"[①]的法律理念,认为法的价值

---

① 德沃金.法律帝国[M].李冠宜,译.台北:时英出版社,2002:415.

和利益是可以相互协调和融通的,多元社会最终统一于基本的道德信念,英国政治思想家格林将其称之为"共同善",即认为人在道德上是善的存在物,但是,最高善不为个人所独有,而是人们共同享有的,即"共同善"。^① 这同时也是社群主义对个人主义的批判,社群主义强调人类生活的社会化和人类身份关系的重要性,而不是作为原子的个体的选择自由。因而,共同善先于个人的喜好。^② 学者们认为:社群主义批判的就是"当代自由主义抽象个人权利的公设,认为这一公设削弱了作为维系个人的社群纽带,导致了孤立而原子化的人"。^③ 个人的发展与满足须与整个社会其他成员的发展与满足相一致,即任何个人的发展和完善必须依赖于社会其他成员的发展与完善。^④ 因为人们对道德善的追求彼此相同,它使维护一种超越所有差异的共同的公民意识成为可能。在对"共同善"的追求过程中,任何人不仅不应损害他人,而且应当彼此相助。基于这种"共同善"的存在,民众在彼此沟通的过程中,就不同意见进行辩论,进而反思,发挥理性的力量,最终可以促成不同利益和观点间的相互理解、妥协和偏好转换,达成理性共识,做出使参与各方均可接受的决定。在德国著名社会学家哈贝马斯看来,一个平等而自由的法律同伴所结成的联合体就形成了。"他们之结合的基础既是外部制裁的威胁,同时也是一种合理推动的同意的支持。"^⑤这种"同意"就是民众对法律的共识。至于促成"同意"得以达成的"合理推动"力量,哈贝马斯认为就是在平等对话过程中产生的"交往理性"。具体地说,就是"生活世界在一定程度上可视为理性化的,因为它要求的并非强制达成的规范性一致,而是间接或直接地通过语言交往取得的相互理解。人与人的相互关系正是通过这种相互理解来调节的"^⑥。"交往理性"的深层力量源自"共同善"所释放出的力量,这种善的力量可以弥合一切分歧和成见。

对于这一过程,美国政治学家罗伯特·达尔提出了"开明理解"的概念。

---

① 袁祖社.市场经济与现代社会的公共理性研究:当代"公共哲学"的理论视角[M].北京:中国社会科学出版社,2011:459.

② 袁祖社.市场经济与现代社会的公共理性研究:当代"公共哲学"的理论视角[M].北京:中国社会科学出版社,2011:461.

③ 王炎.罗尔斯、诺齐克、德沃金与哈耶克的理论及其他知识分子的立场:自由主义之争与中国思想界的分化[M].长春:时代文艺出版社,2000:350.

④ 徐大同.西方政治思想史辞典[M].天津:天津人民出版社,1997:148.

⑤ 哈贝马斯.在事实与规范之间:关于法律和民主法治国的商谈理论[M].童世骏,译.北京:生活·读书·新知三联书店,2003:2.

⑥ 哈贝马斯.交往行为理论(第2卷)[M].法兰克福:苏尔坎普出版社,1981:541.

他认为,在民众进行思想沟通过程中需要一种"开明理解,即需要公民掌握充分的信息,拥有良好的理性,对有争议的利益和公共事务作出清晰的理解"①。因此,在人们做出决策的过程中,可能受到决策影响的人都应当平等地参与决策过程,拥有表达自身利益的权利,能够平等地选择议题和控制议程,即使边缘群体,也不能因出身、性别、种族、财产、学识等因素而有所区别,均给予同等发言机会和话语权利,促使民众在相互沟通的过程中,为实现自身利益而尝试理解和接受他方观点,逐渐摆脱零和博弈的思维定式,更加平等地关照每一个体的权利诉求,寻求一种能够整合多元价值和利益关系并使群体利益实现最大化的方案。无论是哈贝马斯提出的"交往理性"还是罗伯特·达尔提出的"开明理解",它们之所以能够促成民众就某一法律问题达成共识,其基本前提和依据仍是源自于民众对真善美等"共同的善"的秉持。因此,作为人类一切理性和理解的起点和依据,"共同的善"是回应型司法中各种司法参与主体之间进行司法沟通与协商的基础,是形成司法共识的连接点和支撑力量。

三、回应型司法的可行性

应当说,回应型司法的出现适应了公正对司法的要求和社会对司法的需求,具有时代发展的必然性。然而,司法是一个专业化很强的领域,非专业化的公众是否有能力对司法审判的具体案件在事实认定和法律适用上的真实性、合理性与合法性进行质问、讨论并提出司法意见呢?专业化的司法与非专业化的公众能够进行有效沟通吗?这其实就是回应型司法有无现实可行性的问题。

对于司法技术化与专业化的问题,德沃金认为,权利的道理并不复杂,每个人都可以将专业化的术语用最简单的语言进行表达和沟通,说出最基本的道理,就能够达成重要共识,并不会因专业化或异域化而阻断沟通。哈贝马斯也说过,人们只要做到语言交往行为的三种基本有效性要求,交往行为就可以成功进行,交往理性也可以顺利实现,共识便能够达到。② 这三种有效性要求是:首先,说话的内容必须是真实的;其次,话语规范内涵必须被他人视为正确的而予以接受;最后,说话者所持的态度必须是真诚而无可怀疑的。 如果说话

---

① DAHL,ROBERT,Democracy and Its Critics[M], New Haven,CT:Yale University Press,1989:108-110.

② 胡军良.哈贝马斯对话伦理学研究[M].北京:中国社会科学出版社,2010:333.

的人经常撒谎,说话的内容不仅不真实,并且在伦理和道德上也和他人的道德信条不符,甚至完全相背,再加上,说话时又是持一种对所有事情都玩世不恭的、极其随意的不严肃态度,如果这样的话,话语便起不到应有的沟通作用,与他人对话所要达到的相互理解与观念转换就无法顺利实现,共识就不可能达成。① 反之,只要沟通者本着真诚的态度进行真实而善意的交流,理解与共识就是可期的。

司法审判中涉及的法律事实认定、规则适用和定罪量刑等问题是可以为公众所理解并进行沟通和辨明的,公正的判决结果可以经得起任何人以任何方式的苛刻检视。法官有责任和义务将案件事实和审判过程向整个社会公开,通过通俗易懂的言词讲清楚法律的适用理由,使法庭从高高在上的法律专业人士的俱乐部回归到更加开放透明的、普通民众可以参与其中的"人民法庭",使法理回归常理,接受公众对司法过程的监督。这一过程既是一个使司法变得更为公开、公平与公正的过程,也是一个全民普法的过程。公众直接深入法庭听审的司法参与可以使公众有着身临其境的感觉,通过庭审和判决过程,进而提升公民权利意识和法律修养等基本素质。如果公众无法亲身参与司法过程,其参与意识和能力就会随之退化,最终"当这一政治活动要求公民运用其智力、道德和品性时,后者却已经远离他们"②。全民法律素养的退化将削弱我国正积极推进的法治化进程。

司法在实践中不仅不应排斥公众参与,相反,司法过程天然具有容纳公众参与的广阔空间。因为民意汇集了公众的集体智慧,是一种宝贵的司法资源。公众并不必然是那些毫无任何专业知识的人,亦有来自各个行业的专家代表,如经济学专家、管理学专家或是医药专家等,还包括法律界人士,如律师或是法学教授等。各专门领域的公众代表对于自己专业领域案件的事实认定更有发言权,而法律界的公众代表则在具体适用法律上有着充分发言权。为数众多的普通人组成的公众代表的意见则反映了当代社会的多元价值和利益诉求,是社会真实需求的传声筒。公众代表在听取身边普通民众对判决的意见和建议后,经过进一步的分析、汇总和整合,就可以形成颇具价值的司法共识

---

① 陈平原.学人(第 4 辑)[M].南京:江苏文艺出版社,1993:444-445.

② J S MILL,Essays On Politics and Culture [M].New York:Himmelfarb G.(ed.),1963:229.

性意见导入司法过程,从而为法官客观公正的分析和判断提供参照标准,①及时修正法官在法律适用中可能出现的偏差和错误。因此,只要允许公众平等参与司法过程,法官确保案件事实信息及审判推理过程向公众公开,为公众进行充分的释法说理,回答公众对案件事实和法律适用上的疑问,与公众进行积极的沟通和协商对话,司法过程是可以被公众所理解和接受的。由此可见,回应型司法的参与性、沟通性与交涉性是完全具有现实可行性的。

公众基于对司法信息的占用和理解,根据良善标准,经过群体的协商共识,完全有能力向法官提出有价值的司法意见和建议,因而能够成为司法回应机制的适格主体。公众通过提出意见和建议的方式向法官传递和反馈司法信息,使司法和活生生的社会现实保持紧密联系。司法基于自身所固有的理性化要求,在适用法律上讲求"事实清楚,证据确凿",用事实说话是司法的秉性,这就使司法过程容易被公众所理解和接受。司法审判过程亦讲求说理性,追求具有说服力的公正裁决,提倡用通俗易懂的语言和方式实现与案件当事人的有效沟通。唯有如此,司法过程才能贴近法庭中的诉讼双方当事人,并为他们所理解和适用,对司法过程的任何质疑都会构成对法官裁决合法性的挑战。

从某种意义上讲,整个司法过程不仅是解决案件当事人之间的诉争问题,同时也是接受并回答公众对法官裁决程序和结果的审视和质疑的过程,使判决结果客观公正、无懈可击是司法的使命。通过上述分析得知,公众可以理解和接受司法过程,进而成为回应型司法的适格主体。司法的公开性和说理性要求司法过程通俗易懂、贴近公众,和公众进行有效沟通,进而能够鼓励和接纳公众参与司法,并为公众创造了一个便于交涉和回应的制度平台。司法正是通过一系列制度建设,实现与公众的互动与回应。法官也可以通过对外界信息的有效摄入,修正其在法律事实认定和法律适用中的不当之处;通过法官对公众进行释法说理,回应公众和当事人的要求,使司法裁决建立在审判理性之上。通过控辩协商、司法速裁和多元化纠纷解决机制等制度,回应案件当事人对权利自决的要求。可见,回应型司法的交涉性、反馈性与包容性也是完全可以实现的。因此,回应型司法制度具有现实可行性,其依据总结为以下五个方面:(1)司法信息的可公开性;(2)司法信息的可释性;(3)公众对司法信息的可接受性;(4)司法过程的理性化;(5)司法裁决的共识性。回应型司法正是在这五个方面具有推动作用,使之较传统政策性司法制度更具实践上的现实可行性。

---

① 之所以称为参照标准,是针对法官的独立判断而言的。公众只是为法官全面考虑案情提供事实材料和合理化意见,并不能代替法官做出判断。

第二章　中国回应型司法的
建构路径与结构模型

　　当前,由于我国司法权力缺乏必要的监督和制约机制,司法权力的实际运行状况令人担忧,各种冤假错案时有发生。最近两年,全国各地陆续开始纠正冤假错案,使我们看到了人民法院本着实事求是的态度,正在努力重塑司法权力公信力。尤其最近一段时间,随着对司法系统贪腐案件查处力度的加大,昔日头顶司法权力光环、倍受人们敬畏的法官却沦为阶下囚,人们看到了司法权力背后的钱权交易和腐化堕落的景象。法官的滥权改变了人们对司法权力的看法,权力似乎与寻租有着天然联系,司法权力也不能幸免,成为一种可以市场化的资源。一些法官费尽心机地利用司法权力攫取巨额利益。这种交易虽有很大风险,但是许多法官却甘愿铤而走险,因为法官通过对司法权力的垄断可以轻易获得利益。我们不禁质疑,司法权力真的可以如此理解和利用吗?究竟如何重构司法权力是摆在我们每个人面前一个值得思考的课题。到目前为止,规范司法权力运行的法律法规,从宪法到法律,再到司法改革的四个“五年纲要”,从实体法到程序法,可谓数量庞大,种类繁多。但是,司法权力却依然不能规范运行,原因到底出在何处?当司法权力被滥用时,司法权力的合法性就会遭到普遍质疑。那么,如何才能让司法权力具有普遍的合法性和强大的公信力?回答这些问题,需要我们走近司法权力本身,揭开司法权力的神秘面纱,探寻司法权力的本来面目,思考司法权力重构的路径,建构起回应型司法的结构模型,从而实现对中国传统政策型司法的解构,并在此基础上,构建起中国的回应型司法制度。

第一节　回应型司法对中国传统司法的解构

一、中国传统政策型司法的功能评析

根据美国学者达玛什卡的见解,司法制度以当事人和法官在司法体系中的地位和作用为标准,可以将其分为政策型司法和回应型司法两种类型。[①]中国人民大学法学院多元化纠纷解决机制研究中心主任范愉教授在她的论著《纠纷解决的理论与实践》中谈到政策型司法的显著特征,她认为主要表现为司法服务于国家政策,司法与行政在功能上相融合,司法裁判可更改性等。回应型司法的特点是司法服务于解决纠纷,程序活动集中化,单一决策层级,依赖口头审理和当庭质证,开庭时坚持连续审理的方式,重视当事人的程序性权利,实质正义与程序规制相结合等。[②]

在传统的政策型司法中,司法并不追求与宪法保持一致。宪法仅仅是作为人民权利的宣言书而存在,更多是象征性的意义,没有在具体规则和制度的设计中得到较好体现和实际上的贯彻,更没有将宪法条款在司法中予以直接适用。同时,司法亦不受宪法规定的原则制约,无须回应宪法的精神、原则和要求。于是,各种违反宪法关于人权保障要求的裁判行为屡见不鲜。

除了无视宪法精神和要求之外,政策型司法也无须关照民意的存在,只是更多地强调其政策性的一面,政策在司法中的效力要远高于宪法的实际效力。中国传统司法在政策的指导下,司法权力呈现出封闭性、单向性和垄断性的特点,忽视了司法制度的宪法依据、民意基础和当事人权利自决和权利救济的目的性,最终导致了中国传统型司法经常违背宪法精神,缺乏公开性,排斥民意,不重视对当事人权利的救济等问题的出现。在司法过程中,法官仅凭个人对法律事实和法律规范的理解做出单方面裁决,司法的目的主要是贯彻执行政策精神,缺乏与司法参与者和社会公众的沟通与互动。由于法官个人法律修

---

① 达玛什卡.司法和国家权力的多种面孔:比较视野中的法律程序[M].郑戈,译.北京:中国政法大学出版社,2004:145.

② 范愉.纠纷解决的理论与实践[M].北京:清华大学出版社,2007:152-156.

养的缺失和法律认识上的偏差,其裁决结果常常倍受诟病。加之冤假错案时有发生,广大社会公众对司法公正的质疑声不断,强烈要求司法增强公开性和回应性。

我国传统的政策型司法是一种强调和注视"法令实施"的过程,依托于"纠问式"的诉讼模式,要求当事人无条件配合和接受司法审判和裁决,鼓励"坦白从宽",否则,就会"抗拒从严",不承认当事人拥有沉默权,要求自证其罪,甚至不惜刑讯逼供,不仅无视加害人应享有的法定权利,对受害人的法定权利与合理诉求也缺乏必要的关照,没有将及时修复和补偿受害人的受损的权利和利益作为司法的主要任务和目的。由此可见,传统的政策型司法体现为司法权高高在上,拥有一方独大,甚至专横和傲慢的司法权力,诉讼的各方参与者均由司法权主导,完全听命于司法权,主要使命就是不折不扣地执行司法权的裁决,对自身权利的处置缺乏自主性。

概括地说,我国传统的政策型司法主要表现为以下几个显著的结构性特征:(1)在权力的组织上,表现为行政化的特点,遵循科层制的管理体制;(2)在司法的功能和目的上,政策型司法表现为主动地实施国家政策和法律规定,遵循司法能动主义;(3)在对待实体法与程序法的关系上,政策性司法视实体法和国家政策为最高地位,完全置于程序和规则之上;(4)在对程序的控制权上,法官对司法程序的控制是垄断性的,当事人只能参与到法官事先决定的程序之中,不存在对程序的选择权,只能被动接受程序的裁决结果;(5)在事实的发现上,视事实真相为程序实现目标的前提而置于优先考虑的地位,并且要求案件当事人负有坦白交代事实真相的义务;(6)决策者视当事人为案件信息的主要来源,被赋予说出真相的义务;(7)在看待律师的作用上,律师的权力和作用都很有限,正确裁决主要依据法官的审判程序,不需要律师有更多空间施展技能;(8)在判决的可更改性上,政策型司法不注重裁决结果的稳定性,更倾向于矫正在实体法而非程序法适用上的错误裁决。

二、回应型司法的功能超越

在我国建构回应型司法,必然是以政策型司法为背景的,对回应型司法的进一步研究要求我们首先要对现阶段的政策型司法有一个全面而透彻的理解。在此基础上,将回应型司法与政策型司法进行比较,说明回应型司法在功能上相对政策型司法的超越之处,找出两者之间演进上的突破点及其转型走向。这对我们准确把握回应型司法的发展趋势具有重要启发作用。

回应型司法的基本概念、必要性及可行性的问题在笔者文章第一章第三节"回应型司法的概念和意义"中已经进行了系统阐述,此处不再赘述。这里主要对回应型司法进行一个简要而概括性的功能评析。和政策型司法相比,回应型司法主要有以下几个方面的显著特征:[①]

1.在权力组织上,回应型司法体现协作制,将司法权力引入社会非职业人员参与,依靠社会力量的协作运行。

2.在司法的性质上,回应型司法奉行司法消极主义。

3.在程序的重要性上,回应型司法更为重视程序规则的独立性,视程序正当性比结果准确性更重要。

4.在程序控制权上,回应型司法视当事人为程序的主人,承认当事人对程序的控制权。

5.在事实的发现上,回应型司法为寻求事实真相的行为设定了非常严格的限制,并将真相视为讨论结果而非针对现实的直观反映。同时,将证明权交给当事人行使,主张采用竞争性的证明方式。

6.在决策者形象上,法官保持绝对中立地位,不去主动干预任何超出纠纷范围的因素。

7.在对待律师的作用上,回应型司法把律师的作用看得非常重要,视律师的参与为回应型司法的重要特征。

8.在对裁判结果的可更改性上,回应型司法追求裁判结果的稳定性,即使裁决存在法律上和事实上的错误,也不愿意随意更改裁决。

笔者通过查阅相关文献,终于找到了政策型司法与回应型司法在司法系统各要素中表现为不同特质的对比图,这一图表来自于中国人民大学肖建国教授的论文《回应型司法下的程序选择与程序分类:民事诉讼程序建构与立法的理论反思》,通过这一图表,旨在比较出政策型司法与回应型司法在一些关键点上的异同之处,明确回应型司法相对政策型司法在功能上的超越之处,更为直观地展示出政策型司法是在哪些关键点上向回应型司法进行了转型,又在这些关键点上做了哪些根本性改变,以揭示政策型司法向回应型司法转型的具体走向和转型特征。

政策型司法与回应型司法的功能及特征对比情况图详见表2-1。

---

① 达玛什卡.司法和国家权力的多种面孔:比较视野中的法律程序[M].郑戈,译.北京:中国政法大学出版社,2004:145-260.

表 2-1　政策型司法与回应型司法的功能比较①

程序要素	政策型司法	转型	回应型司法
权力组织	科层制。司法官的行政化和严格的等级秩序。下级法官虽不负有服从上级意见的法定义务，但需要接受或主动寻求上级法院的指导	权力的社会化	协作制。国家司法权力依靠各种社会力量的协作而运行，司法程序可以由社会上的非职业人员参与其中
司法性质	能动主义司法。司法的功能和目的是实施国家政策和国家制定的法律	司法的被动化	消极主义的司法。司法在个案中对权利的确认往往是个别的、衡平性的
程序重要性	程序法的陪衬性，实体法和政策置于程序规则之上	程序的独立化	程序规则的独立性和经由程序的正当化机制，程序公正性置于结果准确性之上
程序控制权	官员对程序的干预和垄断性控制，不存在作为程序意义上的当事人，当事人只是作为程序的参与者而存在，无法自主选择程序，但却直接受到程序导致的最终决策的影响	当事人主体化	当事人对程序的控制。将对程序的控制权，如诉讼的启动和终结、事实争议与法律争议的确定、诉讼程序的监督职能交给当事人，当事人始终是诉讼的主人
事实的发现	努力在每个案件中找到真相，把找出事实真相作为实现其法律程序目标的前提条件。公民在司法过程中需要同官方合作	事实的可限化	为寻求真相的行为设定了严格的限制，而真相被视为讨论的结果而非对现实的反映。采用竞争性证明方法，将证明权交给当事人
决策者形象	非中立而公允的决策者形象。决策者必须效忠于国家，对国家政策的任何疏离都会受到谴责。当事人被当成信息来源，作证和说出真相的义务被正当化	决策者中立化	表现为程序公正的中立决策者的形象。决策者保持中立，对摆在自己面前的任何超出纠纷范围的因素保持视而不见

① 肖建国.回应型司法下的程序选择与程序分类:民事诉讼程序建构与立法的理论反思[J].中国人民大学学报,2012(4).笔者在引用原文图表的基础上进行了重新编辑,对司法转型过程进行了归纳,故增加"转型"一栏,突出司法权力重构过程的转型趋势。

续表

程序要素	政策型司法	转型	回应型司法
律师作用	律师仅具有限的重要性。实现正确结果的主要义务被赋予政府官员的能动型法律程序中,并不需要律师发挥重要作用,也没有更多空间供律师发展自己的技能和创造力	律师的重要化	律师的作用非常重要。律师的参与是回应型司法的一个特征,可以维护自治的公民对诉讼的管理。律师活动的限制在很大程度上与当事人行动的边界相一致
裁判可更改性	案件处理结果的稳定性不受重视,愿意矫正在实体上有误的判决,即使判决违反了法定的程序规则,也不愿修改在实体上正确的判决	裁判的稳定化	即使判决存在法律上或事实上的错误,也不愿意更改判决。追求稳定性的愿望导致了对未来诉讼的广泛排除效应,这不仅包括排除已决的诉讼请求,也包括排除已决的事实问题。不管对判决的复审是否可能发生,只能由当事人启动

三、回应型司法解构传统政策型司法的作用机制

(一)通过回应型司法的协商共识打破政策型司法的恣意专断

司法权力不是法官的个人意志,任何个人意志的因素都无法形成司法权力。法官只是根据社会分工的要求,将司法权力付诸实施的法律执业者。为使法官能够胜任这一具体实施司法权力的法官职业,法律规定只有符合一些特定要求的人才可以通过既定程序选拔进入法官队伍。因此,法官普遍经过了法律职业方面的专业化训练,具有一定的法律修养。但是,尽管如此,法官也不能因此而独享司法权力。在某种意义上讲,法官只是掌控并运用司法权力的人,运用权力并不等于独占权力。掌控某项权力者有责任和义务合理配置权力,使其得到最优利用,而不是垄断权力和恣意滥权。

除了法官可能对司法权力进行专断外,法院的人员结构也不尽合理。目前进入司法系统的法官多出身于我国法律专业学府。这些专业学府数量相对较少,在同一地区的学府就更少了。这样一来,在同一地区的法院往往集中着来自同一所学校的师生或是校友,法院内部很容易形成诸如师生关系、校友关系和同学关系等各式学缘关系。各种各样的"裙带"关系在法院封闭环境下的

滋生和蔓延严重影响了司法系统的纯洁性和中立性,终会导致司法权恣意专断,人情案、关系案普遍化,消解了司法的公正性与权威性。

现阶段,我国法院还带有明显的行政化色彩。虽然宪法明文规定,我国实行人大领导下的"一府两院"制,但是,根据"党管干部"的原则,法院院长实际上是由上级党委来推荐人选,并根据规定,上级党委要听取地方同级党委的意见。这就为地方行政权力影响和干预司法权提供了凭借,在客观上造成了法院与地方行政权力之间错综复杂的等级关系。加之法官的科层化和官僚化倾向,在法院内部也存在着实际上的领导与被领导关系。可见,法官很难与行政权毫无瓜葛。即便是在法治发达的欧美国家,由于法官是由总统或首相提名任命,法官仍然不能完全摆脱党派的操控,甚至沦为政治上的附庸。[①] 因此,法官的中立性永远只是相对的,仅仅依靠司法的独立性不仅不能确保司法的中立性与客观性,反而使司法内部的关系运作有暗度陈仓之虞。"如果司法权不同立法权和行政权相分立,自由也就不存在了。如果司法权同立法权合二为一,则将对公民的生命和自由施行专断的权力,因为法官就是立法者。如果司法同行政权合二为一,法官便有所有压迫者的力量。"[②]

当然,我们不是要否定司法独立的重要性,只是想说明,仅有司法独立是不够的,还需要为司法注入新的活力,以此规避司法独立下所不可避免的弊病,消解司法权力的专断性,使司法制度变得更加客观公正。回应型司法就是这样一种力量,它通过对司法体制外各种意见的收集、整合与回应,依托于一种公共协商机制和多方利益回应机制,用公众集体的合意制约法官一人的恣意。回应型司法还通过对宪法规范的遵从,利用宪法传导机制,如宪法规范的司法适用和违宪审查等具体制度,制约和回应立法权、司法权与行政权对宪法规范的背离,迫使司法权力听命于宪法规范。回应型司法还通过致力于实现个案当事人的权利自治要求,制约司法权对个人权利的侵犯。回应型司法提倡公众进行广泛的司法参与,它本身像一个闸门,通过向所有人平等的开放,从而赋予全体公民一个可以与偏颇司法权力结构进行沟通和挑战的机会。参与者通过富有诚意的对话、辩论和说理,在关照各方利益的相互理解中,审慎地提出最可能为各方所接受的意见,在说服与被说服的双向转变中实现了偏好转换,最终达成多方共识。公众还可以通过来自各个行业的普通代表和

---

① 汪进元.司法能动与中国司法改革的走向[J].法学评论,2013(2).

② 孟德斯鸠.论法的精神(上册)[M].张燕深,译.商务印书馆,1961:156.

专家代表的集体智慧汇集各专门领域的知识,弥补了法官个人对案件所涉及知识的欠缺。美国著名法理学家博登海默认为,"知识能够发现正确的解决方案,一个判断或结论,只有在它是以确定的、可靠的、明确的知识为基础的情形下,才能被认为是理性的"①。回应型司法正是通过整合公众的共识性见解和广泛的专业性知识,保障了法官的理性裁判,从而有效牵制了司法权在封闭状态下的无知与专断,回应了社会的多元利益需求。

(二)通过回应型司法的开放性与互动性消除政策型司法的封闭性与单向性

公众若想获得司法上的话语权首先需要平等地占有司法信息资源,这是公众司法参与的前提和基础,是做出有效司法判断的必要条件。公众只有在平等而充分占有司法信息资源的基础上,才能够在案件事实认定和法律适用等方面提出更为客观而理性的意见。通过消除传统司法权力的封闭性,公众可以与法官平等地共享司法信息,这无疑能够使普通公众在与法官进行的司法协商中拥有一个共同的交流平台,公众才具有实际的发言权,使沟通和对话更具实效性。同时,在司法协商中,公众提出的具体针对性的案件意见会促使司法机关对提出的问题做出必要回应,从而倒逼司法机关放弃自我封闭,囿于公众在司法参与的过程中所表现出的对知情权的强烈诉求和司法协商程序对获取案件信息的现实需要而必须公开相关裁决信息,使对信息的人为操纵和选择性公开变得很难。司法公开与司法协商相互促进,在彼此良性互动中检验司法判决的正当性。如判决有误,司法公开将有利于发现问题,修正错误,做出正确判决;如判决无误,司法协商也可以通过说服公众,增加判决的合法性和公信力。与此同时,这一过程还对公众进行了普法教育,提升了公民的司法参与能力。

司法机关为了能获取公众对司法过程的理性反馈,就必须确保民众能够和法官掌握同样的信息,在同一信息平台上开展沟通和讨论,所以必须将自己所掌握的全部信息(涉密信息及当事人隐私信息不在此列)及时向大众公开。在现实生活中,我们经常会听到法官对媒体大放厥词,抱怨媒体在法官裁判前就过早地介入案件,并对案件的报道失实和偏颇,误导了公众舆论,给他们的裁决造成了压力,干扰了司法的独立性。即使我们相信这种情况正如法官所

---

① 博登海默.法理学:法律哲学与法律方法[M].邓正来,译.北京:中国政法大学出版社,1999:259.

言,但是,造成这种情况的原因正是司法公开的滞后性,司法机关的责任首当其冲。媒体之所以出现失实报道,通常并非有意而为,主要是因为司法尚未摆脱传统司法权力的封闭性,导致媒体和司法机关所掌握的信息不对称。公众之所以会相信其报道,是由于公众相比媒体而言,更难以及时获取真实而充分的司法信息。除了媒体这一渠道,公众获得官方信息的途径很少,而媒体又主动将信息推送到了公众面前。相比而言,司法机关发布信息则是被动和滞后的。于是,各种媒体信息,甚至小道消息和八卦新闻就会趁机占领了公众的思想阵地。在传统司法制度下,大量司法信息资源被司法机关所垄断,法官会凭借这种垄断地位,根据自身办案需要或是囿于行政权力,做出有违公正的判决。司法公开也常常表现为选择性公开,具有很大随意性,对于公众对审判的异议,则通过抛出对自己有利的案件事实予以消极应对。公众在不对称的司法信息面前,由于拿不出证实自方观点的有利证据而不得不听信法官的一面之词。但是,由于传统司法固守自身的封闭性,缺乏与民众的积极沟通,判决结果无法真正说服公众,难以增强司法公信力,造成了公众对判决结果的无奈和怨气,使判决的合法性倍受质疑。为此,司法机关应当主动消除司法权的封闭性,以司法公开为切入点,推动司法与公众的理性互动,建立起一种新型的回应型司法制度。

第二节　中国回应型司法的建构路径

随着诉讼案件的剧增,传统的审判方式承受着日益沉重的诉讼负荷,诉讼的高成本和判决的低效率的背反趋势日益突显,司法面临资源匮乏的危机,严重制约了司法对公民权利的救济和公平正义的实现。加之中国社会日益多元化,司法的单向性无法满足多元利益对司法的需求,直接导致了司法的威权性和公信力日渐式微。这一情势的出现势必要求通过司法模式的相应转变,实现对司法权力的重建,以积极整合不同利益和价值要求,实现司法的公正和高效。

一、从司法为民到司法民主

司法为民和司法民主,是民主在司法领域发展的两个阶段。司法为民是指司法的目的是为人民服务或保障人民权利。但是,司法为民的主体依然是司法机关,也就是说,司法为民是在司法机关的主导下,以司法机关为主体,通过积极主动地启动司法程序,以服务人民,保障人民权利为目的的司法民主形式。司法民主则是一种全面彻底的司法民主形式,由司法权力来源的民主性、司法权力存在的民主环境、司法程序的民主参与机制、司法权力的民主运行机制、监督机制等部分组成。"人民主权理论"是司法民主的理论支点。"人民主权理论"是由卢梭提出的一种民主理论,这一理论的提出使司法的"人民性"在世界范围内成为一种普遍的社会共识①,极大地推动了司法民主的进程。

当今世界,司法民主已经成为世界各国司法改革的主要趋势。"虽然改革不像 20 世纪 60 年代的正当程序革命时期那样剧烈,但是各国和各地区都致力于推进司法民主化,使公民有更多机会参与到刑事诉讼中去,确立或完善刑事诉讼参与机制,加大人权保障的力度,特别是加强对犯罪嫌疑人和被告人的人权保障。"②这说明,司法民主是通过司法参与实现的,确立和完善司法参与机制是实现司法民主的有效途径,司法民主的目的是保障人权。司法参与机制正是回应型司法的基本前提,司法民主所推动的司法与公众之间的沟通与互动、司法当事人之间的沟通与协商的交涉机制正是回应型司法的作用机理、司法民主的民意反馈机制正是回应型司法的核心功能,司法民主所表现出的博大与包容正是回应型司法的价值诉求。司法为民向司法民主的转变为回应型司法提供了基本前提、满足了回应型司法的作用机理、促进了回应型司法核心功能的发挥,有助于实现回应型司法的价值诉求。

二、从暗箱操作到阳光司法

阳光司法是对司法公开透明化的一个形象说法,是法治社会的本质要求,是衡量一个国家法治文明程度的标尺。世界著名法学家哈罗德·伯尔曼说过:"没有公开则无所谓正义。"这说明了司法公开对于促进司法公正的积极作用,是实现司法公正的基本保障,也是增强司法公信力的重要途径。

当代社会,随着人民法治观念的增强,权利意识的觉醒,公众对于司法公

---

① 胡玉鸿."人民法院"与陪审制度:经典作家眼中的司法民主[J].政法论坛,2005(4).

② 陈光中.21 世纪域外刑事诉讼最新发展[M].北京:中国政法大学出版社,2004:2.

开的要求更为强烈,期待在更多地了解法院的管理机制和运作机制基础上,亲身践行自身所拥有的实体性权利和程序性权利,关注案件的审理和裁决过程及其客观公正性。然而,暗箱操作却是为了不为人所知,追求的不是公众对司法过程的回应,而是公众对司法过程的无知和漠视,目的是为了实现个人的私利,所依靠的手段是通过暗箱操作达到对权力的滥用。暗箱操作可以规避司法审查、司法监督和司法约束机制对其非法和滥权行为的阻却。在传统的单向型司法制度中,司法的暗箱操作往往大行其道。之所以如此,就是因为传统的单向型司法模式给暗箱操作提供了很好的庇护之所。因为单向型司法的封闭性为司法权力的暗箱操作提供了适合的环境和条件。比如,传统的政策实施型司法就是经典的单向型司法,其显著特点表现为司法过程由法院主导,以"行政命令"和"政策实施"为导向,当事人处于被动地位,这都与回应型司法的理念和目标背道而驰。

回应型司法的基本要求就是司法公开,通过司法公开,将司法信息真实、全面、准确地传递给社会公众,使公众了解司法过程的各环节,通过建立健全司法参与机制、民意交涉机制、沟通协商机制和意见反馈机制,鼓励广大社会公众为司法过程提出意见和建议,监督法官对事实认定、法律适用和审判推理过程中的客观性、合理性与合法性,积极参与司法和主动交涉、回馈民意,真正把权力关进笼子里、把规则置于阳光下,从而对司法权力形成强大的外部制衡力量,让所有裁判都经得起公众的检验与评判,实现以公开促回应、以公开促公正。如此,回应型司法就必然使在传统单向型司法环境下大行其道的暗箱操作失去容身之所,有效遏制了司法权的滥用和寻租行为,有利于司法公正的实现,从而增强司法的公信力。

三、从纠问式诉讼到对抗式诉讼

纠问式诉讼又称为"职权主义"诉讼模式,司法机关作为司法过程的主导,奉行"不告也理"的原则,积极主动地追究犯罪责任,保护人民权利。法官在诉讼中不是居中裁判者的地位,往往是集审判、控诉和侦查职能为一身。原告和被告在审判程序中都不是诉讼主体,被告几乎不享有任何诉讼权利,审判方式不奉行"言词原则",而是利用被视为正当化的刑讯逼供手段获得被告人的坦白,主动交代犯罪事实。对抗式诉讼又称为"当事人主义"诉讼模式,其特点表现为,诉讼程序由当事人启动,并主导整个诉讼程序,法官处于被动中立的裁判者地位,强调诉讼过程的程序正当原则,当事人通过提出诉讼请求，提交证据，进行法庭辩论，以相互对抗式竞争的方式说服法官，赢得诉讼。

时代的变化在客观上要求司法进行必要的转型，以适应变革社会的需要。因为在多元社会中，司法受不同利益协调整合要求和司法公正高效诉求双重压力，司法需要对社会的变革做出回应。于是，中国司法开始经历从职权主义的"纠问式"诉讼模式向当事人主义的"对抗式"诉讼模式转型，诉讼目的也开始由以"行政命令"为导向的法令实施型向以"当事人利益"为导向的纠纷解决型转变。"行政命令"为导向的诉讼模式体现了司法自上而下的单向性，而以"当事人利益"为导向的诉讼模式则体现了司法自下而上的回应性。这就促成了回应型司法的出现。回应型司法是以案件当事人为中心，司法权在诉讼程序中退居为消极被动的角色，主要依据当事人①的需要而启动，回应当事人和公众的利益和要求。在诉讼模式从纠问式诉讼走向对抗式诉讼的过程中，回应型司法对司法权进行了积极的改造，使其没有沦落为绝对消极的权力，而是进行着角色的转换，即从对审判的主导地位开始转向积极主动地修复和补偿被害人受到侵害的权利和利益，积极主动地回应当事人的权利诉求和权利自决要求，积极回应公众对司法过程知情权的期待和对司法参与的要求。

回应型司法既体现了一种对抗式的诉讼模式，又在对抗式诉讼中体现出合作式诉讼的趋势。这种合作的诉求是由对抗式诉讼所激发出来的，因此是基于对抗式模式这一前提的。因为，正是对抗式诉讼使他们得以平等的主体身份出现，对抗式诉讼的平等关系促使双方之间的合作成为可能；法官在对抗式诉讼中的被动居中地位使其成为促成合作的适格调停人；对抗式诉讼可能带来的两败俱伤是双方合作的动力；实现共赢共荣是双方合作的目的。

第三节　中国回应型司法的结构模型

司法的回应性是司法基于各种社会要求下的一种必要反应，回应过程不是一个压制各种社会要求的单向式自我认可过程，而是一个接受并反馈各种

---

① 这里所指的当事人也包括作为刑事案件公诉方的检察官。

社会要求的双向式交互承认过程。回应型司法以其内部理论逻辑为基础,通过整合协商民主的运作机理,构建起回应型司法的制度框架。构建回应型司法的结构模型可以更为直观的把握回应型司法各主体及要素之间的逻辑关系,便于构建司法的回应机制。回应型司法的结构模型是以宪法、民意和案件当事人为该模型的支点,以协商民主的运作机理作为各支点与司法制度的作用机制,将司法与三个支点合乎逻辑的联结起来,并根据司法与宪法、司法与民意、司法与案件当事人三者形成的互动关系构建起回应型司法的结构模型。

一、中国回应型司法的结构支点

司法对客观公正的追求在客观上要求司法必须遵从既定的原则和规范,这种原则和规范应当能够统领司法过程,作为司法制度的指导思想为司法所贯彻。能够担当此重任的显然只能是作为"写着人民权利的纸"[①]的根本大法——宪法。司法的整个运行过程都应严格遵守宪法的各项规定,将宪法条款予以具体化并在司法适用的过程中得到不折不扣的贯彻和落实。通过在司法过程中对所适用法律的合宪性进行审查,切实维护宪法权威,保障公民基本权利的实现,以回应宪法对司法的要求。因而,宪法是回应型司法结构模型的支点之一。

司法的公信力离不开社会大众对司法裁决的认同和评判,一个背离了公众共识的裁决,又无法以判决说理的方式说服公众,那么,这种司法裁决显然是缺乏合法性和公信力的。任何司法裁决都应以民意作为司法公正的试金石,以检验裁决的正当性。对于疑难案件,倾听、汲取和回应民意对找寻裁决线索和依据,做出公正裁决,实现司法正义具有重要的指引作用。因而,民意是回应型司法结构模型的支点之二。

在实现公正的前提下,司法还应讲求效率。英国古代谚语道破了效率的价值,"迟来的正义为非正义"。如果一个案件久审不决,受害方的权益就无法得到及时救济,受害方时间和精力的投入无疑是一种二次伤害,并且迟到的救济会使救济本身失去实际意义。提高司法效率就是要使司法资源得到最优利

---

①　列宁.列宁全集(第 12 卷)[M].北京:人民出版社,1987:50.

用,以最小的司法资源投入,实现司法的最大化效益①。为此,司法要积极听取和回应案件当事人的意见和建议。因为,无论是在刑事诉讼还是民事诉讼中,案件当事人在不违背法律规定的前提下,拥有按照自己意志或是相互之间的合意自主处分自身诉讼权利和实体权利的自由,法官应当满足诉讼当事人对权利自决的要求。如果当事人之间的合意能够带来诉讼参与各方合作共赢局面的实现,既无损公共利益,又使受害方的利益得到积极修补,同时有利于加害人悔过自新,还节省了宝贵的诉讼资源。那么,法官应当对此给予积极回应,最终促成当事人各方诉求的顺利实现。因而,案件当事人是回应型司法结构模型的支点之三。

因此,回应型司法是司法在多元社会背景下,为实现自身客观公正,增强内在合法性和司法公信力的必然要求。为此,回应型司法制度亟须满足以下三个层面的要求:一是宪法对司法提出的人权保障和正当程序要求;二是公众对司法过程的监督和参与要求;三是个案当事人的权利救济和权利自决的要求。为了能够对上述要求做出积极而有效的回应,司法需要构建一个与以上三个层面的要求相对接的回应型司法制度,即回应型司法的宪法传导制度、回应型司法的民意反馈制度、回应型司法的协商调处制度,从而将传统的单向型司法制度改造为多元社会的回应型司法制度。

为此,我们应当在对传统政策型司法进行解构的基础上,进一步厘清回应型司法的概念、特征及其理论逻辑,将司法由单纯的内部自控体系建构成由宪法传导制度、民意反馈制度和协商调处制度三位一体构成的他控体系与自控体系相统一的回应型司法制度,使其受制于宪法的有力拘束,运行于民意监督之下,并通过对个案当事人的协商调处实现对多元社会不同利益和价值的协调与整合功能。

二、中国回应型司法的结构模型

回应型司法的结构模型是以宪法、民意和案件当事人为该模型的支点,以协商民主的机理作为三个支点与司法制度的作用机制,将司法与三个支点合乎逻辑的联结起来,并根据司法与宪法、司法与民意、司法与案件当事人三者形成的互动关系构建起回应型司法的结构模型。可以通过图2-1、图2-2所示

---

① 最大效益应当体现为,在实现司法公正的前提下,使受害方得到最大补偿,使加害方得到最好的改造,能够顺利回归社会。

的结构模型将司法与宪法、司法与民意和司法与案件当事人之间的互动关系更为直观地展现出来。

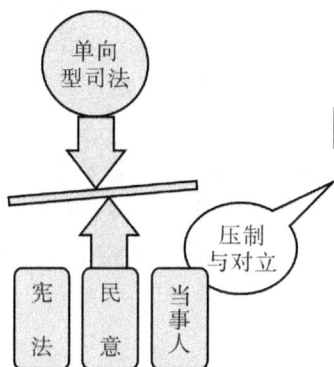

图 2-1　单向型司法的结构模型　　　　图 2-2　回应型司法的结构模型

在上面两个较为形象地反映相互关系的结构模型中，我们能够很容易判断出宪法、民意和当事人三者与司法的关系。

在图 2-1 单向型司法的结构模型中，单向型司法对宪法、民意和当事人呈压制型关系，宪法、民意和当事人也是相互孤立的关系，宪法的最高地位没能体现出来，三者都与司法缺乏双向互动性。相反，司法与宪法、民意和当事人的关系显示出明显的单向对抗性。在这种状态下，如果司法的强制力与民意和当事人的力量^①相当的话，倒也可以保持一种平衡关系。但这却是一种十分危险的平衡，一旦民意和当事人对司法制度开始以一种报复性的力量强力反制时，这种平衡状态就会很容易被打破，社会便陷入一种动荡，在现实生活中的直观表现就是公众对法院不公正裁决的集会抗议、当事人聚集成群大闹法院、司法裁决失去公众信任、裁决书成为一张白纸等极端情形。

在图 2-2 回应型司法的结构模型中，我们可以看到司法与宪法、民意和当事人之间的互动关系，这是一种非常和谐的良性状态。司法与三者进行着双向互动，宪法精神、民意诉求和当事人权利要求可以顺畅地进入司法系统中。司法系统通过一定的司法程序对这些要求进行汲取与整合，然后做出符合宪法精神，满足民意合理诉求和当事人正当权利要求的司法反馈和回应。在回应型司法的结构模型中，宪法处于最高地位，司法从属于宪法，主要通过司法

---

①　由于宪法是静态的，自身蕴含的力量和效能也只能依托于民意和当事人的力量去推动实施。

程序贯彻和实施宪法。司法将传导宪法精神、遵从宪法原则、符合宪法要求为其最重要的使命。为准确无误地贯彻实施宪法的各项要求,司法需要走出封闭状态,变得更加公开和透明,必须向外界敞开大门,既要广纳民意,又要倾听当事人的心声,以此考证法官自身独立判断的客观性和公正性。司法在与民意和当事人说理与协商的双向反馈中,及时纠正自身在事实认定和法律适用中的缺失和谬误,最终达成司法共识。

通过以上三个层面的制度设计,将有效促进司法与宪法、民意及个案当事人的积极沟通和良性互动,构筑起回应型司法的立体式制度平台。这一制度平台在拘束司法权的同时,增强了司法权的合法性,使司法权力上升为司法权威,将司法文明不断向前推进。

第三章　回应型司法的域外经验借鉴

　　随着世界经济的飞速发展和科学技术的日新月异,区域化和全球化成为一种不可逆转的历史潮流,影响着地球的每一个角落。于是,世界越发成为一个小小的"地球村",你中有我,我中有你,置身于一种彼此互联的状态中。世界各地的彼此交融和对话使我们的思想观念和生活方式都更加丰富多样,我们已经进入一个多元化的社会。不同的利益、价值观、思想和文化的碰撞与融合成为当今社会的普遍现象和显著特征。传统的司法制度开始变得无法适应社会的发展,亟须通过自身变革,回应这个日新月异、不断变化中的社会。于是,司法改革作为一种历史大潮,登上世界舞台,成为许多国家的共同选择。全球化的发展为形式各异的司法改革者提供了相互学习和借鉴的契机,通过开展积极的对话,寻找不同法律文化脉络下的普遍规律和有益做法,以实现对司法权的重构。因此,"今天的司法改革者,一方面要精准掌握改革的条件语境,另一方面必须开放心灵,扩大与其他改革者的对话,学习别人成功与失败的经验"[①]。也就是说,尽管国家间的司法理念不尽相同,司法制度和改革目标呈现出多元化的特点。但是,这些问题都不应成为阻却沟通和对话的理由。由于司法制度在本质上具有某种共通性和共识性,如对公平与正义理念的秉持、对司法公正的追求等,这就使得不同司法制度间的相互学习和借鉴成为可能。

　　各国司法改革的主要目的是对传统司法权进行重构,以回应变革社会的需要。从日本、韩国、新加坡、法国、德国、美国等国家和中国台湾等地区司法权的嬗变过程来看,社会都经历了从自治型司法向回应型司法的转变过程。

---

　　① 苏永钦.飘移在两种司法理念间的司法改革:台湾司法改革的社经背景与法制基础[J].环球法律评论,2002(1).

自治型司法制度是整个国家司法系统取得独立性的重要标志,至此,司法开始成为一种强调绝对"规则之治"的治理方式,在近代西方法律体系的建构过程中曾起到过非常革命的作用。然而,随着欧美国家民主革命的完成及现代法律制度的建立,它逐渐变得不适应转型社会的需要。于是,法院开始与社会产生隔离。这使法院难以应对转型社会所积累的种种矛盾,社会的飞速发展要求司法从自治型模式向回应型模式转变。[①]

第一节　东亚国家和地区回应型司法经验

一、我国台湾地区的回应型司法改革

我国台湾地区当前的司法系统仍然沿用的是中华民国时期的司法体制。以孙中山为首的革命党人在建立中华民国之始,就提出了"五权分立"的设想,即权力分为立法权、行政权、司法权、监察权与考试权,五权并立且互相牵制和约束。[②] 这一设想既借鉴了西方的三权分立学说,又融合了我国古代的监察制度,可谓中西合璧的产物。国民政府于1928年根据五权分立的思想,设立了立法院、行政院、司法院、考试院和监察院。半个多世纪以来,台湾地区经历了由蒋氏政权的威权统治到现今的自由民主政治的发展历程,台湾地区法治发展的历史也在一定程度上是由依法统治向法治社会演进的历史。1946年,台湾地区通过修改《中华民国宪法》,建立了由"大法官"组成的"大法官会议"作为审查主体的司法审查制度。[③] 司法审查制度在台湾地区民主化的进程中起着不可或缺的重要作用,确保了台湾地区司法体制对"宪法"要求和"宪法"所保障基本人权的回应。

在法官的独立性方面,我国台湾地区的法官和欧美国家一样,也是实行法

---

① 金民珍,徐婷姿.回应型司法的理论与实践[N].人民法院报,2012-11-21(A08).

② 中国社会科学院近代史研究所.孙中山全集(第9卷)[M].北京:中华书局,2011:254-255.

③ 美国的司法审查制度其实就是"违宪审查制度",该制度首创于美国,指司法机关通过司法程序对立法和行政行为是否违反宪法提出质疑、进行审查和裁决的一种制度。

官职务终身制,除非法官自愿离职或是有犯罪行为,任何人不得解除其法官职务。可以说,法官保障制度是台湾地区司法制度中的重要组成部分。台湾地区"宪法"第 80 条、第 81 条对法官职务和身份独立给予了明确规定,"法院组织法"也对此予以专门强调。法官保障制度就使行政权力及其他势力很难干预法官的司法过程。此外,台湾地区法官的待遇优厚,远高于一般公务人员,并且规定法官到了 70 岁不办案仍可拿到全部薪水。这一待遇能够尽可能避免法官利用司法权力进行寻租,有利于法官廉洁公正。

台湾地区在之前建立了一套对司法官的监督和淘汰机制,主要有通过司法官自律委员会的监督、考绩、评鉴、惩戒、弹劾制度,以及由此引起司法官的免职、停职等淘汰或者暂时淘汰的结果,还有"调查局""正风司""司法院"的"刑事厅"和"民事厅"的司法监督。[①] 问题是,建立起的监督和淘汰机制多是由司法官自律委员会开展的,而司法官自律委员会的成员本身就是法官,属于内部人的自我监督。他们相互之间或是熟识或是担心以后会有交集,因此,该委员会中多数成员更愿意独善其身而将同僚案件束之高阁,从而致使这一监督制度无法发挥应有作用,具体表现为法院中每年遭到实际弹劾或停职、免职的法官只有区区几个人。台湾地区"司法院"意识到人民对司法的质疑与不满,一直努力寻求改变此种状况,以回应公众期待。1994 年以后,台湾地区新任"司法院"院长[②]上台后,即通过召开司法改革会议,陆续将法院的人事管理权独立出来,将其交由人事审查委员会管理,并废除了院长审阅制度以及庭长任职终身制,[③]消减了院长和庭长的权力,使法官走向真正的自治。

2011 年,台湾地区终于通过了"法官法",确立了不良法官的退场机制与优良法官的保障机制,堪称是台湾地区司法改革的里程碑。根据"法官法"的规定,台湾地区建立起一套完整的法官评鉴制度,明确规定高等法院及各级法院均设置法官评鉴委员会,成员为 11 人,分别由法官 3 人、检察官 1 人、律师 3 人、学者及社会公正人士共 4 人,具体人选则是从推选出的候选人数据库中随机抽取,以确保该委员会委员的客观、公正与超然。这一制度是为了贯彻

---

① 林贵文,王黎华.论台湾地区司法官的监督淘汰机制[J].海峡法学,2010(3).

② 1994 年以后,著名法学家施启扬、翁岳生继林洋港后担任台湾"司法院"院长,进行了一系列的司法改革措施。参见中国法律年鉴编辑部.中国法律年鉴 2001.北京:中国法律年鉴社,2001:1171.

③ 台湾地区法院在审判中长期推行裁判书审阅或送阅制度,要求审判法官在宣判前须将裁判书送交庭长、院长审阅,并对裁判内容发表意见。

"宪法"关于法官为终身职务,非依法不得停职、转任或减俸之规定,并为维护良好司法风气,提高司法公信力,淘汰不适任的法官而设立。[①] 根据规定,对言行不检、问案态度不佳、无正当理由延迟办案的法官,法院、"检察署"及律师公会等都可请求"法官评鉴委员会"评鉴个案;受惩戒的法官,"司法院"可将其免职,并丧失公务员资格,也不得转任律师。法官若出现重大过失,律师公会、民间团体或受害当事人都可要求进行个案评鉴。若评鉴委员认为有惩戒必要,可报"司法院"移送"监察署"审查,认定是否弹劾,再移送"职务法庭"审理;若认定为无惩戒必要,也要送交"司法院"的"人事审查委员会"处理。[②] 特别强调的是,新设立的"评鉴委员会"和原有的"人事审查委员会"都纳入了学者和专家等外部成员,进一步发展了外部参与机制,从而确保了对法官进场、退场机制予以表决的独立与公正。

台湾地区的司法改革以保障人的自由为其理念,在改革的具体设计上,提出了司法改革即"人权保障的改革"的重要思想,并注重保障民众的人身自由、言论自由、迁徙自由、结社自由和平等权、生存权、财产权、工作权和诉讼权等。[③] 台湾地区在后续进行的司法改革中均体现了这一理念。"司法院"坚守"司法为民"的理念,在司法改革中以当事人为中心,为当事人提供一切便利。为此,台湾地区"司法院"于1999年在各法院推行"单一窗口联合服务中心",提供许多免费服务项目,真正实现了"一处交件、全程服务"的便捷。即使当事人告错法院,接待法院也不会立即驳回,而是由法院确定审判权后再移交,为民众减轻了司法负担,使其更为亲近司法。除了使司法在细节之处表现得亲民外,司法改革也颇为重视在具体审理案件过程中对当事人各种诉讼利益的充分关照。改革后的台湾地区法院在民众中的定位即为民众维权之场所,台湾地区"高等法院"则提出了更为形象的司法口号"追求卓越、合法高效、便民礼民、主动亲切"。[④] 2010年,时任台湾地区"司法院"院长的赖浩敏在"立法院"报告中提出以"清廉、专业、信任"为核心启动新一轮司法改革,其目的是保障审判独立,强化专业能力,落实司法为民,尤其强调须以对人民负责、重新赢

---

① 樊崇义.诉讼法学研究[M].北京:中国检察出版社,2002:483.

② 唐家婕.台湾通过"法官法"[EB/OL].http://international.caixin.com/2011-06-16/100269983.html,2011-6-16.

③ 徐卫东,徐岱,傅穹.人性化考量下的台湾地区司法改革[J].吉林大学社会科学学报,2005(7).

④ 徐卫东,徐岱,傅穹.人性化考量下的台湾地区司法改革[J].吉林大学社会科学学报,2005(7).

回信任是当前的优先工作,并提出了四 C 的司法改革目标:(1)干净(clean)的司法,这是对司法的基本要求,这需要通过自律和外部监督来实现;(2)透明(crystal)的司法,提出人民观审制及案件在线追踪的设想,即通过民众参与和监督,大力提升对司法的信心;(3)便民礼让(considerate)司法,即司法须关照人民需求;(4)效能(competitive)的司法,即将有限的司法资源进行最大化利用,实现快速审判的目的。赖浩敏指出"这是四个司法必须努力的方向,具体的议题及做法,则有待我们以扩大全民参与的方式来推动,也就是说我们将聆听人民真正的声音,透过对话来化解误解,我们也愿打开大门,让人民走进司法,认识司法的组织、程序,进而认同我们整套司法体制所追求的法治理念"①。

二、日本的回应型司法改革

作为亚洲邻国的日本,其司法改革从 20 世纪中后期就已经开始,至今仍在进行中。日本的司法改革从"二战"后的被动性改革逐步演变为主动性改革。由于日本"二战"后被美国占据,宪法基本上是对美国宪法的直接翻版,在司法模式的选择上,着重引入英美法系以判例为主的普通法。而在此前的日本明治维新时期,日本司法体制主要是向以法、德为代表的大陆法系国家学习。由于"二战"后大力引入普通法,日本成为一个兼具大陆法系与普通法系的"混合法系"的国家。日本普通法的发展进一步推动了日本的民主化进程。20 世纪末期以来,日本司法改革的立足点开始从司法独立原则向司法民主原则转移,进而提出了"市民主权"和"市场法则"的司法改革理念,试图通过市民主权打破法官特权,并以此为基础,建立起"新当事人主义",即把当事人看作是司法过程的主体,司法被看作是提供法律服务的活动。作为法律服务的消费者,当事人有权通过 ADR② 选择解决纠纷的具体方式,通过"法律家一元制"③和"非法律家参审制"的方式选择案件裁判官,通过当事人双方之间以及

---

① 赖浩敏.以清廉、专业、信任启动新司政[J].台湾司法周刊,2010(1513).

② ADR(全称 Alternative Dispute Resolution)起源于美国的一种争议解决的新方式,意为"替代性争议解决方式",或者翻译为"非诉讼纠纷解决程序"。

③ 法律家一元制是指选任法官必须通过统一司法考试并取得合格证书,并且必须首先从律师做起,在律师执业十年并积累了丰富的实践经验后,其中的优异者才有可能被选任为法官的做法。如果想做法官,除了这一路径之外,别无他路可走。

辩诉律师与指控方的多方协商合意方式决定案件处理结果,从而实现对自身权利的自决处分。① 在法官的选任上,日本实行独立的法官遴选制度。最高法院的法官由日本内阁提名,天皇进行任命的方式选任。日本的下级法院法官则由最高法院提名,日本内阁任命。② 这种司法权力自上而下的授予方式保证了法官成为一个不受地方行政势力干扰的中立裁判者的地位。日本通过确立法官的"高薪制"和"退休不减薪制",使法官可以获得较为优厚的经济待遇,为其在任期间的公正清廉打下物质基础。日本一方面坚持"法官个人独立"原则,确保法官做出独立判断而避免遭受任何势力的影响和干涉;另一方面,确立"法官弹劾制",对法官的审判权进行监督和约束,对涉嫌犯罪的法官启动退出机制,从而保证法官队伍的纯洁性。

国民参与司法是现代司法民主的重要体现,已经成为世界各国司法改革的普遍做法。日本早在1948年创设的检察审查会制度就是国民参与司法的典型制度。该项制度规定,检察审查会的检察审查员从拥有众议员选举权的一般国民中抽选产生,依据法律所赋予的职权,根据控告人、检举人或被害人的申诉,对检察官作出的不起诉决定是否妥当进行审查,③并对检察机关的工作提出合法化建议。日本又于2004年推出了"裁判员制度",这是日本国民参与司法审判的又一重要形式。该制度旨在使日本国民能够实质性地参与到审判程序中,进而规定裁判员不仅能够认定事实,而且可以决定量刑,其权限已经堪比法官,突出了国民参与的主体性和对审判结果的实质影响。这一制度是日本试图实现司法民主和完善国家法治的重要制度,被视为战后以来日本最大规模的司法改革之举措。它的推行结束了日本长期以来由专职法官垄断司法审判权的历史,被日本人民看作是通往司法民主的桥梁。为了进一步鼓励国民能够主动地进行司法参与,日本在司法改革中提出了"便于国民利用的司法制度"的改革理念,以增强日本国民对司法的亲近感。日本将司法改革上升到国家战略高度,积极动员全社会的力量参与改革,将立法、司法、行政各部门和学术界相结合,推动形成了国家与民众共同协力的司法创新模式。因此,可以说"日本的司法改革是一次根本性的政治社会体制的重组,其宗旨实际上是实现更大程度的自由化,打破垄断,以自由竞争促进经济政治和法律的活力和发展。社会在扩大和调整司法的社会功能和地位的同时,要求司法实现民

---

① 吕伯涛.司法理念及审判方式改革[M].北京:人民法院出版社,2005:16.

② 王德志.以保障法官独立为核心推进司法改革[J].法商研究,1999(1).

③ 徐莉.日本刑事程序中国民参与司法制度的反思与借鉴[J].法学杂志,2011(2).

主化、自由化——不但要打破法官职业的垄断，让律师和检察官等能够进入法官行列，而且要打破律师对法律事务的垄断，允许非法律家进入法律代理等工作中"①。可见，日本所进行的一系列司法改革措施都显示出日本司法制度对公民权利和要求的积极回应。

三、韩国的回应型司法改革

在韩国，司法改革也在全力进行中。随着韩国经济的发展与社会结构的变化，韩国社会已经步入"公民权利自治"的发展阶段，公民呼吁社会应当拥有更大的自治权利，要求国家把权利还给社会，倡导建立社会自治型共同体。韩国司法改革旨在缓解日益严重的司法制度与社会需要之间存在的矛盾以及因此导致的国民对本国司法制度的信任危机，使司法权力和政治权力之间保持适度的动态平衡。由于韩国社会结构越发国际化，自由主义思潮在韩国广泛存在。韩国的司法改革目标是建立以自由主义为基础的法律治理体系，以更好地回应市民社会发展的需要，因而决定了韩国的司法改革必然是以回应为导向的司法改革。

从历史上看，韩国的司法体制属于混合型，其司法制度中既有韩国传统法的因素，又有英美法的因素，还受到德国法的影响。这种混合型司法体制虽然具有较大的适应性，但是，其弊端也是明显存在的。比如，韩国司法制度缺乏主体性，表现为自我迷失和价值体系的不确定性与不完整性。② 因此，在韩国宪法中，明显缺少指导司法制度运行的理念和原则，宪法与司法制度脱节严重。于是，韩国在其司法改革中确立了司法制度"接近国民、便利国民、为国民服务"的全新理念，希望通过国民的司法参与，使司法活动能够更为贴近国民生活，以减少距离感，提升国民的司法信任度。③ 为此，韩国进一步加大了法院的开放程度、国民的参与程度和对司法腐败的惩治力度，以期提高司法的权威性。为满足广大公众对司法资源的巨大需求，韩国实行小额诉讼可由当事人选择在公休日或夜间开庭，时间和地点都相当灵活，甚至可以就地受理，随时开庭。这种做法既节省了司法资源，又提高了司法绩效，其案件审理的灵活

① 范愉.司法制度概论[M].北京：中国人民大学出版社，2004：486.

② 韩大元.东亚国家司法改革的宪政基础与意义：以韩国司法改革的经验为中心[J].浙江社会科学，2004(3).

③ 杨春福.韩国的司法公开制度及其启示[J].唯实，2013(4).

性与高效率深受韩国国民欢迎。为使法院更加亲民,韩国大法院要求法官在审判中重视听取当事人的意见,并对各种意见逐一进行回应。韩国为改变法官在司法程序上的垄断问题,采取"改革一名法官负责审判程序上所有审判业务的做法,实行法官主要负责业务中的核心部分,其他业务交助理法官或其他辅助人员处理。这种改革有助于解决法院构成上的少数主义与业务上的多数主义的矛盾"①。在宪法的可诉性上,韩国承认宪法具有可诉性。值得关注的是,提起违宪诉讼的主体不仅是发现法律违宪的法官,还可以是权利受到侵害的当事人。② 这就极大地促进了当事人权利的实现,为韩国的司法体制有效回应民意和当事人的权利要求提供了更为广阔的路径,从而在韩国建立起公正而高效的公民权利救济制度。在对待法官独立判断的问题上,韩国的司法制度要求法官必须做到将对判例的理解、法条的规定和诉讼的程序性要求与对社会现象的分析、多元价值的关照结合起来,综合考虑,作为裁决案件的依据,以寻求两者之间的平衡,使司法制度突破僵化的教条式运用,能够更好地回应社会需求和公众期待。

应该说,韩国的司法改革既尊重本国法律文化传统,又吸收了外来法律文化精华。在具体方案的设计上,以"国民主权"原则为其指导思想,并统领韩国整个司法改革进程,以"方便和服务国民"作为司法改革的落脚点。韩国司法改革从总体上而言,堪称成功的范本,对我国正在进行的回应型司法改革具有较好的启发和借鉴意义。

四、新加坡的回应型司法改革

新加坡是一个从 50 年前经济落后、资源匮乏、贪腐盛行的第三世界国家一跃成为经济发达、资源可持续利用,并以清正廉洁著称的发达国家。新加坡之所以发生如此巨大变化,很大程度上得益于新加坡非常成功的制度改革。其中,司法制度改革倍受关注,成为许多改革中最为成功的一个。1965 年建国后,新加坡基本上继承了英国殖民时期的司法制度。其法律体系为英国普通法,包罗了英国习惯法和衡平法中的法学原理、法律门类、司法组织原则和司法程序等内容。新加坡法院对案件裁决的主要依据是新加坡和其他国家的

---

① 韩大元.东亚国家司法改革的宪政基础与意义:以韩国司法改革的经验为中心[J].浙江社会科学,2004(3).

② 陈宜芳.韩国的司法制度[J].山东审判,2008(2).

先例,新加坡宪法和其他成文法则起着指导各部门法和司法程序公正运行的职能。但是,从 1965 年新加坡独立到 1990 年这一时期,新加坡司法系统面临着诸多问题,如法院办案迟延,速度缓慢,效率低下,法院案件积压严重的现象司空见惯。这直接导致了许多权利受到损害的人得不到及时有效的法律救助,这促使新加坡对自身司法体制的弊病进行反思,并开始酝酿更大规模的司法改革运动。20 世纪 80 年代末期以来,新加坡从本国国情出发,对英国司法制度采取了在批判中吸收、在继承中发展的态度,以结合国情、迎合民意为司法改革的出发点。新加坡在 1993 年制定了"实施司法改革战略"的规划,涵盖了众多利益相关人提出的司法改革建议,可谓是一个广泛参与和颇具回应性的司法改革战略规划。此后 10 年里,新加坡在司法系统内实施了 9 个"一年行动计划",主要围绕司法国民参与、司法服务大众、法官角色转变、法官考核评定制度、法院运作模式、重新建构内部组织、重新调配社群资源和以资讯科技重新调控等方面推进司法改革。为了建立快速高效的司法制度,法院开始通过降低诉讼费用、简化诉讼程序、扩大服务范围、提高服务效率、增加判案透明度等几个方面进行了有针对性的改革,取得了较为满意的效果。

从 20 世纪 90 年代开始,新加坡开始在民事案件中实行审前会议制度,以促成案件和解。在此之后,新加坡又大力推行社区调解制度,在审前会议的基础上,新加坡在所有社区建立起社区调解中心,对涉及家庭、邻居和社区的非刑案件提供纠纷调解服务。无论是审前会议,还是社区调解制度,都是旨在倡导国民以调解方式解决民事纠纷。这样既可以低成本高效率结案,也不至于在法庭上兵戎相见,使当事人之间的关系得到积极修复。由于这一制度是建立在当事人完全自愿的基础上的,当事人的权利得以自主处分,回应了广大国民和案件当事人对权利自决的要求。司法改革除了大力推行调解制度外,还有设立家事法庭、推行少年法庭家长会议制度,实行速审速决制、设立小额债务索偿法庭、法庭资讯网络公开,法律手续网上办理等创新制度,使新加坡司法呈现出反应速度快、回应能力强的特点。

新加坡通过司法改革形成了一整套缜密无疏的司法制度、独立集权的司法体制、便捷可操作性的司法程序、数字化高效执法手段、极具威慑力的严厉惩治措施。其司法理念积极回应了当代社会发展对司法提出的新要求,新加坡国民对司法公正的满意度列于新兴国家之首。

第二节　西方国家回应型司法经验

一、法国的回应型司法改革

　　法国从 20 世纪末期掀起了一场全方位的司法改革运动,涉及民事司法和刑法司法领域的多个方面。作为大陆法系国家的典型代表,法国的司法改革将对大陆法系国家具有更为直接的借鉴意义。法国的司法改革亦是为了应对急速变革的社会之需而开展,其改革的主要目的是使司法制度能够为公民提供更方便的司法救济路径,并努力提高司法效率,化解历史积案问题。为保障司法官[①]的独立性,法国司法改革从完善最高司法会议制度入手。法国的法院和检察院的办公地点是在一起的,法官和检察官合署办公,彼此相对独立。但是,在司法实践中,相对法官的独立性而言,检察官更容易受到行政权力的干预。为解决这一难题,司法改革从完善检察体制开始。1998 年,法国在其司法改革方案中"明确确定最高司法会议的职权范围,即检察官同法官一样在提名时须征询最高司法会议的意见,最高司法会议对法官和检察官应遵循的法律规定提出建议"[②]。这一规定使检察官一改往日听命于司法部长的做法,不再接受司法部长对于个案的指令,而直接受最高司法会议的拘束,并和法院保持独立的对等关系。为方便当事人参与司法,提高诉讼效率,维护双方当事人的合法权利,法国通过修改刑事诉讼法,改革了侦查和起诉制度,简化了许多繁杂的诉讼程序,开始重视受害人权利的补偿和对被告人合法权利的保障,更加强调对"无罪推定"原则和不起诉制度的适用。但在适用不起诉制度时,检察官必须说明不起诉决定做出的理由,公民可以对不起诉决定提出异议,要求给予合法化的解释或是要求撤回不起诉决定。为避免大量积案的出现,实现对被害人权利的积极补救,司法改革增加了对轻微犯罪的诉讼替代措施,建立起纠纷的协商解决机制,鼓励法官用协商和调解方式处理当事人之间的诉讼纠纷。"起诉替代措施是检察官采用的介于提起公诉和简单不起诉之间的,

---

　　① 司法官这一称谓是法官和检察官的统称。

　　② 李卫平.司法制度教程[M].郑州:郑州大学出版社,2004:283.

对轻罪和部分违警罪(违警罪中的暴力行为和破坏行为)的犯罪行为人采取的措施,目的是提高检察官处理轻微的城市违法行为的效率,以及避免因采取起诉或简单不起诉措施的不当,而导致刑罚在整个社会中不能产生预期的效果。在法国,起诉替代措施被认为是提起公诉和简单不起诉之间的'第三条道路'。"①作为一种折中做法,诉讼替代措施的适用既避免了公诉对司法资源的占用和司法程序对当事人造成的讼累,使大量历史遗留案件得到了快速处理,使受害人悬而未决的权利要求得到了积极落实,从而实现了对受害人权利的最大化救济的司法目的。

除了刑事司法制度外,法国也同时对民事司法制度进行了改革,主要表现为发展了"和解"制度和"调解"制度,要求法官应当鼓励并积极促成当事人进行和解和调解。司法调解可以应当事人要求不开庭进行,或只有调解员参加的情况下做出。法国建立起"紧急司法制度",对一些具有紧急性或是案情已经明确的简易案件,可以随时审理,就地裁决。但也需要遵循必要的程序和原则,比如辩论原则,紧急司法制度明确规定"须在传唤对方基础上经过公开口头辩论方能作出裁判。紧急裁决令具有临时执行力即假执行力。被执行人见到执行裁决的原本即开始执行"②。通过该制度的适用可以最为快速而便捷地审理并结案,极大地提高了纠纷解决和权利救济的效率。

二、德国的回应型司法改革

德国的司法制度自 20 世纪 80 年代以来发生了很大变化,有的变化是对法律条文的直接修改,有的则是在司法实践中形成的惯例。1998 年 10 月德国新政府上台后即掀起了德国近代史上规模最大的司法改革运动。针对德国司法制度日趋复杂的现实情况,司法改革的主要目的就是简化司法程序。③

在民事司法制度上,德国存在的主要问题有这样几个方面:因法院过于专业化导致的法院体系和规则异常繁杂,导致法律适用上的不统一,管辖权上的冲突等问题,使公众难以理解、无所适从,案件和解结案率低,积案数量庞大,案件上诉率高等。2000 年 9 月,德国联邦参议院会议通过了时任联邦司法部长格梅林提出《民事诉讼改革法案》,标志着德国民事司法改革取得了阶段性

---

① 刘立宪,谢鹏程.海外司法改革的走向[M].北京:中国方正出版社,2000:18.
② 李卫平.司法制度教程[M].郑州:郑州大学出版社,2004:283.
③ 刘立宪,谢鹏程.海外司法改革的走向[M].北京:中国方正出版社,2000:49.

成果。① 其民事司法制度改革的基本目标是便民、有效和透明。为实现这一目标，德国进一步强化和解理念，充分利用诉讼外替代性纠纷解决方式结案；裁判过程更加透明，更易于当事人理解和接受；强化第一审程序与重构上诉程序相结合，将上诉程序改造为错误控制与纠正的机制；在上诉程序中，尽量能够直接解决上诉案件而不将案件重新发回至下级法院审理，以加快诉讼进程；上诉救济的许可与案件标的额脱钩。②

在刑事司法制度上，为了简化诉讼程序，德国刑事诉讼法规定了刑事命令程序，以此加快处理情节轻微的犯罪案件，节省司法资源。根据规定，德国检察机关认为犯罪行为的事实构成不需要进行正式审判时，可以提出"刑事命令"的申请，由刑事庭法官组成法庭进行处理。1993 年通过的《减轻司法负担法》拓展了刑事命令程序的适用范围，使其不仅适用于可能判处罚金的犯罪，还适用于可能判处刑期不超过一年的自由刑犯罪。③ 保护刑事诉讼程序中的弱势方是德国刑事司法改革的重点，加强了对受害人与证人合法权益的保护力度，通过了犯罪人对受害人的赔偿制度，回应了当事人对权利保护的诉求。

德国司法改革通过扩大参审制度，为公众参与司法审判提供了路径，使职业法官可以与社会公众进行对话和沟通。法官的判决说理以简单易懂的方式进行，以便于公众理解和接受，使普通公众的法律价值和思想情感获得了进入司法审判程序的入口，使公众的实际生活经验在司法审判中发挥积极作用，使最终的司法裁决不至于脱离社会生活，做出背离常理的裁决结果。公众参审会迫使法官以被外界所理解的方式和有说服力的证据和言词进行审判说理。公众通过参与司法，将其意见反映到司法审判中，极大地提升了公众对司法的信赖感。由于德国将参审视为一种荣誉，除了职业法官以外的参审公众又被称为"荣誉法官"。④ 荣誉法官不要求具有法律背景，但可以同职业法官一样，独立行使法官职务，在有些程序中甚至可以拥有完全投票权，可见，德国对于参审制度的重视。

① 齐树洁,黄斌.德国民事司法改革新动向[N].人民法院报,2002-10-30.
② 王干,汪道胜.地方法视野中的司法改革[M].北京:长江出版社,2005:41.
③ 武功.德国的刑事司法改革[N].检察日报,2000-8-7.
④ 汤维建.论民事诉讼中的参审制度[J].河南省政法管理干部学院学报,2006(5).

三、美国的回应型司法改革

美国的司法改革则主要侧重于民事司法制度方面。由于美国民事诉讼制度采用的是陪审制和对抗式诉讼结构，对司法效率的重视不够，使美国民事司法制度一直存在诉讼迟延和费用高昂的问题。"1990年美国国会通过《民事司法改革法》，以联邦议会立法的形式推动民事司法改革，这次改革被称为历史上第一次基础性改革。"①该法案为民事司法改革确定了总体思路及指导思想。在该法案的指导下，美国各个联邦地区法院均出台了以"减少费用及延迟计划"为要求的司法改革方案，以促进美国司法制度的便民与高效。改革方案的具体内容包括简化诉讼程序、加快诉讼进程、完善证据开示制度、大力推广小额诉讼程序和使用替代性争议解决办法即 ADR 制度等。美国国会尤其重视 ADR 制度的作用和价值，拨出专项资金在全国各法院推广 ADR 制度，要求各地区法院加快 ADR 制度的试点和建设工作，并于1996年修改了《行政争议解决法》，1998年通过了《ADR 法》。这都表明，美国越来越注重发挥司法制度的社会治理功能，美国传统的司法理念正在发生着巨变。目前，美国最主要的 ADR 相关制度有仲裁、调解、谈判和和解四种类型。ADR 制度在美国迅速发展并得到普及化，社区法院也开始广泛兴起，法律援助力度不断加大，美国司法改革表现出明显的"接进国民、服务社会"的特点。在这一背景下，"美国'全国州法院中心'（NCSC）与司法扶助局（BJA）于1997年制定了'初审法院运作标准及评价体系'，规定了五类22项标准、68项考评方法。由于这些标准被分为五类，所以也可以称为美国'五好法院'的标准"②。概括地说，这五类标准可以看作是司法的五大原则，即司法救济原则，便捷与及时原则，平等、公平和尊严原则，独立与负责原则，公众信任与信心原则。具体地讲，司法制度应当注重案件审理的公开性；法院的设施应方便当事人使用，更具人性化；为所有诉讼参加人参与司法提供便利，即提供良好的参与条件和充分的参与机会；法院人员应当热情而有礼貌地对待公众；司法程序应减少当事人的经济成本、时间占用和程序性负担。为接近国民和方便国民，美国法院近年来设立的专门法院越来越多，如交通法院、破产法院、专利法院、税务法院、

---

① 王建国.司法制度与纠纷解决机制[M].长春:吉林大学出版社,2006:453.
② 王建国.司法制度与纠纷解决机制[M].长春:吉林大学出版社,2006:454.

小额债务法院、遗嘱检验法院等,法院呈现出司法专门化的发展趋势。[①]

除上述司法改革措施外,美国司法制度中经过先前改革而形成并沿用至今的做法也值得我们认真研究,并结合我国具体国情予以灵活借鉴。比如,法院设置跨行政区化、司法预算单列、财政支出独立,法官遴选的非地方化和法律家一元主义原则、法官的终身制、专职制、特权制、高薪制(且退休不减薪)、重罪弹劾制等,这些司法制度中的具体设计,确保了美国司法中的"法官个人独立"原则的充分实现。1803年,美国通过"马伯里诉麦迪逊"案进一步确认了法官不仅可以进行违宪审查,还在某种程度上具有能够扩展和创制宪法的权力。在该案中,大法官马歇尔根据宪法高于一切法律的原则推导出立法机关的各种立法必须合宪的基本要求,而对于一项法律或行为是否合宪的判定是法院的审判和仲裁职能,因此,法院可以进行违宪审查。尽管根据美国宪法的规定,法律必须由国会和总统通过才得以生效。但是,由于美国最高法院在适用法律的过程中,客观上具有解释法律的最终权力,因而有权判定一项法律是否违宪。一旦美国法院做出了宣判,便自然成为具有效力和强制执行力的宪法惯例,在此后的案件审判中必须维护这一宪法惯例,这就是一项典型的法院立法。至此,法院不仅拥有了违宪审查的权力,而且还拥有了最终意义上的立法权。在马伯里诉麦迪逊一案之后,美国联邦最高法院还通过对普莱西案、洛克纳案、格里斯案、罗伊案等诸多案件的审理和判决,进一步确认了美国法官对宪法规范的扩展和创制功能。[②] 因此,可以说,"在英美法系国家,司法始终是包含着法的发现、法的解释和法的判断等多重含义,也就是说,司法既是一种法的判断,也是一种法的创制"[③]。由此可见,美国的司法制度赋予法官极大权力,并通过制度上的设计最大限度地确保其独立性。

美国的司法制度一方面强调法官至高无上的地位,另一方面却非常重视陪审团在司法审判中的作用。美国独立时保留了英国的陪审团制度,并视其为司法制度的核心部分。公民陪审在美国不仅被视为被告人的一项正当程序权利,而且被认为是美国人民的一项重要民主权利,任何人不得侵犯。由陪审团负责事实审的案件,如果陪审团认定被告人无罪,法官必须尊重陪审团的意见,不能随意推翻其决定。美国陪审团制度中最独具特色的地方就是"一致裁

---

① 王建国.司法制度与纠纷解决机制[M].长春:吉林大学出版社,2006:455.
② 汪进元.司法能动与中国司法改革的走向[J].法学评论,2013(2).
③ 汪进元.基本权利的保护范围:构成、限制及其合宪性[M].北京:法律出版社,2013:128.

决"机制。这一机制的根据是《美国联邦刑事诉讼规则》第 31 条第(a)项规定"陪审团裁决必须一致通过;应当由陪审团在公开法庭向法官宣告裁决。"[①]如果无法达成一致意见,法官将审判宣布为失审,公诉方如认为有必要,必须再次提起诉讼。美国公民都非常推崇陪审团参与审判活动,尤其是在刑事案件的审判中,只有陪审团在场才被认为是真正体现司法公正和社会良知的审判。一份有关美国陪审团现状的调查数据显示,"在美国的州和联邦法院中,每年有大约 148000 场陪审团庭审,超过 3200 万公民(即美国成年人口的 15%)每年被传召到法院履行陪审职责,事实上其中的 260 万公民目前正在某个刑事案件中担任陪审员。大约 2/3 由陪审团审判的案件是刑事案件"[②]。这些数据都有力地说明了美国陪审团制度的重要性及其旺盛的生命力。陪审团制度使美国的普通公民能够有机会参与到审判活动中,通过亲历司法过程,既可以培育公民对本国司法制度的信任和依赖;同时,还可以使公民从中受到法律素养的熏陶和教育。

第三节　域外回应型司法的经验与启示

一、推进民主司法

传统政策型司法强调纠纷解决的国家化,认为只有国家主导司法解决纠纷才能体现法律的权威性和司法的职业化。域外回应型司法改革的显著特点就是扩大司法的民主参与,大力推进民主司法。如我国台湾地区"以当事人为中心",以"重新赢回人民信任"作为司法改革的优先工作,以扩大"全民参与司法"作为推动方式,让"人民走进司法,聆听人民真正的声音"作为其司法改革的理念。日本则提出了"市民主权"和"市场法则"的司法改革理念,建立起"新当事人主义",把当事人看作司法过程的主体。日本创设的"检察审查会制度"是国民参与司法的典型制度,由一般国民抽选组成的检察审查员对检察官的

---

① 卞建林.美国联邦刑事诉讼规则和证据规则[M].北京:中国政法大学出版社,1996:68.

② 周泽民.国外法官管理制度观察[M].北京:人民法院出版社,2012:307.

不起诉决定进行审查,并对检察机关的日常工作提出合法化建议。日本的"裁判员制度"则使日本国民实质性地参与到审判程序中,不仅能认定事实,还可以决定量刑,从而对审判结果产生实质影响,突出了国民参与的主体性地位,这是日本民主司法的重要制度。韩国的司法改革以"国民主权"原则为其指导思想,并统领韩国整个司法改革进程,提出要回应公民权利自治的要求、社会需求和公众期待。德国司法改革参审制度,使职业法官与社会公众进行对话和沟通,提升了公众的司法的依赖感。德国将职业法官以外的参审公众称为"荣誉法官",足以说明德国鼓励国民参审并视其为一种荣誉。荣誉法官可以同职业法官一样,可以独立行使法官职务,甚至在某些程序中拥有完全意义上的投票权。① 美国非常重视陪审团的作用,视其为司法制度的核心。公民陪审不仅是被告人的正当程序权利,而且被美国人民视为不可侵犯的重要民主权利。陪审团负责事实审,如果认定被告人无罪,法官不得随意推翻。在美国人看来,只有陪审团在场的审判才能够真正体现司法公正和社会良知。

二、强化便民司法

从域外回应型司法的演进趋势看,司法越来越强调公民对司法程序的主导地位,法院越来越变成提供纠纷解决服务和司法消费的场所。如台湾地区司法改革致力于为当事人提供一切便利,在各法院推行"单一窗口联合服务中心",真正实现了"一处交件,全程服务"的便捷,并提出"追求卓越、合法高效、便民礼让、主动亲切"的司法口号。日本在司法改革中提出了"便于国民利用的司法制度"的理念,以增强日本国民对司法的亲近感,把司法看作是提供法律服务的活动,当事人是法律服务的消费者。韩国以"方便和服务国民"作为司法改革的落脚点,提出了"接近国民、便利国民、为国民服务"的理念,实行小额诉讼灵活速裁制,既节省了司法资源,又方便了广大民众,回应了民众对司法资源的巨大需求和权利救济的高效要求,深受国民欢迎。新加坡主要围绕司法国民参与、司法服务大众和法官角色转变等方面,提出了 9 个"一年行动计划",通过降低诉讼费用、简化诉讼程序、扩大服务范围、提高服务效率的司法改革,大力推行速审速决制,建立了小额债务索偿法庭,法律手续网上办理等创新制度,极大方便了国民。法国司法改革的一个主要目的就是为公民提

① 刘孔中,王红霞.台湾地区司法改革 60 年:司法独立的实践与挑战[J].东方法学,2011(4).

供更方便的司法救济服务,着力提高司法效率,化解历史积案问题。法国为方便当事人参与司法,简化了许多繁杂的诉讼程序,并建立起"紧急司法制度",对于具有紧急性或案情明确而简易的案件,可以随时审理,就地裁决,从而最为快速而便捷地审理并结案,提高了权利救济效率,极大方便了国民。德国在司法改革中提出的基本目标是便民、有效和透明。美国在司法改革中表现出明显的"接进国民、服务社会"的特点,它提出的"五好法院"的标准,其中之一是法院的设施应方便当事人使用,更具人性化,为诉讼参加人提供良好的参与条件和充分的参与机会,法院人员应热情礼貌对待公众,司法程序减少当事人的经济成本、时间占用和程序性负担。美国通过出台"减少费用及延迟计划"(expense and delay reduction plan)[①],进一步简化诉讼程序,从而加快诉讼进程,通过建立社区法院,对轻种案件拥有处置权,推广小额诉讼程序等便民措施,促进美国司法制度更加便民和高效。此外,为了方便国民,美国法院还特意设立了许多专门法院。

三、独立高效的法官管理体制

域外的许多国家都经过一系列的司法改革,建立起了一个公正高效的法官管理制度。上述所列出的东亚和欧美各国均实行法官职务终身制,这可以使法官更加铁面无私,只对法律和当事人权利负责,从而阻却了行政机关和其他社会组织和个人对司法权力的干预。法官高薪制也是这些国家的一个普遍特点,可以有效避免法官利用司法权力寻租,从中谋取个人利益的行为,从而促进法官的清正廉洁。建立法官的监督机制,如台湾地区的法官自律委员会、调查局、正风司、"司法院"等;确立法官的退出机制,如台湾地区的不良法官退场机制、法官评鉴制度、人事审查委员会等。日本在法官的选任上实行独立的法官遴选制度,坚持"法律家一元制"和"非法律家参审制"选择裁判官,确立起法官的"高薪制""退休不减薪制"和"法官弹劾制",完善了法官的激励、监督和退出机制。法国为保障司法官的独立性,完善了最高司法会议制度,要求法官和检察官在提名时必须征询最高司法会议的意见,不再接受司法部长的指令,使司法权不再受制于行政权力,检察院与法官保持独立对待的关系。美国通过法院设置跨行政区化、司法预算单列、财政支出独立、法官遴选制、终身

---

① 刘新发.论美国法院附设 ADR 对我国诉前联调的借鉴[EB/OL].http://www.chinacourt.org/article/detail/2012/12/id/803677.shtml,2012-12-18.

制、专职制、特权制、高薪制、不减薪制和弹劾制等,确保了"法官个人独立"原则的实现。

四、主张多元纠纷解决机制

多元纠纷解决机制改变了我们对犯罪的传统固有看法,鼓励从更为多元化的视角看待犯罪这一现象,并将多方主体引入到纠纷的解决程序中,这样不仅提高了社会多方主体在纠纷解决中的地位,而且改善了纠纷解决的实际效果。新加坡实行的审前会议制度,就是为了在案件审判前能够优先考虑促成案件当事人之间和解的可能。新加坡大力推进社区调解制度,建立起社区调解中心,倡导国民以调解方式解决民事纠纷。法国通过刑事司法改革增加了对轻微犯罪的诉讼替代措施,鼓励法官用协商调解方式处理诉讼纠纷,避免了诉讼对司法资源的消耗和当事人的讼累。法国同时在民事司法制度改革上发展了"和解"和"调解"制度。德国在刑事司法制度中对于可能判处罚金或是判处刑期不超过一年的自由刑犯罪规定了刑事命令程序,以达到加快处理案件,节省司法资源的目的。同时进一步强化了和解理念,主张充分利用诉讼外替代性纠纷解决方式结案。美国尤其重视替代性争议解决 ADR 制度的推广,美国的 ADR 制度主要有调解、和解、仲裁和谈判四种类型。1970 年,美国联邦最高法院在"布雷迪诉美利坚合众国"一案的判决中确立了辩诉交易的合法地位。[①] 辩诉交易通过检察官与辩诉律师对被告人定罪和量刑上的协商和讨价还价达成。由于辩诉交易只需在程序上审查确认协议内容,不再进行案件的实质性审判,极大地降低了双方的诉讼风险和诉讼成本,缓解了公诉和审判带来的诉讼压力,被告人也可以得到降格指控或是从轻处罚。从今天的统计情况看,在美国,90%以上的刑事案件都是通过辩诉交易解决的。[②]

以上所介绍的域外回应型司法的经验在所在国家广泛实施,并发挥着积极作用。应该说,这些制度是经受了理论和实践上的考验的,显示出自身的巨大优势和生命力。域外回应型司法的经验带给我们许多有益的启示,值得我们学习和借镜。我们在进行制度学习和移植的过程中,必须注重因地制宜,切

---

① 谢鹏.浅析刑事和解理念对辩诉交易制度的启示:以被害人为视角[J].法学论坛,2006(4).

② 谢鹏.浅析刑事和解理念对辩诉交易制度的启示:以被害人为视角[J].法学论坛,2006(4).

不可盲目照搬。在结合我国现实国情的基础上,在现有的政治制度框架内,以"司法公正与效率"为追求,以"惩罚犯罪和保障人权"为总的原则和指导思想,对我国现有的司法制度进行积极改造,对于缺失制度进行积极引进和大胆创新,在中国回应型司法制度构建过程中,将其内化成适合中国自身特点的制度形式。

第四章 中国回应型司法的宪法传导制度

第一节 宪法适用与司法过程

一、宪法适用与司法过程的内在统一

众所周知,宪法是一国的根本大法,是治国安邦的总章程。哈贝马斯认为,"合法的政治法律制度都需要以宪法为基础展开。任何一个群体,如果要把自己建设成一个由自由而平等的成员构成的法律共同体,就必须作出一个原初决定,为了合法地通过成文法调节他们的生活,他们进入一种共同的实践——为自己制定一部宪法。制定宪法实践的意义在于共同探求并确定参与者必须互相承认为公平和有效的权利"①。可见,宪法是公众凭借制度化的协商与对话,经过慎思明辨,最后达成并上升为宪法规范的共识,因此具有最高的合法性和权威性。各部门法是对宪法规范的具体化,只有符合宪法规范才是"合法之法",②违宪的法律一律无效。宪法作为全体公民协商共识的产物,是公民的自我立法。那么,体现并回应宪法要求的司法审判就是公民的"自我审判"。公民既是法律制度的创制者,同时也是法律制度的实施者和承受者。公民由自己创制的法律审判自己,因而,这种审判是公民自我意愿的体现,符

---

① 哈贝马斯.后民族结构[M].曹卫东,译.上海:上海人民出版社,2002:146.
② 高鸿钧等.商谈法哲学与民主法治国:《在事实与规范之间》阅读[M].北京:清华大学出版社,2007:11.

合了自我的行为期待,更容易自觉遵守,违法时也能够自愿接受审判。这在客观上缓解了个体权利与社会限制之间的对抗关系,宪法适用与司法过程实现了内在统一,人的身心一致性得以实现。

二、司法过程对宪法适用的传导作用

司法,简言之,就是法的适用过程,它是国家司法机关及其司法人员依照法定职权和程序,具体运用法律规范审判和处理案件的一项专门活动。在某种意义上讲,司法的意义甚于立法。德沃金在他的著作《法律的帝国》中写道:"经常,人们由法官的一个点头中所将得到或失去的,是大于众议院或参议院所制定的法律。"①可见,司法过程对于人们权利的实现具有决定作用。如果法官在司法过程中不能依法审判,法律就会变得可有可无,无关紧要。由此,司法的重要性可见一斑。当今时代,世界各国对立法的重视程度普遍较高,立法热情有增无减,法律部门越来越精细化,各类法律法规越来越专业和繁杂。但是,各国对司法的重视程度却表现不一。当前,我国已建立起较为完备的法律体系,可以说基本做到了有法可依。但是,法律的实施现状却不尽人意,有法必依、执法必严和违法必究还远未实现。

法国著名学者勒内·达维认为,"人们期待得到更多的是公平的待遇和正当程序的遵守,而不是关于权利和法律义务的学究式定义"②。对宪法来说,相比宪法的原则性和抽象性规定,公众对宪法在现实生活中的遵守与执行有着更多期待。这种期待使宪法肩负着人民的重托,以实现自身为追求。西方有句法律谚语是"无救济则无权利",既然宪法是一部写着人民权利的宣言书,作为一种规范文本,如果要作用于现实社会,除了依靠行为主体的自觉遵守外,也应当和其他部门法一样,对于违反宪法的法律或行为,理应具有保护宪法权利的相应救济手段。如果宪法的实施没有国家强制力等相应的救济手段作保障,最终也会沦落成一纸空文,正所谓"徒法不足以自行"。司法作为各部门法所保护权利和法益的一种救济手段,也应当成为宪法权利在现实中得以实现的桥梁和依托。宪法依托于司法程序,通过违宪审查、宪法审判或援引宪法条款用于审判等具体形式,将宪法规范适用于现实,使宪法的原则、精神和

---

① 林立.法学方法论与德沃金[M].北京:中国政法大学出版社,2002:1.
② 勒内·达维.英国法和法国法:一个实质性的比较[M].潘华仿,等译.北京:清华大学出版社,2002:69.

各项具体要求最终得以实现,从而确保宪法效力,维护宪法权威。

司法的宪法传导制度,顾名思义,就是将宪法的理念、原则和具体规范通过司法制度传导至现实中,在司法对宪法的遵从、援引与适用的过程中,将宪法效力施加于现实生活,以实现宪法规范的各项要求。无论是宪法直接适用于审判①,还是宪法间接适用于审判②,都离不开司法的传导作用。作为贯彻宪法精神的司法,必然以宪法为指导,在司法裁判过程中,确保司法行为不违背宪法规范对司法程序的公正要求;通过对部门法适用的司法审判过程,实现部门法所体现的各项宪法权利;通过审查法律的合宪性,中止适用涉嫌违宪的法律规范;在部门法规范对基本权利保护缺位的情况下,应当适用宪法的相关条款裁决案件,以充分保障公民基本权利的实现。

综上所述,司法传导的是宪法精神、原则和要求。宪法传导制度应当成为司法制度的重要组成部分,是宪法实现自身的客观需要,也是司法制度本质属性的体现和司法制度的目标。

第二节　宪法司法适用的域外考察

在建构我国司法的宪法传导制度之前,我们先来审视一下世界上的主要宪政国家是如何将宪法适用于司法过程的。通过查阅相关资料,我们得知,17世纪,英国枢密院对其殖民地的立法进行监督审查被认为是违宪审查的先例。③ 随着宪法制度的不断完善,美国和欧洲许多国家都建立了较为完备的违宪审查制度。目前,宪法的司法适用是世界多数国家的普遍选择,已经在全世界100多个国家确立下来。在宪法司法适用的具体制度设计上,世界各国都是根据本国的政治经济制度、法律文化、社会背景等具体情况进行自主选择。由于各自国情的差异,他们之间的违宪审查制度的具体模式有着很大不同。美国、德国和法国的宪法司法适用制度在世界上影响广泛,成为许多国家

---

① 本书所指的宪法直接适用是通过宪法法院,以宪法诉讼的形式或是通过普通法院以违宪审查的形式进行的宪法适用,是最为典型的宪法直接适用形式。

② 本书所指的宪法间接适用是通过普通的实体法和程序法体现宪法原则和要求,在宪法指导下,直接适用普通法就是间接适用宪法。

③ 周叶中.宪法[M].北京:北京大学出版社、高等教育出版社,2005:412.

相继效仿的对象。

宪法司法适用主要通过设立宪法法院、宪法委员会等专门机关或由普通法院受理宪法诉讼或是附带受理违宪案件。世界范围内对宪法的司法适用主要有三种具有代表性的形式，即美国式的司法审查制度、德国式的宪法诉讼制度和法国式的合宪性审查制度。无论是司法审查、宪法诉讼，还是合宪性审查，都致力于维护本国宪法尊严，在保障国人宪法权利方面发挥了积极作用。

一、美国式的司法审查

（一）美国式的司法审查制度简介

美国在 1803 年通过审理著名的"马伯里诉麦迪逊案"[①]，确立了由普通法院行使违宪审查权的司法审查制度，开创了世界宪法司法化的先河。美国是第一个实行违宪审查由司法机关实施的国家，即违宪审查在普通法院的一般诉讼中附带进行，其违宪审查的主体是普通法官，遵循普通司法诉讼程序，故称为司法审查。这种司法机关的违宪审查并不进行抽象审查立法的合宪性，而是普通法院在审理具体案件时，对该案所适用的法律、法规及法律性文件的合宪性进行的审查和裁决的一种违宪审查模式。[②] 由于普通地方法院的分散性特点，美国司法机关进行的违宪审查当属于分散审查。分散模式与集中模式的选择不是随意的，均生成于不同的社会条件和法治环境。相对于依靠专门法院进行的集中审查而言，分散审查制的最大优点是保持了司法权的一致性，并可使违宪审查变成具有经常性、有效性和可操作性的审查方式，从而使宪法更加贴近人们日常的社会生活，更加深入人心。

美国的司法审查制度通过解释宪法和限制违宪法律在个案中的使用，可以有效制约立法权，对于维护分权体制发挥了积极作用。但是，该制度的缺陷也很明显，那就是作为三权之一的司法权，就其地位而言并不够高，本身处于

---

① 案例简介：1801 年，时任美国总统亚当斯在任期最后一天午夜突击任命治安法官，但 16 人的任命状未能及时送达，继任者杰弗逊让国务卿麦迪逊将委任状销毁。马伯里因此没有当成法官，便提起了对麦迪逊的诉讼，要求送达委任状。马歇尔作为审理该案的大法官，以该案所援引的《1789 年司法条例》第 13 款违宪而宣布无效，巧妙地将这一案件化解，并确立起美国最高法院有权解释宪法，裁定政府和国会立法行为是否违宪的制度。.

② 周叶中.关于宪法的几点认识与宪法实施的几点建议[J].湖北社会科学,2004(6).

相对弱势,缺乏足够的权威。美国的普通法院只可以拒绝将确定为违宪的法律适用于具体个案中,却无权改变或撤销该违宪法律。同时,判决也只对案件当事人有效,故法院违宪宣告只具有个别效力,并不具有普遍性,也不具有溯及力。[①]美国式的司法审查制度具有被动性和消极性,只有当案件和争议被带入法院时才能够被启动,这是由司法权所特有的被动性和消极性决定的。[②]

可见,美国的司法审查制度是以权力制衡理论为基础的,司法权对于立法权而言,只是一种平等制衡的监督和制约关系。司法权无法置身于立法权之上,并要求立法机关改变或撤销一项违宪的法律。

(二)美国式司法审查制度的有益经验

1.美国式司法审查制度可以根据现实需要对宪法进行相对灵活的解释,通过司法判例的形式不断丰富宪法内容。正像美国著名的政治学家沃塞曼所言:"在美国的政治历史上,最高法院一直是显赫的,因为人们一直认为它对宪法条款含义拥有'最后'的解释权。"[③]将成本法和判例法有机结合起来,使宪法既可以保持相对的稳定性,又可以适应变化社会的新需要。

2.美国式司法审查制度可以有效保障公民个人的权利和自由。尽管司法审查的结果不具有普遍的约束力,也无法撤销或改变违宪的法律,但是却可以使该法律在个案上归于无效,从而实现了保障公民个人权利的目的,又对立法机关和行政机关形成一种审慎立法与执法的压力。

3.美国式司法审查制度是通过对具体案件进行审判和裁决的形式进行违宪审查,不是单纯地从文本到文本的研究,这样可以很好地将宪法、法律和活生生的生活实际紧密结合起来,从而使法律在具体适用于案件的过程中发现违宪问题和解决违宪问题。

二、德国式的宪法诉讼

以德国为代表的多数欧洲国家则是由专门设立的宪法法院,以独立宪

---

① 赵钢.德国联邦宪法诉讼制度评介[J].河北法学,1998(1).

② 雷安军.美国司法审查制度及其理论基础研究:以美国最高法院司法审查的正当性为中心[M].北京:中国政法大学出版社,2011:116.

③ 加里·沃塞曼.美国政治基础[M].陆震纶,等译.北京:中国社会科学出版社,1994:110.

诉讼的方式进行违宪审查,处理宪法权利争议案件。宪法法院相对独立,对涉及宪法权利争议的案件拥有绝对的管辖权,负责受理权力机关之间的宪法争议和公民个人提出的宪法申诉[①]。德国的《联邦基本法》确立了德国多元的法院审判系统。[②] 在这一系统中,宪法法院占有特殊的地位。德国宪法诉讼制度主要依托于《德国基本法》[③]和《联邦宪法法院法》建立起来。在宪法审判方面,其主体是联邦宪法法院,依据联邦宪法,负责管辖具有联邦性质的宪法争议案件;各州设立各自的州宪法法院,依据州宪法,负责管辖本州的宪法争议案件。联邦宪法法院与各州宪法法院相互独立,并无行政或业务上的隶属关系。[④]

（一）德国提起宪法诉讼的具体情况

在德国,宪法诉讼无须以现实的争端为前提条件。然而,美国司法审查的启动必须符合"争讼"标准。[⑤] 对于宪法控诉案件,《德国基本法》第 93 条规定,任何人都可以因公权力机关侵犯其某项基本权利或侵犯本法规定的权利之一,提起违宪申诉。[⑥] 具体地讲,主要有以几种情况:

1.自然人的基本权力或基本法所列举的某些非基本权利的重要权利受到侵害时,自然人有权提起宪法控诉的前提条件是用尽其他法律救济途径;

2.如果因法规而受到侵害的,可以直接向宪法法院提起控诉;

3.因行政行为或法院裁判受到侵害的,一般要先寻求其他法律途径解决,如起诉、上诉直至各州最高法院;

4.只有当某项控诉具有普遍重要性时,或其他诉讼的提出将导致控诉人可能受到更重大损害时,也可直接提出控诉。

（二）德国宪法诉讼的法律效果

为防止滥用控诉权,德国在宪法控诉提出后,必须经过严格的审理程序,由 3 名法官组成一个委员会预审控诉案。对控诉案进行预审后,视情况的不

---

① 受理宪法争议主要指做出宪法解释或进行违宪审查,宪法申诉主要指宪法诉讼。

② 韩大元.比较宪法学[M].北京:高等教育出版社,2008:567.

③ 德国基本法即德国的现行宪法。

④ 赵钢.德国联邦宪法诉讼制度评介[J].河北法学,1998(1).

⑤ 郭相宏,完珉,任俊琳.宪法学基本原理[M].北京:中国社会出版社,2005:79.

⑥ 韩大元.比较宪法学[M].北京:高等教育出版社,2008:567.

同产生两种法律效果[①]：

1.拒绝受理不符合条件的控诉。

2.当控诉符合条件，可以成立时，又进一步区分为以下三种情况：

(1)确定哪种作为或不作为是违背基本法的规定，法院可根据该规定，宣告重复被指控行为将视为违反基本法；

(2)针对法律本身提起的控诉，立即宣告该项法律无效；针对裁判提起的控诉，立即撤销裁判，将案件发回管辖法院；

(3)针对依违宪法律做出的裁判受到控诉的，宪法法院应同时宣告该法律无效。

(三)德国式宪法诉讼制度的有益经验

1.从机构设置上看，德国式宪法法院作为一个独立的宪法机关，地位较高，具有相当的权威性，因而能够有效地对其他机关的不当行为行使审查、确认或撤销的职能；同时，作为一个真正的法院，他又拥有法院的诸多优势，能够以诉讼方式延伸自己的管辖权限，保持自己不受其他权力干预的独立而超然的地位。

2.从运作方式上看，德国式宪法法院是严格遵循诉讼原则，采用审判方式对涉及宪法的争议予以处理的机关，实行的是一审终审制，从而有利于其发挥独立的司法功能，保证其裁判地位和裁决结果的权威性。

3.从审查的方式上看，德国式宪法法院不仅可以进行抽象审查，即审查下级规范是否抵触上级规范以及法律是否触犯宪法的问题，还可以监督某项法规的具体实施情况，即在具体案件中对所适用法律的合宪性予以裁决。

4.从裁判的效力看，德国式宪法法院对案件的裁决结果既具有形式上的确定力，也具有实质上的确定力，对各州宪法机关均有羁束力。

三、法国式的合宪性审查

法国以宪法委员会作为宪法监督机构，由9位非法官成员组成，通过受理公民涉及宪法权利的争议案件，进行合宪性审查，从而对公民宪法权利给予救济。宪法委员会的审查主体不是法官，其审查程序也有别于普通诉讼程序，遵循的是特殊违宪审查程序。

---

① 赵钢.德国联邦宪法诉讼制度评介[J].河北法学.1998(1).

在审查主体上,由宪法规定的专门机关对法律、法规及法律性文件的合宪性进行审查和裁决的一种审查模式。这种合宪性审查相对于美国由地方法院组织的分散式审查而言,属于集中式审查。其优点是确保了法律效力的权威性和稳定性以及法律监管的直接性和便捷性,有利于权力的集中和统一,同时契合了立法权与司法权分权的法治理念。

在审查的时间上,法国式宪法委员会对法律的审查主要是在法律批准之后、正式颁布前对法律进行的文本审查,审查后的违宪宣告将产生违宪立法不得颁布实施的法律后果。由于法国式的合宪性审查只是就尚未颁布的法律文本进行的合宪性审查,不是裁决当事人之间的权利纠纷,因此,就容易导致裁决结果脱离司法实践的情况发生。

法国与我国有许多相似的地方,例如,两国同为大陆法系国家,法国议会主权的宪法理论也与我国的人民代表大会制度极为相似,法国对宪法修改的经常性也与我国修宪相仿,这使得法国与我国的具体情况有许多契合之处。因此,法国合宪性审查制度更贴近我国的国情。因此,法国式合宪性审查制度对于我国健全和完善合宪性审查制度具有重要的参考价值。

表 4-1　违宪审查模式的比较[①]

模式	美国模式(普通法院)	德法模式(专设法院或机关)
审查机关	法官皆有审查权,无特设机关	专设法院或机关,独占违宪审查
审查主体	审查者为一般法官,受相同保障	审查者由特殊渠道产生,与法官保障不同
审查对象	仅限个案审查	除个案争诉外,可就规范违宪疑义进行抽象审查
审查程序	审查依一般诉讼程序	审查程序不同于一般诉讼程序
审查效力	认定违宪法律仅在系争案件中不予适用	认定违宪法律无效或发生其他一般性效力
审查的溯及力	违宪认定就个案有溯及效力	违宪认定一般发生溯及或向后的效力

通过对美国普通法院模式和德国、法国专设宪法法院或宪法委员会模式的宪法司法适用制度进行全面而系统比较,可以更好地了解和把握各种具体模式的特点和利弊,有利于学习和借鉴西方国家在宪法的司法适用制度中的

---

① 苏永钦.飘移在两种司法理念间的司法改革:台湾司法改革的社经背景与法制基础[J].环球法律评论,2002(1).

有益做法。在此基础上,结合我国的实际情况和法治发展的具体阶段,并充分考虑社会政治制度和法律制度的各种兼容性,努力探索一条健全和完善我国合宪性审查制度的具体路径。

第三节　中国司法的宪法传导制度建构

党的十八届四中全会通过的《关于全面推进依法治国若干重大问题的决定》明确指出:"坚持依法治国首先要坚持依宪治国。"这凸显了宪法在依法治国中的根本地位和重要作用,指明了依宪治国的路径和方式。由于我国的国情和世界上的许多国家并不相同,尤其是和西方国家相比,在社会政治经济制度和法律文化等诸多方面都有着显著区别。宪法被完全司法化的西方式宪法实施制度不适合我国现有的法治理念和发展现状。制度主义(institutionalism)理论认为,制度作为一种规则,是规范人们行为的准则。真正有效的制度都是在长期的日常生活中逐渐积累而形成的,"引进"的域外制度(即正式的规则)能否在本土有效发挥作用,主要取决于它能否适应本土现有的社会"土壤"(即非正式的规则)[①]。我国的宪法实施制度应当在学习域外有益经验的同时,必须紧密联系我国实际,走一条具有中国特色的宪法实施道路。

何为宪法实施呢?中国政法大学蔡定剑教授认为,宪法实施就是把宪法文本规范转化成现实制度的一套理论、观念、制度和机制的总和,包括通过立法使宪法法律化、立法机关依宪立法、行政机关依宪行政、司法机关依宪司法等多个方面。[②] 他将宪法实施的概念分为宏观、中观和微观三个层面,"在宏观层面上的概念是宪法保障和宪法实施","在中观层面的概念是宪法监督和宪法适用","在微观层面上或宪法实施操作层面上的概念是违宪审查和宪法诉讼"。[③] 过去很长一段时间内,我国更多强调的是宪法实施的宏观层面和中观层面的概念,而对宪法实施的微观层面关注不够,认识不足。当前看来,我国应当加强宪法在微观层面的实施,即宪法实施的可操作层面,将宪法实施在理论上的应然性与实践中的必要性和可行性结合起来,建立适应我国国情的

---

　① 道格拉斯·C.诺思.经济史中的结构与变迁[M].上海三联书店,1991:230.
　② 蔡定剑.宪法实施的概念与宪法施行之道[J].中国法学,2004(1).
　③ 蔡定剑.宪法实施的概念与宪法施行之道[J].中国法学,2004(1).

宪法实施的具体制度。回应型司法的宪法传导制度主要包括宪法的司法适用制度和人大常委会的释宪制度,从这两个层面实现对公民宪法权利的全面保障。

一、建立宪法的司法适用制度

宪法的司法适用制度应当包含两个层面,一个是宪法在实体制度上的司法适用,一个是宪法在司法程序上的司法适用。与此相对应,宪法的司法适用制度分为宪法规范的司法适用制度和司法程序的宪法原则。

(一)宪法规范的司法适用制度

在建立宪法规范的司法适用制度之前,首先需要说明的是,笔者所推崇建立的宪法规范的司法适用制度从根本上不同于宪法司法化。目前,我国尚未实行宪法司法化,这是由我国现阶段法治的发展水平和公民普遍的法律意识所决定的。宪法司法化不是一个一蹴而就的事情,它需要一个可以容纳自身存在和发展的社会基础,这是实行宪法司法化的前提条件。如果无视制度产生的社会因素,一味追求制度创新,美好的想法或许会带来事与愿违的消极后果。宪法司法化要求一个社会的法治基础良好,法治文化深厚,国人法律素养普遍较高的社会环境,否则,这一制度的实施也会带来许多弊病。比如,宪法规范表现为原则性和概括性的特点,将其直接拿到法庭作为裁判案件的依据则缺乏一定的可操作性。"由于这一概念过于概括和宽泛,使之只能作为概念表达意义,难以作为制度进行操作。"①加之国家已有相对完备的民法和刑法等法律具体规定的情况下,广泛而直接地适用宪法规范裁判案件在许多情况下亦缺乏必要性。宪法对公民的基本权利进行了充分概括,任何权利救济的诉讼案件都可以从宪法中找到直接或间接根据。如果我们任凭对宪法的泛化使用,就可能导致对宪法条文的过度依赖和对权利救济的扩大化。我国的司法资源宝贵而稀缺,这种做法必然会导致案件的大量积压,重要的权利得不到及时救济,使司法资源对每一个公民的均等分配和利用成为泡影,进而出现新的司法不公。司法改革应当立足国情,充分考虑社会在特定发展阶段的可接受性及制度实施的效果,审时度势,稳步推进。

当然,这并不是说,宪法不具有司法适用性。笔者认为,我们应当将宪法

---

① 蔡定剑.宪法实施的概念与宪法施行之道[J].中国法学,2004(1).

定位为法律适用中的兜底性条款,视为权利救济的最后筹码,即坚持宪法规范司法适用的"最后性"原则,这是我国现阶段比较务实而稳步的改革方案。也就是说,公民首先将一项具体权利诉诸民法、刑法、经济法、劳动法、教育法等具体部门法寻求司法救济,如果遭遇了法律空白,无法实现权利保障的目的,而公民要求司法救济的权利又是宪法明确规定应当给予保护的权利范围。这时,法官就应当将宪法的权利保障条款进行援引使用,以实现救济公民权利的目的。宪法是一国的根本大法,以保障人权为根本宗旨,在部门法无法实现这一目标时,应当责无旁贷地担负起这一神圣使命,从而使宪法得到真正落实。同时,由于宪法本身是一个总章程,这就决定了它的最后性和终局性。只有当穷尽了其他一切法律规范和程序后才能够适用宪法条款(现有法律条款因涉嫌违宪而需启动违宪审查的除外)。宪法作为人民权利的保证书,客观上需要从一种权利宣言式的宪法转变为规范意义上的宪法。著名法学家罗文斯登教授提出将宪法规范分为三种类型,即名义宪法、语义宪法和规范宪法。他认为,名义宪法仅仅是一种名义上修饰性的存在,名不副实,无法对现实社会实施规范约束。语义宪法可以对现实社会的状态进行描述,但仍然不能对后者加以规范约束。只有规范宪法才能既精准地描述现实社会状态,又能够对后者施加实际的规范约束。① 因此,我们有必要将现行宪法从名义宪法改造为规范宪法,使宪法在现实生活中能够发挥规范和约束作用。

例如,受教育权是宪法赋予每个公民的一项基本权利。但是,在司法实践中,囿于法官常常无法找到可以适用的法律条款,使保护受教育权成为一个难题。被学界作为中国宪法司法化第一案的"齐玉苓案"就是这样一个典型案例。② 该案由于无法找到具体适用的法律,由山东省高级人民法院报请最高人民法院批示。2001 年 8 月,最高人民法院就"齐玉苓案"做出了《关于以侵

① 林来梵.从宪法规范到规范宪法:规范宪法学的一种前言[M].北京:法律出版社,2001:264.

② 案例简介:1990 年,山东省滕州市的齐玉苓通过中专预选考试取得报考中专的资格,同年被山东省济宁市商业学校录取,但是其录取通知书却被没有通过预选考试的同校毕业生陈晓琪以齐玉苓的名义领取,并到济宁市商业学校报到就读。1993 年,陈晓琪毕业后被分配到中国银行滕州市支行工作。同年,齐玉苓得知此事后将陈晓琪及有关学校和单位以侵犯其姓名权和受教育权为由诉至法院,要求被告停止侵害,并赔偿经济损失和精神损失。当时,法院并没有受理。1999 年 1 月 29 日,齐玉苓再次将相关人员和单位以同样的理由诉至法院,此次引起了山东省高级人民法院的重视,并报请最高人民法院批示。2001 年 8 月 13 日,最高人民法院做出法释〔2001〕25 号的批复。

犯姓名权的手段侵犯宪法保护的公民受教育的基本权利是否应承担民事责任的批复》（法释〔2001〕25号），认定"陈晓琪等以侵犯姓名权的手段，侵犯了齐玉苓依据宪法规定所享有的受教育的基本权利，并造成了具体的损害后果，应承担相应的民事责任"①。司法通过援引宪法规范，最终捍卫了公民依宪法所享有的基本权利，使宪法终不至于落空。最高人民法院对"齐玉苓案"的批复使许多法学界人士大受鼓舞，甚至将此批复看作中国法治发展的标志性事件——开启宪法司法化的时代。笔者认为，最高人民法院的批复实为在权利保障呼声的推动下做出的被动选择，并不是对宪法司法化的主动而自觉的适用，因而不可做过度解读，更不能因此得出我国已经承认宪法司法化的合法地位。况且，2008年12月8日，最高人民法院通过了《最高人民法院关于废止2007年底以前发布的有关司法解释（第七批）的决定》，其中就包括最高人民法院对"齐玉苓案"的批复。这说明，宪法司法化在我国目前的制度和社会环境下还面临诸多的不确定因素，我国在短期内建立宪法法院或宪法委员会并不切合实际，进行宪法司法化改革的时机还未成熟。但是，最高人民法院关于"齐玉苓案"的批复意义犹存，这说明了宪法的权利保障条款在现有法律对权利保护出现空白的情况下具有适用于司法实践的现实需要和实践上的可行性，能够在某种特殊情况下，直接援引宪法条款作为裁决依据。

　　"宪法规范至少应在那些实质性的宪法价值受侵害的纠纷中间接的发挥效力。"②援引宪法规范源自对权利保护的客观需要，致力于实质性宪法价值的实现。宪法规范在一般情况下是作为部门法的原则和指导而存在。但是，在部门法出现空白时，宪法规范就作为对部门法的替补而出现并发挥实际的规范作用。"公民的权利受国家机关的保护，合法利益不受侵害，即当宪法规定的公民权利受到侵害时，便产生司宪问题。"③那么，另一个问题随之而来。司法机关是否有权援引宪法规范审判案件？这要从分析司法权的属性入手。司法机关运用司法权是为了解决纠纷，保护权利。司法权的运用体现为适用法律裁决案件的过程。在这里，不言而喻的事实是，司法机关适用的法律必然是合宪性法律。当一项权利保护条款本身违宪或是缺失时，司法机关如果坚

---

　　①　编委会编.中华人民共和国法律法规及司法解释分类汇编·增补卷（1）[M].北京：中国民主法制出版社，2002：131.

　　②　PETER E QUINT.宪法在私法领域的适用：德、美两国比较[J].余履雪，译.中外法学，2003（5）.

　　③　莫江平.中国宪法学[M].北京：法律出版社，2002：56.

持适用违宪条款或不适用任何条款,司法机关的人权保障职能就会落空。"马伯里诉麦迪逊"一案的判词曾向世人宣告"违宪的法律不是法律"。在发现法律违宪时,司法机关自然应及时中止对违宪法律的适用,并从上位法中寻找相关规范修正下位法的违宪条款或弥补下位法的空白。这应当被看作是受理案件法院的当然职责。"法院适用的法律,其效力是有位阶的,当下位阶法律与上位阶法律发生冲突时,法院就必须适用上位阶法律。宪法在法律位阶体系中位居最高,当法律与宪法发生冲突时,法院自当适用宪法,而弃违宪法律于不用。"[①]宪法作为法,应具有法律性,而不只具有政治性。并且,宪法的政治性应当融入法律性之中,最终以法律的形式表现出来。宪法固有的法律性决定了它只有通过法院的司法过程才能将文本变成现实。因此,在现阶段,最为切实可行的做法就是在普通法院的司法审判中,将宪法规范定位为兜底条款,主要用于受理因法律缺位、错位或法律违宪导致的公民权利救济不能的案件,通过援引宪法条款对案件做出裁决,实现对公民权利进行救济的宪法目的。下面,我们再分析一下宪法规范的司法适用制度应注意的问题:

1.确保宪法规范具有可操作性

为了适应司法部门在司法审判过程中对宪法规范的援引,可以考虑通过启动修宪程序,对宪法过于原则性而不具有可操作性的条款予以修改,增加明示性、具体性的规定并附加司法适用的解释,以全国人大制定宪法的司法适用意见的方式,具体指导各级法院的宪法规范援引活动。

2.权利保护缺位时才能援引宪法规范

当现有法律涉嫌违宪时,由于普通法院没有违宪审查的权力,故无权宣布该法律条款无效。但是,法院应当立即中止案件审理,放弃适用部门法的违宪条款,转为援引宪法规范。对于涉嫌违宪条款,应逐级上报至全国人大违宪审查机构,启动违宪审查程序。

3.建立宪法规范援引的案例指导制度

为确保对宪法规范援引活动的规范性和正当性,全国人民代表大会违宪审查专门机构依据宪法赋予其解释宪法条款的权力,通过对宪法规范解释的方式,受理和裁定各级司法机关在援引宪法过程中的疑问和异议裁判。该机构可通过发布宪法规范援引案例汇编,建立宪法规范援引案例指导制度,供各级法院在援引宪法规范时参照。

---

① 周安平.大数法则:社会问题的法理透视[M].北京:中国政法大学出版社,2010:196-197.

4.坚持宪法规范的"终局性"原则

在处理一个具体的刑事、民事或行政案件时,如果有部门法律的具体条款可以适用,且该条款具有合宪性,法院就应该直接依具体法律条款裁判案件,而不应再援引宪法条款。这是法律适用顺序的原则要求,即特别法优于一般法的原则。根据该原则,宪法规范只能作为兜底性条款,以避免当事人和司法机关对宪法规范的滥用。

5.该制度属于事后审查,坚持"不告不理"的原则

它不同于违宪审查制度,违宪审查制度既可以事前审查,也可以事后审查。宪法规范援引制度就如同民法、刑法和行政法等部门法一样,是对已经发生的侵权行为进行的救济,因而不能主动介入到纠纷的解决中,应当严格遵循"不告不理"的原则,防止相关部门利用宪法对具体诉争案件的过度介入。

(二)确立司法程序的宪法原则

保证程序公正是我国近年来司法改革关注的重点问题,受到越来越多的重视。党的十六大报告强调"完善诉讼程序,保障公民和法人的合法权益",为我国的司法权力主体提出了明确的程序公正的要求。党的十八大报告更是将"全面推进依法治国"确立为推进政治体制改革的重要任务,提出"进一步深化司法体制改革,坚持和完善中国特色社会主义司法制度,确保审判机关、检察机关依法独立公正行使审判权、检察权"。进一步强调了司法程序公正的重要性。司法机关必须改变长期以来所坚持的"重实体、轻程序"的固有观念,充分认识程序法治对实现司法公正的重要意义。

程序公正又称为正当程序(Due Process)或正当法律程序(Due Process of Law),它是宪法的一项基本原则。该原则起源于英国的《自由大宪章》,并在美国《宪法》第5条、第14条修正案中得到进一步完善。[①] 正当程序是指在公民的生命、自由和财产被剥夺之前必须经过正当的法律程序。[②]《布莱克法律辞典》认为,正当程序是指"任何其权益受到判决结果影响的当事人,都享有被告知和陈述自己意见并获得听审的权利"[③]。1948年联合国大会通过《世界人权宣言》,其中明确规定"凡受刑事控告者,在未经获得辩护上所需的一切保证的公开审判而依法证实有罪以前,有权被视为无罪人"。这些都是司法正当程

---

① 张艳,张晶.我国基本权利保障之历史检视与制度重构[J].求实,2011(2).

② 汪进元.论宪法的正当程序原则[J].法学研究,2001(2).

③ H C BLACK.Black's Law Dictionary [M].West Publishing Co,1979:1083.

序的体现。司法程序是民主程序的法制化,正当程序是司法过程的一项重要原则,对于司法公正具有决定作用。"合法性是正当程序的前提,具体包括程序设计的法定性和程序运行的适法性。"①也就是说,正当程序必须是合法的程序,在其设计上和运行中都不应当是随意的,需要具有某种法定性和适法性。由于宪法具有最高的法律效力,这种合法性必然体现为合宪性。这就为宪法植入司法程序提供了合理性与必要性依据和适当的切入点。在司法程序的设计上严格依照宪法规范进行,在司法程序的运行中遵守宪法规范的约束,是司法确保正当程序的前提。确立司法程序的宪法原则,就是使宪法真正融入司法程序中,将宪法的精神、理念和规范体现在司法程序的诉讼和裁决过程中,使司法制度体现宪法精神,司法程序遵从宪法原则,司法过程保障宪法权利,实现宪法所要求的正当程序。

为此,司法改革更加注重对程序法的修改,以突出宪法原则在司法程序中的适用。2012年3月14日通过的刑事诉讼法修正案对当事人的权利,特别是对被告人的权利给予进一步保护,并将宪法"尊重和保障人权"的要求写入该法的总则,作为刑事诉讼法的立法宗旨。宪法在司法过程中的存在具体表现为,司法的"公开审判"原则旨在实现公众的知情权、参与权、表达权和监督权等宪法权利;禁止刑诉刑讯逼供、非法证据排除、不得强迫自证其罪、直接言词原则、上诉不加刑、一事不再理原则等规定,都是为了实现宪法所规定的程序公正和保护公民基本权利的目的。可见,司法是以实现宪法所保护的基本人权为己任,无论程序权利规定还是实体权利规定都以宪法作为指导,通过保护公民依照宪法规定所享有的各项基本权利,实现宪法对公民权利保障的要求,充分彰显司法对宪法的回应性。

二、健全合宪性审查制度

合宪性审查是世界各国维护宪法权威的通常做法,中国合宪性审查制度的合法性主要来源于宪法规定的全国人大对法律合宪性的监督和审查权。但是,该制度目前尚不健全,缺乏更具可操作的制度措施,在实践中也没有得到有效落实。中国合宪性审查的具体方式主要体现为人民代表大会常委会的释宪制度,人大常委会释宪制度以备案审查制度为主要实施路径。

---

① 汪进元.论宪法的正当程序原则[J].法学研究,2001(2).

（一）中国合宪性审查的制度设想

合宪性审查制度是指"享有违宪审查权的国家机关通过法定程序，以特定方式审查和裁决某项立法或某种行为是否合宪的制度"①。它是针对各级立法机关的立法及立法行为、行政机关的行政命令及行政行为的合宪性及其效力而设计的。该制度既包括对法律规范、行政命令的合宪性进行抽象审查，也包括对一项具体立法行为和行政行为的合宪性进行具体审查。作为宪法监督的重要手段，合宪性审查制度起着保证宪法实施，维护宪政秩序的作用。

我国宪法学界关于建立合宪性审查制度的模式主要存在以下几种设想：（1）直接由普通法院在审理案件时行使合宪性审查权；（2）在全国人大设立一个与全国人大常委会平行的宪法委员会，具体负责合宪性审查；（3）将全国人大法律委员会改为宪法和法律委员会，增加宪法监督的职能；（4）在全国人大下设立宪法委员会，作为协助全国人大及常委会监督宪法实施的专门委员会。②

根据我国宪法规定，宪法的监督机关为全国人大及其常委会。了解这一点，对于建立我国的违宪审查制度具有重要意义。因为任何一种制度创新都应考虑宪法创立的制度环境，合宪性审查制度本身不应违反宪法的规定，否则就会陷入一种自我否定的悖论中。当然，并不是说宪法规定的制度不能修改。如果在现有制度框架内尚有制度创新的空间，现行的宪法制度也有继续存在的合理性，那么，我们就没有必要对宪法的根本制度做出改变。何况，这种改变的难度和阻力也会很大。因此，笔者赞成上述设想中的第二个方案。根据宪法的授权性规定，在建立我国的合宪性审查制度时，全国人大及其常委会是合宪性审查的主体。全国人大及其常委会可以在其内部建立一个与常委会并行的合宪性审查机构，可称为宪法委员会，设置常设机构，集中受理接受合宪性审查的案件。较高级别的宪法委员会作为合宪性审查的实施主体可以确保宪法解释的稳定性和现行法律的稳定性。各级法院由于没有合宪性审查权，无权擅自宣布不合宪的法律条款无效。但是，法院可以放弃适用涉嫌违宪的法律条款，并援引上位法的相关条款进行适用，直至援引宪法规范。同时，法院有责任将可能不合宪的法律逐级上报，最终由全国人大宪法委员会启动合宪性审查程序。

那么，查出不合宪的法律应该怎么办呢？该法律的制定者应当承担相应

---

① 周叶中.宪法[M].北京:高等教育出版社,2012:386.
② 苗连营.关于设立宪法监督专责机构的设想[J].法商研究,1998(4).

的违宪责任。虽然宪法规范本身无具体的惩罚性条款,但并不等于说违宪不需要承担责任。其实,各国宪法规范都确定了违宪责任。我国《宪法》第 5 条规定"一切违反宪法和法律的行为,必须予以追究。任何组织和个人都不得有超越宪法和法律的特权"。这就为违宪者承担违宪责任提供了宪法上的依据。应当说,合宪性审查的目的就是为了通过追究违宪责任,制止违宪行为,保障宪法实施。因此,在进行合宪性审查制度时,应强调违宪责任的存在,设置违宪责任条款。通过追究违宪责任,形成对遵守宪法的约束力和违宪行为的威慑力。如果立法机关制定了与宪法相抵触的法律法规,就应当承担违宪责任。这种责任除了宣布所制定的法律法规无效外,还要对立法机关及其负责人员的失职责任给予处罚。

合宪性审查请求权的设定将决定合宪性审查机制的启动,对于合宪性审查制度来说至关重要。关于哪些主体具有合宪性审查请求权,《立法法》在第 90 条第 1 款中规定:"国务院、中央军事委员会、最高人民法院、最高人民检察院和各省、自治区、直辖市的人民代表大会常务委员会认为行政法规、地方性法规、自治条例、单行条例同宪法或者法律相抵触的,可以向全国人民代表大会常务委员会书面提出进行审查的要求,由常务委员会工作机构分送有关的专门委员会进行审查、提出意见。"①根据这一规定,最高人民法院虽没有合宪性审查权,但却有权对行政法规等规范性文件的违宪问题向全国人大常委会提出审查要求,人大常委会的各专门委员会在接到审查要求后,必须启动合宪性审查并做出具体的审查意见。由于我国地方各级法院在《立法法》上没有被授予提出合宪性审查要求的硬权力,而只是授予一种异议权,审查与否由人大常委会决定,这就使实际进入合宪性审查程序带来诸多不确定因素。因此,地方各级法院在审判案件的过程中,如果发现规范性文件涉嫌不合宪,可以逐级上报至最高人民法院,再由最高人民法院提交全国人大常委会转至宪法委员会进行审查。这在现行法律框架内为各级法院提出合宪性审查要求提供了可行性方案。

(二)中国合宪性审查的具体方式——人大常委会的释宪制度

党的十八届四中全会通过的《关于全面推进依法治国若干重大问题的决定》,明确指出:"完善全国人大及其常委会宪法监督制度,健全宪法解释程序

---

① 国务院法制办公室.中华人民共和国宪法法典(注释法典 1)[M].北京:中国法制出版社,2012:286.

机制。"可见,我国对于宪法监督和合宪性审查主要是以人大常委会释宪制度的方式出现的。从理论上说,宪法解释应当包括宪法解释体制、宪法解释程序、宪法解释方法和宪法解释基准等几个主要方面。从实践上看,"八二宪法"将宪法解释权授予全国人大常委会。但是,在30多年的宪法实践中,全国人大常委会没有充分地行使宪法解释权。因此,四中全会提出完善人大及其常委会的宪法监督制度,健全宪法解释程序机制很有必要。

1.中国宪法解释的方法选择

古典宪法解释学认为宪法和法律具有统一的规范体系,因此,二者可采用相同的解释方法。但是,从德、美等国的宪法判例来看,除了传统的法律解释方法之外,也出现了许多新的宪法解释特有的方法,如宪法统一性原则、实际协调原则、合宪解释原则、政治问题不予解释原则等。这说明,对于宪法的解释,不能只用和普通法律完全相同的解释方法,正如马歇尔大法官在著名的"美国银行案"的判决书中告诫我们的一样,"我们永远不应忘记,我们正在阐释的是一部宪法"①。宪法在本质是为国家的政治生活和社会生活确立一个总章程,因此,宪法解释不仅会对法律制度中的个别方面,而且会对整个法律秩序都产生决定性的影响。我国宪法解释方法的选择,必须考虑宪法与法律的区别。

此外,对我国宪法的解释,还要考虑我国宪法的特殊性。作为一部处于社会转型期的社会主义性质的宪法,我国现行宪法包括了许多宣告性和政策性规范,对此,如果采取严格的传统法律解释方法解释,则很容易产生规范与现实相脱离的现象。因此,在宪法解释方法的选择上,应更偏重结构解释和目的解释。具体说来,在文义解释上应侧重宪法规范的确定性、在结构解释上应侧重社会主义法治体系的整体性、在目的解释上应侧重政治体制改革的现实需要。

在主张现实主义的解释进路以及结构解释和目的解释等方法的同时,我们应当认识到,宪法的根本目的是保障公民的基本权利,这应当成为支配整个解释活动的价值基准。因此,我们应当对既有的宪法解释本体论、方法论予以突破,注重把中国宪法解释与基本权利规范的合宪基准相结合,从实践论层面研究中国宪法解释的具体适用问题,进而真正激活中国宪法的解释机制。

2.中国宪法解释的权力配置

根据我国现行宪法的明文规定,宪法解释权仅由全国人大常委会享有。

---

①　波斯纳.法律实用主义与民主[M].凌斌,等译.北京:中国政法大学出版社,2005:112.

单从这一规定字面意思看,我们很容易得出这一结论。如果我们从宪法解释的本义出发进行理解,就会发现这其实是理解上的一个误区。因为从宪法解释的本义上讲,宪法解释应当包括针对宪法的解释和依据宪法的解释两种情况,前者是针对宪法的原则、规则、条文和文字等进行的解释,与宪法等具有同等效力;后者是指依据宪法原则等对普通法律、法规、规章等进行的解释,其解释低于宪法效力,与被解释的法律等具有同等效力。在各国的宪法解释实践中,两种宪法解释都是并存的,并且以依据宪法进行解释的情况占居多数。

我国目前采用的是一元多头多级的宪法解释体制,这在实践中容易出现以下问题。首先,国务院可以直接审查地方性法规,这一做法有违省级人大及其常委会的代表性。其次,规章的解释权属于规章制定机关的立法解释还是行政部门在执法过程中依职权的解释,如何避免规章解释中的部门保护主义?再次,较大的市政府规章报省级人大常委会和人民政府备案审查,地方保护主义同样可能存在。显然,我国目前宪法解释的权力配置缺乏足够的科学性与合理性,不利于国家法治的统一和宪法的最高性和权威性。

鉴于上述问题的存在,建议修改《立法法》和相关的法律法规,建立一元两级两审终身制。① 具体地说,第一,全国人大常委会备案审查行政法规和省级地方性法规;第二,国务院备案审查部门规章和省级地方规章;第三,省级人大常委会备案审查省下有权机关制定的地方性法规和规章;第四,民族自治地方制定的自治条例和单行条例分级按上述建议备案审查;第五,最高人民法院备案审查各地高级人民法院颁布的《审判意见》和《办案指南》等;第六,如果出现不服国务院审查裁定、不服高级人民法院审查裁定、不服省级人大常委会审查裁定的情况,可以向全国人大常委会申请重新审查;第七,两高的司法解释报请全国人大常委会备案审查。

3.中国宪法解释的路径完善——加强备案审查制度

党的十八届四中全会的《关于全面推进依法治国若干重大问题的决定》进一步规定:"加强备案审查制度和能力建设,把所有规范性文件纳入备案审查范围,依法撤销和纠正违宪违法的规范性文件,禁止地方制发带有立法性质的文件。"也就是通过对法规、规章等进行备案审查的方式是全国人大常委会行使宪法解释权的重要途径。这一制度虽早已建立,但是,在我国法规规章备案审查的实践中,有备案无审查,有审查无纠正等现象客观存在,这一制度并没

① 东南大学法学院汪进元教授的中国法学会重点专项课题"中国基本权利规范的宪法解释基准研究"。

有得到真正有效实施。因此，党的十八届四中全会的《决定》针对进一步加强备案审查制度和能力建设提出了更为实质性的要求。至于如何更好地落实和进一步推进备案审查制度，国内有学者建议制定《法规规章备案审查法》，以规范法规和规章备案审查的实践，实现对法规规章备案审查的规范化和制度化。①

---

①　东南大学法学院汪进元教授的中国法学会重点专项课题"中国基本权利规范的宪法解释基准研究"。

第五章 中国回应型司法的
民意反馈制度

在传统的司法模式中,司法权表现为一种"单向度"的权力,以法律规则的守护者和公益代表自居。然而,公众作为司法制度运行的承受者,对司法判决感同身受,有着强烈的司法参与意识和对司法公正的诉求,其参与要求空前高涨,要求监督司法权,渴望司法收益权。尤其当多元社会出现以后,民意的表达方式日趋即时化,内容日趋多样化,作用日益彰显,变得越发活跃,并开始侵入司法的域界。面对公众多元化的利益要求和价值取向,这种"单向度"的司法权力由于无法有效回应多元利益需求而难以为继,逐渐失去公众信任,出现合法性危机。德国 20 世纪影响最深远的法哲学家和刑法学家拉德布鲁赫曾说过"司法依赖于民众的信仰而生存"。①司法一旦失去多数民众的信任,司法的权威性与威慑力将大大降低,司法存在的合法性将倍受质疑。"一方面我们小心翼翼地通过制度化的安排来防止民意对司法独立带来危害;另一方面司法也应积极地回应民意的要求。"②在这样一种情势下,顺应民意的回应型司法被提上议事日程,成为司法改革的必然选择。

然而,对于民意能否介入一向被认为封闭而独立的司法过程却是众说纷纭,莫衷一是。许多学者和法官反对民意对司法的介入,他们认为司法的特征是独立性、专业性和技术性,法官只能忠实地践行由民意决定的法律,而不能在个案审判中寻求民意,那样做不仅是不可能的,还会导致与真实民意相背离。笔者认为,法官固然要依据民意之法审判案件,但是,在司法过程中,法官对法律条文的适用并不是简单机械照搬,本身具有很大自主性。比如,对于案件事实的认定、对法律条文的释义、对适用法律的推理逻辑、对案件情节及定

---

① 拉德布鲁赫.法学导论[M].米健,朱林,译.北京:中国大百科出版社,1997:119.
② 陈金钊.司法方法与和谐社会的建构[M].北京:北京大学出版社,2009:354.

罪量刑的权衡等,这些都需要法官发挥自身主观能动性予以判断和裁量。如何才能避免法官个人的主观臆断,确保审判过程客观中立,说理论证严谨充分,判决结果公正无私呢?难道仅仅依靠法官个人的法律修养和职业道德来实现吗?将整个司法公正的根基建立在法官个人判断之上显然是非理性的,也是不现实的。我们需要在司法过程中引入一个独立于法官的民意反馈制度,对法官的适法行为进行拘束,才能有效避免因法官个人因素对判决结果的消极影响,使司法坚守独立和中立地位,确保司法公正的实现。回应型司法的民意反馈制度就是这样一种司法回应民意的制度。

第一节　司法民意的概念及其功能

一、民意的概念

目前,学界对民意概念有着不同理解,在处理民意与司法关系上大相径庭。但是,民意并非一个没有客观标准的宽泛概念,只是学界对民意的研究过于散乱,自说自话,尚无一个能为学界所普遍认可的定义。因此,我们首先需要对民意的概念做一个系统梳理和科学界定,这是进行司法民意研究的前提和基础。从字面意思看,民意是指"人民意愿",在英语中一般译为"Public Opinion",即"公众意见"。这一概念由法国启蒙思想家卢梭于 18 世纪在《社会契约论》一书中首次提出。他区分了公意与众意的概念,认为公意是公共意志的体现,追求的是公共利益,而众意则是个别意志的简单相加,追求的是个人私利。1799 年,德国哲学家加尔夫曾给民意下过一个定义:"民意,是一个国家的大多数公民,每人反省或实际了解某件事所得到的判断后,许多人的共识。"[①]美国加州大学教授韩念西在其 1965 年所著的《民意》一书中,将民意定义为:"民意是一群特定的人,针对具有一定重要性的事务,所表达出来的各种不同看法的总和。"[②]此种理解和卢梭的"众意"相类似。也有国外学者将民意

---

① 王来华等.对舆情民意和舆论三概念异同的初步辨析[J].新视野,2004(5).

② B C HERRNESY. Public Opinion, Belmont: Wadsworth Publishing Company, 1970:24-25.

解释为公众对有争议的问题公开表达的看法。① 我国著名宪法家许崇德教授认为,"民意是社会上大多数人对某一事件或某一政策表现出来的带有倾向性的想法、意见和愿望"②。除此之外,还有众多关于民意的不同表述。

综合各种民意界说,笔者认为,民意作为一个整体性概念,并非每一个体意见的简单相加。因为个体意见之和仍然是一个没有经过思想明辨和协商共识的意见大杂烩,这种你一言我一语的凌乱想法是没有实际意义的。有学者认为民意仅是对有争议问题的看法,作此理解难免偏颇。对某一问题的公众全体一致的意见难道就不是民意了吗? 恰恰相反,这才是最理想的民意状态。笔者赞同许崇德教授对民意的定义,即大多数人对某一事件或政策的倾向性看法。这一定义指出民意是多数人的意见,说明民意是具有代表性的,不是哪一个人的意见;指出民意是带有倾向性的意见,这个也好理解,任何意见都会带有倾向性,没有任何倾向性的意见就是没有意见。

笔者认为,民意的概念应当缘起于卢梭所言称的"公意",是民众对于某件事情协商一致的看法或是大多数人的代表性意见。司法民意就应是公众对于司法审判过程中有关事实认定和法律适用等问题,经过理性的辩论说理后形成的协商一致或多数人意见,是民意概念在司法这一特定领域的具体表现。因而,民意应当同时具有以下两个基本要素:(1)民意是公众在了解某件事情的基础上,经过辩论和反思后作出的判断,具有理性化的特点;(2)民意是大多数公众的一致性判断,具有共识性的特点。民意的这两个特点使它契合了司法的秉性,即理性的逻辑推理和"疑罪从无"的原则。由此可见,民意和司法具有密不可分的天然姻缘。

二、司法民意的概念及必要性

司法民意,简单地说就是司法过程中的民意,当属法律民意中的一种,而法律民意又是民意在法律领域中的体现。关于法律民意的分类,有学者根据民意的不同类型,将法律民意分为人民意志、大众民意和涉案民意三种,或是根据法律的不同门类,将法律民意分为立法民意、司法民意和个案民意。这一观点认为,人民意志主要体现在立法中,并通过法律的形式固定下来,从而形

① E.R.克鲁克斯,B.M.杰克逊.公共政策词典[A].唐理彬,等译.上海:上海远东出版社,1992:31.

② 许崇德.中华法学大辞典(宪法学卷)[Z].北京:中国检察出版社,1995:398.

成立法民意,只有此种法律民意才是可取的。大众民意,或称舆论民意,是人民中一部分人的民意,是一种典型的群体性民意,主要体现在司法过程中。这种民意是偏执的、冲动多变的和易受操纵的,不具有普遍代表性,因而没有可取性。涉案民意是大众民意在个案中的具体化,是案件当事人或不特定大众对特定待决案件所持的态度、情感和判断等,是一种基于自身利益诉求的有价值倾向性意见,同样是不可取的。因此得出结论,只有立法民意才具有合法性。[①] 笔者认为,上述观点值得商榷。根据民意的表现形式,可将所有法律民意概括为两大类:静态法律民意和动态法律民意。静态法律民意是在成文法制定过程中所体现的民意,即为立法民意;动态法律民意是公众针对具体案件在法律适用过程中所体现的民意,即为司法民意。二者构成法律民意不可或缺的两个来源。立法民意在形成过程中程序严格,过程规范,制度化强,经历了一个广泛征求公众意见的过程,即通过全国人民代表大会的形式予以充分讨论,在听取各方意见的基础上经过协商一致而形成。因此,以成文法形式体现的立法民意具有广泛的代表性和较强的稳定性,是法律民意的最高表现形式。

　　但是,立法民意亦有不足之处,表现为以下两个方面:(1)立法民意是一种历史民意,具有滞后性,无法解决变化社会中出现的新问题;(2)体现立法民意的法律条文需要经过法官的理解和判断这一司法环节才能适用于具体案件,司法过程却有着偏离立法民意的可能和倾向。因为在司法过程中,法官需要借助自身的主观能动性对法条含义和立法本义做出个人理解,从而将立法民意适用于司法过程。司法民意则具有立法民意所无法取代的天然优势,如司法民意可以及时反映变化社会中的各种需求,监督和拷问法官判案与立法民意是否相符及其精准程度,而这正弥合了立法民意在司法实践中的缺失。离开了司法民意,立法民意就犹如看上去很美的空中楼阁,因缺少实现路径而无法企及。因此,司法民意具有其存在的必要性,它通过矫正立法民意在司法适用中的偏离和错误,从而确保司法公正的实现。

三、司法民意的功能

　　如上所述,既然民意在司法中的存在具有必要性,那么,民意对司法就应该产生一些正能量。根据司法民意的概念和本质属性进行分析,司法民意在

①　周永坤.民意审判与审判元规则[J].法学,2009(8):4.

司法系统中发挥着重要功能。具体地讲,司法民意主要具有认知功能、导向功能和约束功能。

（一）司法民意的认知功能

由于法官的职业化和专业化的特点,法官的司法理性更多地表现为一种技术理性,更关注法律作为一种技术应用于案件的审理,这是法官区别于常人的优势所在。但是,法官不一定在常识理性和朴素正义感上优于常人,对于某一领域的专业知识也常常是欠缺的,毕竟术业有专攻,这才是一种常态。我们可以要求法官精通法律,但是,我们不能要求法官无所不知。法官可以对所审案件除法律外的知识一无所知,然而,作为案件的主审法官应当有责任和义务通过正当合理的程序准确获知这些与审理案件有关的知识。如果法官因为对这些相关知识在认知上的偏差造成了对案件的误判,法官则难辞其咎。

对于案件的事实查明、证据认定和法律适用上,除了需要具备法律层面的知识外,同样离不开生活层面的知识和该案件所涉及专业领域的知识,这些都会或多或少对案件的公正审判发挥着作用。然而,这些知识并不为法官所当然具备,或许有的法官因个人爱好的原因而具备某些专业领域的知识。在这种情况下,我们只能假设法官不具有此类知识,必须依托于更为可靠的制度为案件在事实认定上提供鉴别程序。来自于生活中的民众拥有着最为广泛、更为真实的生活常识,不同地区和不同领域的民众拥有各自所擅长的生活常识,他们的民意对于司法来说是一个富含生活养分的宝库。这种民意中所包含的生活理性和朴素正义是法官所不具备的,却正是司法审判过程所需要的。通过吸纳与案件相关领域的民众参与司法过程,将富有生活理性和朴素正义之民意导入法官基于专业判断的技术理性之中,可以有效弥补法官在其他知识上的欠缺,使案件审判过程中的推理逻辑更忠实于生活实际,更符合朴素正义,更有群众基础,因而也更具合法性和公信力。美国的大陪审团的成员就是来自于不具备法律专业知识的普通民众,陪审团的意见就代表了广大的普通民众意见,具体负责对案件的事实审,拥有很大权力。在美国人看来,对于案件所涉及的事实问题上,普通民众更有发言权。我国的人民陪审员制度也是将民意导入司法的制度化路径,但是,就目前来说还很不完善,陪而不审的现象相当普遍,需要在吸收域外先进经验的基础上,通过司法改革予以进一步完善。

（二）司法民意的导向功能

我国的执政党提出"顺应人民群众的新期待"的执政理念，推崇"问政于民、问需于民、问计于民"的民本思想，尊重人民的主体地位，倡导"真诚倾听民众呼声，真实反映民众愿望，真情关心民众疾苦，依法保障民众权益"，显示出执政者鲜明的群众路线。这是一种典型的以民意为导向的执政思维。处于社会转型期的中国，多元利益格局不断分化与重组，导致各类矛盾凸显，以民意为导向对于辩明社会前进方向显得格外重要。不仅我国如此，世界绝大多数国家都以"民心所向"作为自己的执政理念。作为国家权力之一的司法权，其根本任务也是保障人民合法权利，这说明司法亦坚持民意导向，以满足人民的利益和需要为司法的价值追求。我们不可把民意导向看作是一个宏大虚无、不具可操作性的纯粹理念，民意导向本身是由一个个普通民众具体而现实的权利诉求和利益要求所汇集而成的总诉求或诉求趋势。民意作为一个总诉求或诉求趋势，不是哪个人的个人意见，也不是一时一地的情绪化意见，还是能够代表普通公众在一定时期内相对稳定的意见，正如美国联邦最高法院金斯伯格大法官所言，法院不应该让自己关注某一天的天气，但应该让自己留意特定一段时期的气候。①

因而，民意导向能够为司法提供现实而具体的权利诉求和利益要求，指导法官在案件审判过程中做出理性选择。这种理性选择是无法在具体的法律知识中找到解决方案的，只能求助于民意。譬如说，民意对权利自决处置的要求、对司法资源的需求、对司法效率的期待、对协商合意达成和解或调解方式解决纠纷的诉求等等，这些只能从民意中找到答案。尽管现在这些制度在世界范围内都已建立起来，但只是为了顺应先于制度本身的民意要求，即先有民意导向，才推动了司法制度改革，这本身就是一个典型的民意导向型司法制度改革的最好例证。即使有了这些制度，对制度的具体选择适用还是要依据民意导向予以推进。这就是民意的司法导向功能。司法根据民意的导向，回应民意要求主要表现在宏观和微观两个方面，在宏观上，研究出台司法改革的具体措施，进行制度建构；在微观上，根据民意诉求选择案件所适用的具体裁决方式。

---

① 任东来.美国宪政历程：影响美国的 25 个司法大案[M].北京：中国法制出版社，2004：11.

(三)司法民意的约束功能

司法权力因其来源于人民,系人民所授予,理应受到民意的监督和约束,即司法民意具有约束功能。在我国,司法机关权力的合法性来源于人民代表组成的人民代表大会。全国各级的审判机关和检察机关都是由同级人民代表大会选举产生的,对其负责,受其监督。各级人民法院和人民检察院应向同级人大报告工作,接受同级人大的询问、监督和质询,司法民意依托民意代表的方式对法院和检察院的工作进行监督和约束。此外,司法还通过"保障人民能够直接参与司法审判,用人民的权力来限制精英的权力,用常人的判断来约束法官的偏见"[①]。美国的大陪审团构成了对职业法官权力的有力约束,陪审团通过事实审做出的决定,法官必须遵守,不得随意改变。我国的人民陪审员通过参与司法审判过程,组成合议庭并发表审判意见,对法官的司法权力进行监督和约束。执行听证会也是民意导入司法过程,对司法权进行约束的一种形式。司法机关通过案件信息公开、审判过程公开和裁决文书公开等方式,接受社会公众的监督和评判,公众通过司法的民意反馈机制导入司法过程中的意见亦构成对司法权的监督和约束。

第二节　民意影响司法的限度

民意在司法中要发挥其积极作用,避免陷入司法民粹主义,必须遵循必要的规则,不得超越应有的限度。司法民意的限度主要有以下几个方面:

一、司法民意不得对抗法律的确定性规范

现行法律不仅是民意的体现,还代表着最高层次的民意。保持法律的稳定性和一致性可使人们获得一种可靠的行为预期,有利于社会稳定。司法民意是一种确保司法过程客观公正,不偏不倚地实现法律规范的精准规定和立法目的的监督、约束和制衡力量。即使现行法律滞后于现实,也不应允许民意

---

① 胡玉鸿."人民法院"与陪审制度:经典作家眼中的司法民主[J].政法论坛,2005(4).

随意改变法律的既有规定,而应寻找在法律中存在的某种延展空间,或是从上位法中寻找可以抗衡某项法律规定的依据。公众可以通过司法民意机制指出现行法律的不足和缺陷,表达修法意见,但最终应由立法机关通过启动修法程序对现行法律进行审议和修改,实现对法律的"废、立、改",使法律更加完善。但是,在修法之前,即使法律存有某种缺失,法官也不应直接适用民意做出与现行法律规范不符的判决。那样不仅违背了"罪刑法定"原则,破坏了法的稳定性,使人们因无法预测自身行为的合法性而变得无所适从,更是动摇了作为静态民意存在的法律权威,陷入了以民意对抗民意的悖论。

二、司法民意不得违反司法独立原则

司法民意不是要让民意审判案件,审判主体必须是法官,而不是公众。法官审判案件应对现行法律负责,对民意的回应务必保持司法应有的独立性,确保自身不被民意所裹挟。"法治社会的真正理性在于司法的意思自治。司法自治要求司法者只对法律负责,严格实行规则治理,并能够坚持自己的判断,它强调司法机关的意思表达必须是完全自由自主的,而不是外力干涉或者压力的产物。"①司法过程对民意的采集应当重点关注与案件有关的事实信息和法律适用问题,而不是公众对案件的情感和态度。坚决反对法官在民意面前持消极妥协态度,法官应当敢于直面民意,倾听民意,回答和解决由民意提出的具体问题,但这绝不是简单的顺从民意,按民意办案。法官只是依托司法民意机制来检验自身审判说理的严谨性、合法性与合理性,及时发现案件是否存疑。法官在审判中不仅不应强硬地回避民意或消极地顺从民意,而且还应通过严谨的判决说理积极"对抗"民意,说服民意,使民意从之前对判决的反对、不理解、不支持态度转变为赞同、理解和支持。不能否认,司法的最终正当性在于民意。但是,现实的民意常常表现得并不稳定,也不持久。而稳定却是法律和司法的重要美德。这就是为什么民主和法治在现代国家不可或缺的真正原因。民主不仅需要法治的保障,而且需要法治的约束,以防止流水的民意左右法律。② 因此,司法制度既要保障民意的实现,又要约束民意的泛滥。法本身是一种客观存在,是法条内涵或正义价值中的内在必然结论。如前文所述,

---

① 莫纪宏,翟国强主编.宪法研究(第13卷)[M].北京:社会科学文献出版社,2012:148.

② 苏力.法条主义、民意和难办案件[J].中外法学,2009(1).

司法过程只不过是一个法的发现和实现过程。这一过程充满了对不同见解的说理和辩论,正所谓"法不辩不明"。在这一过程中,法官应当保持自身超然、独立和理性的思维空间,从而确保法官对民意回应的理性化。在法官与民意的辩论中,如果民意掌控了更多事实证据和法理依据而更具合理性和说服力,法官就自然会被民意所说服,开始认真思考民意反馈的有关案件事实或法律适用上的不同意见,重新审视自身在证据认定、法律适用和逻辑推理上存在的问题,及时对审判结论做出修正,从而使判决更为客观公正。

三、司法民意反馈的制度化与法律化

民意并非必然是理性的,尤其是局部或一时一地的民意多是非理性和情绪化的,常常表现为善变的特点。民意需要在制度所创造的平等协商机制下,通过建设性的相互沟通、开明理解,充分发挥交往理性的力量,使善变的个体民意升华为稳定的集体民意。如果民意脱离制度化的实现路径,一味放任大众情感在司法领域的恣意扩张,司法过程就会失去专业化标准和程序化控制,空泛的民主价值必然破坏司法系统的协调性和规范化,最终演变为司法民粹主义。历史上由民粹主义所导致的"多数人的暴政"值得我们每个现代人深思和警觉,这种"多数人的暴政"在现代社会也时有发生,最为显著的表现就是在互联网上网民对于某些案件当事人的口诛笔伐,显示出民意在不受约束时的恣意状态。任何事情都是过犹不及,必须把握一个合适的度,否则量变也会引起质变,也就是说,恣意的民意完全可能把理性的民意打压下去,或是误导过去。所以为民意确定一个合理的限度是非常有必要的。

依据现代法治的精神,程序正义是通往实质正义的桥梁和保障,没有程序上的正义,实质正义就无从实现。程序正义要求对民意进行必要的节制,受到制度的有力约束。"民主化作为一种世界性潮流和客观趋势,它对原有秩序具有较强的杀伤力,它更多地带来的是麻烦,所以正确的态度应当像法国思想家托克维尔所主张的,应因应这种趋势,因势利导,通过制度化建设来规制民意,使民主化潮流和趋势得到有效控制,而不是推波助澜。"①可见,司法民意应是一种规则之治,司法与民意必须在相应的制度框架内才能实现平等而有序的良性互动。真实而理性的民意取决于一个完善的公众意见表达制度,而非表

---

① 俞可平.政府创新的中国经验:基于"中国地方政府创新奖"的研究[M].北京:中央编译出版社,2011:261.

达意见的公众,我们应当以法治的方式和程序去收集和反馈民意。在现实中,由于公众参与司法的制度供给不足,公众在制度外的司法参与成为一种无奈之举,极易构成对司法制度的非法干预。如果司法制度本身可以提供给公众进行司法参与的合法化路径,民众就无须非法干预司法,司法也无须人格分裂了,即法官既要考虑法律,又要考虑民意,追求所谓的法律效果与社会效果的统一,在无形中把法律和民意对立起来。

因此,司法民意须以制度和程序为依托才得以顺利实现,通过对民意的识别和控制机制,将民意纳入法律化和制度化之中,可以有效避免对民意选择的随意性,即当司法需要选择民意时,民意才有资格进入司法过程中,作为司法裁决的依据。如果司法不选择民意进入特定司法程序或是认为民意有碍法官按照自己的意思判案而有意规避民意时,民意被会随意抛弃,没有机会进入司法过程。如此的话,民意便蜕变成为司法拿来利用其实现个人审判利益的工具。这势必引起民意对司法的对立情绪,严重影响判决的实质合法性和司法的公信力。因此,通过将民意纳入法律化和制度化的轨道,可以有效避免这一情况发生。法律化和制度化的民意是推动司法公正的必要因素。

第三节　司法对民意的识别与整合

卢梭在《社会契约论》一书中,以"公意是否会犯错误"作为第二卷第三章的标题。他在该章开宗明义道:"公意永远是公正的,永远以公共利益为依归,但并不能由此推论说,人民的考虑永远有着同样的正确性。"[①]公意是以社会共同体的公共利益作为追求和依归,所以它是公正的。但是,作为公意做出者的个体或部分公众并不总能清楚地知道什么是对的,也常常会被利益集团所利用和误导,即便他们的愿望是好的,也可能做出错误决定。因此,大众民意必须经过严格的提炼和整合程序才能成为作为审判参照标准的司法民意。

一、司法对民意的识别

在司法过程中,既要维护司法的理性和严谨,避免社会公众对司法独立性

---

① 卢梭.社会契约论[M].何兆武,译.北京:商务印书馆,2005:35.

的干扰和破坏,又要通过有效回应公众的司法民意,获得司法的实质合法性,实现司法与公众和社会的良性互动。如前所述,司法民意是民意在司法中体现出的共识性见解。那么,司法民意的识别过程就是寻找公共协商所形成的对司法审判共识的过程。哈贝马斯认为,协商应该在正式协商及决策制度(议会和法院)和公民社会中的非正式公共领域内产生。无论是在正式的有组织的决策和立法过程中,还是在公共领域的无政府状态的意见形成过程中都是非常重要的。[①] 可见,正式制度不能够忽视非正式制度的公共协商领域所形成的公众意见。只要这种公众意见是通过了正当程序形成的,是真实而有效的,那么,正式制度对于这种公众意见就应当吸收进来。这涉及一个对公众意见的识别问题。正式的制度应当通过设置科学的辨识与筛选程序和机制,使其成为非正式的公共领域意见的合法化过滤器。对于司法来说,司法制度就应当成为这种民意合法化的过滤器。

司法对民意的识别包括两个层面:对民意性质的甄别和对民意识别程序的选择与适用。具体地讲,就是在民意性质的甄别上,要对民意进行认真识别,区分哪些属于司法领域的民意,即司法民意;在司法民意中,哪些又是真实而有效的民意,即共识性民意。在民意识别程序的选择上,应当通过建立民意的识别程序,确定客观的识别标准。这一过程应当注意两个方面的问题:

1.民意是否适格,即是否为司法领域的意见且具有共识性

司法对于民意的态度不应是来者不拒,一味欢迎。首先应识别进入司法系统的民意是否属于司法的范畴,将非司法性质的意见排除在外或是推荐至其他适合部门予以解决。对于属于司法范畴的民意,进入下一环节,即识别其是否为共识性民意。对于那种零散的个人意见、少数人意见或是有预谋的人为组织起来的群体意见或是受利益集团所操纵的群体意见,只能称伪民意,被排除在真实民意之外。对适格民意与不适格民意的甄别,可以通过组织民意测评或民意调研的方式进行,对意见的代表性和共识性进行科学评估,将其中不具有共识性的意见排除在司法民意之外,从而得出司法制度所需要的适格民意。

2.民意的识别程序是否合理适当,识别标准是否客观

对民意进行收集、识别和整合的程序应当是科学而客观的,遵循必要的收集和评测方法,建立起科学的民意收集机制。"如果司法没有足够的民意收集

---

① 哈贝马斯.在事实与规范之间:关于法律和民主法治国的商谈理论[M].童世骏,译.北京:生活·读书·新知三联书店,2003:425.

机制和议事决策机构,弄不好很容易被一些小但组织强有力的利益群体利用。"①但是,这一机制不能以法院的行政领导或是个别法官的愿意作为进行民意筛选的直接依据。如果司法民意的识别标准和程序由协商对话的一方来确定,那也是不合理的,就会缺乏正当性基础。双方之间的协商对话由于地位上的不平等性而无法有效开展,根据由任何一方主导的民意识别标准和程序筛选出的司法民意就难免会有主观倾向和代表不同利益的立场,不可能得出精准的司法民意。司法对民意的识别和控制程序要求设置一个专业化的标准,既要保证民意不能被情绪所操纵,不能随意干扰司法裁决过程和法官独立判断,同时又能够将合理化的民意导入司法过程,作为法官做出判断的参照标准和监督制衡司法权的力量。

二、司法对民意的整合

应该说,司法具有整合民意的现实需要,这有利于司法裁决的公开与公正,增强司法公信力。知名学者顾培东教授认为,民意在审判中具有正当性,其依据是公众民意不是对司法独立的贬损,而是司法机关审理个案的重要参考,吸收公众判意是司法公开化与民主化的积极而有益的实践,是平衡法律资源配置的重要手段。②

如何才能顺利地整合司法民意呢?可否通过组织公众对司法审判中的争论问题进行投票来达成司法共识呢?由于投票主体都是理性经济人,并各有所求,这种做法很容易陷入"理性无知"③状态。从表面上看,每个人都在根据自己的想法发表意见和进行投票,程序合理而合法,而结果却可能是非理性的。德国纳粹分子希特勒依靠票选窃取大权就是一个典型例证。对于这一悖论,英国功利主义代表人物密尔认为,"无记名投票将会鼓励投票者将选票看作获取个人满足的另一种商品。与公开地站出来声明哪个候选人对这个国家最有利相比,无记名投票只不过是选择最能迎合其个人利益的政客。公民将

---

① 苏力.法条主义、民意和难办案件[J].中外法学,2009(1).

② 顾培东.公众判意的法理解析[J].中国法学,2008(4).

③ "理性无知"是安东尼·唐斯提出的概念,主要指由于获取信息所支付的边际成本超过了搜集到的信息能够带来的预期边际收益而导致的一种信息匮乏状态。它认为,选民都是理性的,选民投票只是为了通过参与政治活动获得预期收益的最大化,因为会进行成本—收益的分析。

会在'利益、乐趣或任性'的基础上进行选择。这种争夺个人利益的选举将会逐渐腐蚀掉公民对公共利益的热情"[①]。可见,整合民意的票决方式由于不需要投票者就票决问题向其他人说明观点和理由,缺乏对话和辨明过程,无论是"共同的善""交往理性"还是"开明理解"都无法发挥应有的积极作用。其结果只能是,每个人不仅只会固守一己观点,而且个人利益也会暗潮涌动,并有吞食掉公共利益的可能。因此,单纯的票决方法不适用于对公正要求苛刻的司法民意的筛选和整合过程。

三、协商民主在整合司法民意中的作用

协商民主致力于通过公民的平等参与,就决策问题展开对话,不同见解进行沟通,进而反思,发挥理性的力量,促成不同观点和利益主体间的相互理解与偏好转换,最终达成共识。"20 世纪 80 年代出现的协商民主理论,针对古代雅典式直接民主的无'能'和近代以来代议民主的无'德',提出了互动性的程序民主,强调民主并不是简单地表决和投票,而应该是,公民在平等参与的基础上自由对话、沟通、辩论和协商,以促进原始偏好的合理转换,实现公共决策的最优化。"[②]该理论积极倡导平等参与、对话协商和理性共识的理念,为获取真实而理性的司法民意提供了切实可行的方法和程序安排。

首先,协商民主为司法过程创造了一个平等参与的环境。在一个民主协商机制中,司法参与者地位平等、表达机会均等、受到同等关注,意见被公正听取,这是进行民意自由表达的前提。

其次,协商民主为司法过程提供了一个协商与对话的机制。这一协商对话机制将促使法官审判公开,开展释法说理,公众对案件进行自由评判,针对法律事实、程序及裁判理由提出质疑或意见,当事人也可以提出自己的诉求和异议。这样,通过司法参与各方的思想激辩和理性对话形成的司法意见更具合理性和包容性。

最后,协商民主达成的理性共识将使司法过程获得大众的广泛认同,使判决结果更具公信力,契合了司法民意的本质特征,即共识性。山东大学的陈金钊教授认为,司法要想有效地捕获真实的民意,就要求法官在裁决过程中必须"尊重当事人的诉讼主体地位和民众参与司法的角色定位,运用自身所掌握的

---

① 菲什金等.协商民主争论[M].张晓敏,译.北京:中央编译出版社,2009:7.
② 汪进元.国家治理体系中政府权力的分化与重组[J].法商研究,2014(3).

资源和专业技术来消弭精英知识与大众话语在意思表达上的断裂与误解,而不是用所谓的信息不对称、知识结构差异,去打压民众表达中的盲目、低层次,结果自然遭到民意的反弹"①。在一种司法与民意对抗性的关系中,民意既无法进入司法系统,司法系统也无法获取有价值的民意。

因此,在司法系统中引入协商民主理论,可以为民意进入司法过程提供理论依据和可行性方案。司法制度通过协商民主理论在司法系统中的具体运用和司法协商机制的构建,对进入司法过程中的民意进行合理收集和有效整合,最终形成作为审判参照标准的共识性民意。

第四节　中国司法的民意反馈制度建构

在司法系统中设计一个由一系列具体制度构成的司法民意形成机制,将反馈的各种数量庞大而繁杂的民意集中起来,对这些原初民意进行筛选、整合和升华。这一机制的构建应当严格遵循宪法的政治构架,积极贯彻协商民主对司法过程的程序要求,努力实现司法对公正的价值追求。鉴于此,中国司法民意反馈制度应包含三个方面的制度,即法院管理中的民意反馈制度、法院审判中的民意反馈制度和案件执行中的民意反馈制度。

一、法院管理中的民意反馈制度

要确保民意能够直接而有效地对接和影响审判权,必须理顺审判权、审判管理权和审判监督权三者之间的关系,使审判权从被行政权的绑架中解脱出来,真正获得独立地位,才得以对司法民意做出积极而灵敏的回应。因而,我国司法民意反馈制度的构建必然包含法院管理中的去行政化问题及法院科学管理体制的制度设计,这对审判权运行机制的管理和创新提出了更高要求。党的十八届三中全会通过的《关于全面深化改革若干重大问题的决定》提出"确保依法独立公正行使审判权检察权"和"健全司法权力运行机制"等司法体制改革中面临的非常紧迫的现实问题。党的十八届四中全会则对具体的司法改革路径进行了明确,对司法体制和工作机制提出了许多具体改革措施。四

①　陈金钊.司法方法与和谐社会的建构[M].北京:北京大学出版社,2009:354.

中全会之后,法院如何构建科学合理的法院管理体制和审判权力运行机制成为法院改革的首要任务。

确保法院管理中审判权力的科学运行,需要首先对法院进行"去行政化",使审判权获得独立地位;通过法官"员额制"和"遴选制",提高法官队伍素质;通过法官"职业保障制度",使法官放下顾虑,能够唯法律是从,唯民意是尊;建立权责明晰、责权统一的主审法官、合议庭"办案责任制",让审理者裁判,由裁判者负责。通过建立主审法官选任、考核、管理和退出机制、案件审判质量评估机制、案件纠错机制和错案追责机制,促使独享审判权力的法官放弃专断和滥权,更加尊重民意,通过广纳民意以兼听则明,正确行使审判权,从而做出客观公正的裁决。

(一)法院"去行政化"制度

法院改革是一个宏大的系统工程,涉及方方面面的问题。在改革的深水区,必然要触及司法机关与行政机关权力的重新配置问题。具体地说,法院的行政化表现为两个方面:外部行政化和内部行政化。

在外部行政化方面,首先需要对现行司法权与行政权的一系列重大关系进行调整,如人大与司法的关系、一府两院与司法的关系、政法委与司法的关系,祛除司法的外部行政化和官僚化,以确保法官地位中立和依法独立审判,从而为民意顺利进入司法系统排除干扰,创造一个自由、平等和开放的对话环境。众所周知,法院的审判工作不同于普通行政工作,有着自身的发展特点和规律。

在内部行政化方面,长期以来,由于历史上的原因,加上认识上的局限性,我国司法机关对审判工作的管理都是按行政系列进行的,这是法院的内部行政化问题。比如,在法院中行政级别较高的院长和庭长有权审批和决定案件,而实际审理案件的独任法官和合议庭却只能审理案件,没有独立做出判决的权力;下级法院向上级法院的请示制度,使二审和再审制度流于形式;法院只有行政编制,却没有法官编制,致使法官人数不断膨胀等情况。这一系列问题都说明了我国法院的内部行政化倾向十分严重,极大损害了审判工作的独立性和专业化。即使司法民意被顺利导入审判过程,法官也依托民意对案件做出了正确判断。但是,在裁决做出前,如果法院院长、庭长或是审判委员会对案件持有不同意见或是基于其他因素对案件进行干预。那么,最终的判决结果就难以主审法官的意志为准,很可能根据院长、庭长或是审判委员会的授意做出。在这种情况下,民意就算影响了法官也无济于事,因为法官并不是决定最终审判结果的人。这种审判分离的做法显然违背了直接审判原则。在这种错位的审判体制下,法官也会无所适从。

值得注意的是,十八届三中全会决定已经对法院"去行政化"提出了总体要求,即"依法独立公正行使审判权检察权。改革司法管理体制,推动省级以下地方法院、检察院人财物统一管理,探索建立与行政区划适当分离的司法管辖制度,保证国家法律统一正确实施"。决定中提出的省级以下人财物的统一管理和司法与行政区划分离的做法不失为法院去除外部行政化的有效措施,但同时应避免法院再次陷入垂直管理的内部行政化体制中。各级法院之间是相互独立的,如果上级法院对下级法院实行垂直领导,基层法院将难以独立行使审判权。美国虽有五十个州,却只有十三个大区上诉法院,有效避免了法院的地方化和行政化。因此,在推动省级以下地方法院人财物统一管理时,可以考虑实行跨区设立法院或跨区审理案件的形式来实现法院的去地方化和去行政化问题。

(二)建立法官员额制度

法官员额制是现代法官制度的一项重要内容。该项制度的提出主要针对我国法官人数众多、素质参差不齐且法官待遇差和地位低的实际情况,旨在实现法官队伍的精英化和专业化,是加强法官队伍职业化建设的要求和提高法官整体素质的需要,对建立科学而符合审判工作特点和规律的审判权力运行机制至关重要。目前,该制度在我国尚处于试点阶段,未正式写入法律。但是,在最近新发布的《人民法院第四个五年改革纲要(2014—2018)》中提出了实行法官员额制的改革要求。这无疑是一项意义深远的改革,必将促进我国法官队伍的成长和法官制度的健康发展。

法官职业化是指"法官以行使国家审判权为专门职业,并具备独特的职业意识、职业技能、职业道德和职业地位"[①]。目前,我国法官制度存在着法官职务的非法官化、法官职务的行政化等痼疾。这主要是由于在我国法院内部没有把审判工作和其他非审判工作予以合理划分,只是简单地套用行政系统的管理模式,导致法院中的非法官人员也往法官系列上挂靠,使得法官队伍里良莠不齐,鱼龙混杂,这对于法官的专业化建设是非常不利的。为此,我们应当将审案法官与非审案法官分开管理,同时还要将审案法官里面不称职的法官

---

① 最高人民法院.关于加强法官队伍职业化建设的若干意见[N].中华人民共和国最高人民法院公报,2002:115.

分流到法院的其他岗位,以确保法官队伍的专业化和精英化。在法官员额制的改革工作中,应当根据法院辖区内的经济和社会发展状况、人口和案件数量等宏观数据,结合法院审级职能、法官工作量和审判辅助人员配置情况等微观因素结合起来,综合考虑,科学确定法院对法官的需求数量,把法官数量严格限定在编制限额内。[①] 法官数量应与案件数量相适应、与审判辅助人员的比例相协调。通过减少不办案法官的数量,确保审判一线汇集更多的优秀法官。我们必须认识到,法官员额制改革是一项复杂的系统工程,必然涉及每一个法官的切身利益。在员额制改革上,应先行做出总体规划,对员额制的具体实施方案予以充分论证。在此基础上,通过让一些试点法院率先推行,总结经验,稳步推进,合理分流。同时,坚持"自上而下"的原则,由上级法院首先做出表率,从而带动下级法院,以层层推进员额制改革的顺利稳步开展。

(三)建立法官遴选制度

有学者在谈到审判人员素质对实现司法公正和效率的作用时,强调"公正与效率的实现程度,取决于四大因素:一是国家司法体制,二是国家法制文化,三是审判人员素质,四是审判管理水平。在这四大因素中,司法体制、法制文化对公正与效率的作用是间接的,审判人员素质和审判管理水平,对公正与效率主题的实现,起着直接的决定作用"[②]。那么,如何才能从众多的法律专业人员中选出优秀法官,组成一个高素质的法官队伍呢?那就是建立一个科学合理的法官遴选制度。

遴选,即谨慎选择的意思,遴选法官就是指谨慎地选拔法官,严格地按照法官的任职资格、要求和程序选拔法官,以确保法官队伍的专业化。在通过法官员额制建立起独立的法官职务序列后,应当进一步严格法官任职资格,确立法官准入制度和法官遴选制度,在法院内组建法官遴选委员会。确定遴选法官的机制,这一机制应由遴选法官的主体、遴选法官的具体方式、法定程序以及法官晋升和考核机制、不良法官的退出机制等部分构成。

遴选法官的主体是指由谁来推荐法官候选人,也就是法官遴选委员会的构成问题,这对于选拔法官来说非常重要。该遴选委员会必须客观公正,按照对法官任职资格的要求,如学历、司法考试资格、品行资格等标准,坚持任人唯贤的原则选任法官。遴选委员会委员的组成应当以法学专家为主,包括法学

---

① 齐志超.怎样科学测算法官的工作量[J].人民法院报,2014-8-23.
② 李玉杰.审判管理学[M].北京:法律出版社,2003:2.

专家、学者、律师、人大代表、政协委员等成分,使该委员会彰显专业化和代表性,成为法律和民意的代言人。既然是选拔具有独立审判权的法官,该遴选委员会本身必须保持独立性和中立性,除了代表最为广泛而真实的民意外,自身不受制于任何机关和个人。

法官遴选程序一般分为两种:初任法官遴选和现任法官遴选。在遴选制度实行之初,可以考虑对年龄相对较大的现任且称职的法官给予区别化对待,作为一种过渡性的权宜之计,这是可以理解的。但是,无论是初任法官的遴选还是现任法官的遴选,对于同一级别的法官遴选必须坚持统一的难度和标准①,以确保选拔程序公平、公正,选拔出的法官素质稳定。

为保证能够选任一大批高素质的法官队伍,有必要考虑扩大法官的遴选范围,只要具有丰富法律知识和素养的法律职业者都应纳入法官的遴选范围。鼓励高校法学教师、律师、仲裁员、公证员等优秀法律人才参加法官的统一遴选,采取向全社会公开选拔方式以及上级法院从下级法院逐级遴选方式相结合,使社会上的优秀法律人才向司法机关有序流动,以实现司法机关内部人员的优化,从而使遴选出的法官能够成为民意的忠实代表,积极而有效回应公众期待。

(四)建立法官职业保障制度

法院作为一个独立单位,是一个功能全面的体系,并不只有法官组成,其中必然包括司法行政人员和司法辅助人员等多种成分构成。过去,我们简单地将全部法院人员统一按照行政管理体制进行管理,这是一种典型的法院行政化管理体制,在现实中带来许多问题。首先,这种做法不利于法官的职业化。由于传统行政管理体制对法官身份所产生的误导作用和消极影响,法官更看重自身的行政级别而非法官身份。于是,法官普遍不重视业务能力,不愿受理案件,而更专注于行政职务的晋升。当有资历的法官一旦晋升一定的行政职务后,便不愿意在一线审理案件,就成了事实上的专职管理人员。这既是对优秀司法资源的巨大浪费,也使得法官容易滋生脱离群众,漠视民意,唯上级是瞻的错误思想倾向。要改变这一状况,就需要对法院人员实行分类管理。"建立科学的管理制度和管理方法,实现人与事的合理结合,角色与角色的合理搭配,岗位与岗位的合理补充,是应对当前挑战的重要着眼点,法院工作人

---

① 当然,对于不同等级法官的遴选,其选拔的标准和难度应当是不一样的,这种区别化对待恰是一种公平和公正的体现。

员分类管理正是实现这一目标的基础和手段。"①

2013年3月,中共中央组织部和最高人民法院联合印发了《人民法院工作人员分类管理制度改革意见》,要求"各级法院要明确法官、审判辅助人员、司法行政人员的类别和职责,设置各类人员的员额比例,确定职务序列和职数,实施分类管理"。这就将人民法院工作人员分类管理制度正式确定为今后一个时期司法改革的重点内容,并对该项制度改革提出了具体要求。该意见根据法院人员组成和职业特点,将法院工作人员分成法官、司法辅助人员和司法行政人员三类。在分类管理的基础上,着重强调对法官职业给予充分保障,建立法官职业保障制度。

为确保法官安于本职,恪尽职守,尽职尽责完成法官工作,并且做到廉洁司法,公正审判,应从制度上进一步完善法官的待遇,同时加强对法官的制度化监管。我们应当探索建立适合我国的法官福利制度,如高薪制、退休不减薪等。这是基于法官的职业特点所决定的,法官的审判工作是一项清廉的工作,法官不可能以营利为目的从事此项工作,亦不得在本职工作以外从事其他营利性工作,这是法官职业对其提出的更高要求。因而法官的工资和福利待遇成为法官收入的唯一来源。国家通过保证法官获得相对优厚的收入,使法官放弃徇私的念头。再者,法官职业本身就是一项高复杂度和高附加值的劳动种类,加之法官职业对法官本人提出的更高职业要求都使法官福利制度成为一个合理而必要的选择。

为消除法官审判案件的后顾之忧,使其在工作中严明执法,依法审判,免受外部的各种干扰,有必要实行法官的不更换制和法官职业豁免制度。许多西方国家实行的就是法官职务终身制,只要法官本人不涉嫌犯罪,不主动辞去法官职务,就可以终身担任法官职务。这一做法在实践中取得了较好的效果,法官敢于和擅于探求真理,秉公执法,而不用担心自己的职务被人免掉或受到其他不公正待遇。同时,法官不会因履行工作职责的行为而受到任何追究,主要表现为"法官个人不必为自己对案件事实的认定在普通的法庭上作证;法官因履行职务所获得的机密材料以及涉及个人隐私的信息,法官有保密的义务,不得要求法官就此类事项作证;非经最高人民法院批准,对法官不得进行拘留;法官在审判过程中的行为、语言、文字等不受民事指控,法官因为能力的局限造成案件事实认定有问题,如果没有充分的证据证明其有营私舞弊行为,法

---

① 尹忠显.法院队伍建设实践与探索[M].济南市:山东人民出版社,2007:235.

官应享有司法豁免权"①。这一制度使法官在办案过程中只需考虑法律,使用自由心证而不用顾忌司法行为对自身的影响。

(五)建立主审法官办案责任制度

建立主审法官办案责任制,案件由主审法官从受理案件到判决结果全程负责,不再需要院长或庭长等法院领导审批或签署案件。该制度将法官的司法审判权与法院的司法行政权彻底剥离,案件完全独立审判,独立裁决。将案件的审理与裁决合二为一,有利于实现法官责权利的统一。明确主审法官的司法审判权和院长、庭长的司法监督权各自权力的边界,使司法审判权与司法监督权形成相互监督和制约的机制。在这一机制中,应当通过制度设计避免监督权向审判权的越位现象,确保审判权的独立性。

在司法审判权拥有了真正独立地位之后,我们就要考虑如何对独立地位的审判权进行监督和制约,以防止出现利用自身独立地位对审判权的寻租和滥用。"司法权独立起源于西方启蒙思想家的'三权分立'学说和西方资本主义国家的宪政实践,本身就意味着司法权要接受其他机关的制约和监督,绝对的权力将导致绝对的腐败,假如司法权不受任何制约,难免出现司法权的专断与滥用。"②因此,我们除了实施同一法院的院长和庭长等内部行政管理体制对法官审判权的监督③之外,有必要建立一个独立于审判机关,但却拥有较高权威的法官惩戒委员会,负责对法官审判案件的质量评估。为确保评定结果的客观公正,应当考虑该法官惩戒委员会不仅要独立于法官,还要相对独立于该法官所任职的法院。其人员组成可以吸纳法学专家、资深法官、律师和人大代表、政协委员等参与其中。该委员会通过审判质量评估体系和法官业绩考核体系,加强对法官的监督和管理,但绝不能插手法官对具体案件的审判工作。在对案件审判质量进行评估后,如果发现案件审理过程中存在贪赃枉法、徇私舞弊等严重问题,就要启动相应的法官问责机制。

探索建立错案问责机制和法官退出机制,以具体处理法官在审判过程中出现的徇私枉法、肆意决断等滥权情况。对发现的冤假错案从法官受理到做

①　关玫.司法公信力研究[M].北京:人民法院出版社,2008:175.

②　贺卫方.中国司法管理制度的两个问题[J].中国社会科学[J].1997(6).

③　无论是审判委员会,还是法院院长和庭长对法官审判的监督都只能是宏观管理意义上的,不得介入和干涉具体案件的审判过程,不得以任何形式阻碍法官做出独立判断的权力。

出判决的整个过程进行严格审查,找出问题的根源,对主审法官的违法乱纪行为明确责任,严厉惩处,决不姑息,并通过法官退出机制,及时分流或清退不称职的法官。此外,借助法官业绩考核体系,将考核结果与法官选拔任用机制和奖惩机制相挂钩,在法官的职务晋升、提拔和任用中,将考核结果作为一项重要依据,并依此决定对法官的奖勤罚懒。

二、法院审判中的民意反馈制度

(一)推进司法公开制度

2009 年 12 月 8 日,最高人民法院公布了《司法公开六项规定》,对司法信息公开的内容进行了界定,指出司法公开包括立案公开、庭审公开、执行公开、听证公开、文书公开和审务公开等六项内容。"司法信息的公开包括向当事人公开和向社会公开两个方面,目的是让人民群众在允许的范围内最大限度地了解、监督司法工作,进一步满足公众的知情权。"[①]最高人民法院在《人民法院第三个五年改革纲要(2009—2013)》中强调"继续推进审判和执行公开制度改革,增强裁判文书的说理性,提高司法的透明度,大力推动司法民主化进程"。[②]"三五"纲要进一步明确了促进司法权力从封闭走向公开的改革方向。无论单纯的案件信息,还是整个判决说理过程都要予以公开。通过增强裁判文书的说理性并公开说理释法过程,使司法公开从单纯的静态信息公开向信息和说理相结合的全方位信息公开推进,倡导通过网络直播、法庭开放、判决书上网、法院微博、微信、论坛等公众喜闻乐见的形式对外发布司法信息,积极创新司法公开路径,通过多种形式让普通民众参与庭审全过程,提高司法透明度,充分保障公众的司法知情权、参与权和监督权。2014 年 7 月发布的最高人民法院《"四五"改革纲要》进一步加强了司法公开的可操作性,完善了司法公开的具体措施,提出建立庭审公告和旁听席位信息的公示与预约制度;完善审判信息库建设,可以在线获取立案信息和审判流程节点信息;加强对裁判文书网的网站建设,实现四级人民法院对依法应当公开的生效裁判文书统一上网;整合各类执行信息,公开执行工作进展情况,并将此平台与各类征信平台有效对接。目前,司法公开制度作为最高人民法院司法改革的一项重要内容,

①　高一飞等.司法公开基本原理[M].北京:中国法制出版社,2012:219.
②　江必新.法院执行工作实务指南[M].北京:人民法院出版社,2010:16.

已在全国若干法院推进试点工作并取得一定成效。

但是,当前正在试行的司法公开制度主要还是单向式的,不能积极回应公众意见,难以启动司法纠错程序,致使公众对各项司法公开程序的参与度不高,缺乏参与积极性,司法公开事倍功半,收效甚微。一项完美的制度设计应当引入一种试错机制,使它能够在感知外界的反馈中不断修正自身,通过自我调适得以最大限度地接近制度设计的目标。司法公开制度不应是一种单向的制度设计,公开的目的应当是为了获取某种回应,在回应中不断调试自身以期最大限度地接近司法公开的目的和司法的价值追求。因此,司法公开不是一件一蹴而就的事情,在公开之后必须认真听取公众的反馈意见,通过进一步公开信息以回应公众意见,通过判决书说理等方式与公众沟通,以司法协商机制为依托,以让民众平等而充分占有司法信息为目的,构建一个双向回应的立体式司法制度平台。这样一种互动式平台可以有效避免司法公开异变为选择性公开和流于形式,确保了司法公开的恒定性和公开信息的真实、充分、及时和有效,极大促进法官与公众在享有均等司法信息资源的基础上,开展平等协商与对话。

(二)创设司法协商小组制度

毕竟全体公民同时参与司法过程的做法并不现实,也不具有可操作性,即使在很小的范围内,所有公民同时到法庭参加旁听和发表意见也是不可能的。假设全体公众可以同时到场,如此做法也未必就能够带来司法的公平与效率,相反,却极易陷入民粹主义的泥潭,最终会由于各种观点的对立和激辩而无法收场。显然,这是一种类似于古希腊的朴素主义的直接民主,群情激愤下还会诱发群体的暴政,历史上曾经出现的教训我们必须谨记,司法民主本身是一种相对专业化和技术化的民主形式,因而不能简单地采用这种直接民主形式。与直接民主形式相比,"间接民主在很大程度上则是一种对权力的限制和监督体系"①。英国著名哲学家、实证主义的代表人物密尔在其著作《代议制政府》中写到"代议制政体就是,全体人民或一大部分人民通过由他们定期选出的代表行使最后控制权"②。所以,在司法所辖区域内的参与活动,通过辖区内所有适格公民选举出民意代表组成公民司法协商小组是一个相对可行的方案。公民司法协商小组应当由专家公众代表和普通公众代表两部分组成,对于具

① 乔·萨托利.民主新论[M].冯克利,阎克文,译.北京:东方出版社,1993:283.
② 约翰·密尔.代议制政府[M].汪瑄,译.北京:商务印书馆,1982:44.

有重大影响或严重争议的疑难案件,负责收集和整理本辖区内公众对案件的各种意见,并在此基础上展开对案件的讨论和评判,通过对案情的相互沟通、说理和辨明,形成协商小组的共识性意见,送交案件主审法官。法官须对该小组提出的司法意见做出针对性的有效回应,对反映的问题给予充分而合理的解释。

(三)建立法律专家咨询委员会制度

法律专家咨询委员会不再是一个普通的司法民意代表机构,而是一个具有相当法律专业水平和司法经验的非官方司法智囊库和司法监督机构。鉴于该委员会的专业性,可以由高校的法学专家、知名学者、资深律师、离职法官和公证员等成分组成,是以接受司法机关的法律咨询为主的法律顾问型议事机构。法官对于重大疑难案件,尤其是反响强烈,争议较大且影响广泛的案件应当主动提交至该法律专家咨询委员会,该委员会也可以主动申请介入案件的审判过程。该委员会对司法机关提交或主动介入的案件进行法律上的分析论证,经全体协商一致后,向司法机关提供咨询意见,以协助法官提高审判水平,公正高效审理案件。同时,该委员会有权力监督司法机关对案件的审理是否合法,事实是否清楚,证据是否充分,逻辑是否严谨。对于审判中存有问题的案件,在法官判决做出前,可以提出对司法机关审判意见的质疑,要求给予充分说明。如果法官在没有对意见给予回应的情况下做出判决,专家咨询委员会可以就此建议启动司法监督程序,以暂停对原裁判的执行,并对案件审判情况进行审查,及时纠错,充分保障当事人的合法权利。

(四)创设法庭之友制度

法庭之友是在英美法系国家以及国际纠纷解决机制中被广泛应用的一项司法制度,具体是指案件当事人以外的人在案件审理过程中主动地或经当事人邀请,向法院或其他裁判机关提交与案件有关的事实意见或法律意见,以影响裁判的制度。[①] 这一制度主要被当事人之外的第三人用来向法院提供尚未掌握的法律事实以及阐明法律适用方面的问题,从而保证法官作出公正判决。这个当事人之外的人被称为法庭之友,即可以由组织也可以由个人担任。法庭之友可以经双方当事人同意参与诉讼,也可以直接向法院提出请求,允许他

---

① 叶青,王晓华.论法院之友制度及其在我国的移植障碍[J].现代法学,2008(2).

以法庭之友的身份参与诉讼。^① 这样,公众可以凭借法庭之友制度,通过选取自己的意见代表以法院之友的身份参与特定案件的诉讼,与法官进行对话和辩论,为民众意见介入司法程序打开了方便之门。法庭之友既可以通过递交法庭之友书状的形式参与诉讼,也可直接以言词方式参加庭审辩论和质证过程。为保证司法程序不被第三人随意启动和干扰,可以考虑对法庭之友申请参加口头辩论予以必要限制,只有被认定为合理而必要时才被允许。无论是书状形式,还是口头辩论方式,都是公众代表参与司法协商、开展多方对话的过程。通过表达不同意见,进行辩论与说理,并提供事实证据和法律适用的意见,以确保判决说理经得起任何人的合理质疑;促成各方对判决的理性共识,最终作出具有信服力的判决结果。

由于许多法庭之友直接来自公众当中,法官通过听取和采纳法庭之友的司法意见,使判决能够更多融合民众意见,更加符合民愿。民众也因自己的意见被法官听取而更倾向于接受法院判决。法院之友制度打破了法官凭借其独立的裁判地位和精深的专业知识对诉讼的当然垄断,使司法过程变得不再神秘和封闭,为公众参与司法程序提供了制度依托,必将推动司法民主进一步发展和完善。

(五)完善人民陪审员制度

所谓人民陪审员制度,通俗地说,就是在司法审判中,由法院在其审判管辖区内邀请通过法律程序遴选出的普通公民参与该区的司法审判过程,暂时赋予他们与法官同等的审判权,可以参与审理刑事或民事案件,并在审理后根据自己真实意思表示做出独立判断的一项司法民主制度。应当说,这是人民参与司法过程的直接和有效的方式。法国政治思想家托克维尔指出:"实行陪审制度,就可把人民本身,或至少把一部分公民提到法官的地位。这实质上就是陪审制度把领导社会的权利置于人民或一部分公民之手。"^②

人民陪审员制度发源于古希腊和古罗马,在不同时期和不同法律传统和社会文化的多重影响下,经过长期的发展演进,已经和最初的制度发生了很大

---

① 美国 2005 年《联邦最高法院规则》第 37 条规定:如果利益集团的代表希望参与诉讼被一方或双方当事人拒绝,他们可以向法院提出申请由法院决定是否允许他们以法院之友的身份参与诉讼。参见美国联邦最高法院网站(www.supremecourtus.gov)中的《联邦最高法院规则》(2005)(Rules of Supreme Court of the Unite States,2005)。

② 托克维尔.论美国的民主(上卷)[M].董果良,译.北京:商务印书馆,1998:17.

变化。现代陪审制度是普通公民在国家司法机关的授权下参加司法审判活动的制度,是人民践行司法民主的重要形式。由于人民陪审员来自于社会的各个行业,具备着专职法官所不具备的各行业专业知识和素养,因而天然具有许多优势,可以弥补专职法官的某些缺失。人民陪审员参与庭审既可以监督庭审流程和法官的审理工作,促进司法公正公开和取信于民,"这种参与会把法律制度的信赖感在参加陪审员以及一般社会公众中逐渐传播"①;同时还可以充分发挥来自不同领域陪审员的专业特长,解决司法在审理特定领域案件时表现的经验不足和低效的问题,促进司法走向公正和高效。

1.改革人民陪审员的遴选制度

人民陪审员的遴选制度是指由指定的遴选机构即人民法院按照法律规定的人民陪审员的任职资格,依照法定程序选举产生人民陪审员的制度。遴选制度的设计直接决定了人民陪审员选取的公正与否,是否具有代表性,能否在司法审判中就案件相关问题做出客观中立的判断。有学者对人民陪审员制度开展了深入细致的实地调研后,认为人民陪审员制度出现了异化,"人民陪审员的选任日趋精英化,使其大众化的基础更加薄弱"。这说明,我们在选任人民陪审员时,选任方式和标准出了问题。笔者认为,通过建立一个科学而客观的人民陪审员遴选数据库,将经过资格筛选后的适格陪审员全部置于该数据库中,在选取具体案件的陪审员时,采取电脑随机选取的方式产生人民陪审员,能够有效避免人为干预,是一个切实可行的遴选方案。这一做法使人民陪审员选任机会均等,不受任何人所控制。如此选出的人民陪审员才是真正来自于人民的陪审员,从而避免陷入了人民陪审员和广大公众意见相背,缺乏群众基础,无法担当司法与人民的桥梁和纽带角色的尴尬境地。

2.赋予人民陪审员与专职审判员同等权力②

要改变人民陪审员"陪而不审"的局面,必须真正赋予人民审判员的司法意见与专职审判员司法意见同等效力。根据《刑事诉讼法》第147条的规定,"各级人民法院审判第一审案件,均可吸收人民陪审员作为合议庭成员参与审判,人民陪审员在人民法院执行职务期间,同审判员有同等的权利义务"③。

---

① 麦高伟,杰费里·威尔逊主编.英国刑事司法程序[M].姚永吉,等译.北京:法律出版社,2003:347.

② 此处笔者所称同等权力是指同等效力的权力,而非同样的权力或一致的权力。

③ 中华人民共和国中央人民政府网站.中华人民共和国刑事诉讼法[EB/OL].http://www.gov.cn/gongbao/content/2004/content_62980.htm,2014-6-13.

这是法律的明文规定,但在实践中却很难落实。承办法官掌握着案件的所有信息,其对案件信息的控制使陪审员和审判员在获取信息上处于完全不对等的地位。此外,审判员往往凭借自己的专职地位控制着案件审判的话语权,不重视人民陪审员对案件的意见,严重影响了人民陪审员的积极性。人民陪审员也存在着自身没有参与热情,不主动发表意见的情况。因此,应当鼓励人民陪审员在合议庭上充分发表意见。法院可以对陪审员进行有组织的业务培训,培养陪审员平等协商、擅于沟通和辩论的素养,增强其权利意识。为了让陪审员敢于发表意见,避免审判员在发言时对案件定调子的情况,可以在合议庭的发言顺序上做些调整,确立人民陪审员先发言,承办法官后发言的规则,将陪审员的意见同等对待,如实记录在案,对于陪审员自由发表的意见或是保留意见不受任何组织和个人的追究。在案件讨论过程中,对于人民陪审员与专职审判员在对案件看法上存在的分歧应以平等地位进行协商,不得随意打压,为人民陪审员与专职审判员之间的平等协商创造一个有利的氛围。

3.建立人民陪审员的监督与激励机制

为避免人民陪审员"陪而不审、合而不议"的情况,鼓励人民陪审员表达合理的不同意见,促其积极参与司法审判的协商过程,法院应当加强对人民陪审员相关考核工作的贯彻和落实。2005年5月1日《全国人民代表大会常务委员会关于完善人民陪审员制度的决定》正式实施。根据《决定》要求,对人民陪审员考核的内容包括陪审工作实绩、政治思想、工作态度、审判纪律、审判作风和参与培训情况等方面。① 笔者认为,应当进一步加强对人民陪审员的管理,有奖有罚,奖罚分明。如果陪审员怠于履行职责,在年度考核中经考核定为不称职的陪审员,可以免除其人民陪审员职务。对于积极履行了人民陪审员职责,对案件的审判提出重要意见的陪审员,应当考虑给予一定的荣誉和物质上的奖励,以此激发陪审员的工作责任心和参与积极性。通过一定的奖惩机制,强化陪审员的主动参与意识,避免为贪图虚名或捞取政治资本而出任陪审员职务,却又因担心承担责任或打击报复而怠于表达独立意见的现象。

4.对人民陪审员与专职审判员进行必要分工

由于人民陪审员相对专职审判员在法律修养、法律知识和法理推理能力上的不足,专职审判员应当主动向人民陪审员介绍所审理案件的基本情况,包

---

① 中华人民共和国中央人民政府网站.全国人民代表大会常务委员会关于完善人民陪审员制度的决定[EB/OL].http://www.gov.cn/gongbao/content/2004/content_62980.htm,2014-6-12.

括一些法律专业术语和需要用到的法律知识,以帮助人民陪审员迅速熟悉案情,正确履行职能,并主动征询他们对审判的意见,让其放下顾虑,坦诚表达对案件的看法。针对人民陪审员和专职审判员的不同特点,应当考虑对其进行必要的分工。否则,"看似赋予人民陪审员较多权利的制度安排,其实正是虚化人民陪审员参与权的根本症结所在"①。作为非职业法官,人民陪审员是来自于生活中的普通民众,能够依据常识、常理和常情对案件事实问题进行判断,而法官则用法律专业知识和法律专业思维去准确的适用法律,这种分配具有现实合理性。如果赋予人民陪审员在法律判断上较多权力,就会令其对法庭望而却步,或是沉默不语,或是被法官所排挤。由于定位不当,人民陪审员得不到法官的认可和重视,赋予太多的权力却最终导致了权力虚置的问题。

西方国家的陪审团制度与我们的人民陪审员制度有着显著不同,值得我们学习和借鉴,陪审团制度将普通公民组成的人民陪审员与职业法官在审判工作上进行严格分工,由普通公民组成的陪审团负责对案件的事实问题进行判断,职业法官主持庭审过程,就法律的适用进行解释。这种分工使各自的专长得以充分发挥,利用各行业和各领域普通民众来自生活的丰富实践经验对事实和证据的真实性和有效性进行鉴别,拥有法律专业知识素养的专职审判员对法律进行具体适用和解释,可以充分发挥人民陪审员和专职审判员的各自优势,使法官的法律思维和人民陪审员的民间智慧相结合,促使法理与情理的有机融合,从而确保做出公正裁决。

三、案件执行中的民意反馈制度

(一)加强案件执行听证制度

执行听证制度是使案件执行活动自觉接受社会公众民主监督的一项法律制度,被称为司法领域的"阳光工程"。在听证过程中,应当允许当事人进行充分的陈述和申辩,提出自己对执行中的异议及其理由。法院根据当事人提出的异议,由执行人员进行充分说理,然后由参加听证的与会人员发表意见,在沟通和对话的基础上,做出能使各方认可的最终执行方案。执行听证制度是民众开展司法参与和进行民主监督的重要形式,但要使其发挥应有作用,必须

---

① 廖永安,刘方勇.人民陪审员制度目标之异化及其反思:以湖南省某市人民陪审员制度实践为样本的考察[J].法商研究,2014(1).

进一步强化执行听证制度的协商性,加强听证过程中法官与民众的沟通与回应环节,通过健全执行听证的启动机制,完善其代表的产生机制,确定听证笔录的效力原则,从而避免执行听证走过场的现象发生。

1.完善执行听证的启动机制

为避免执行听证程序的随意性,减少行政权力对执行听证的干预,必须使执行听证程序的启动制度化。一般来说,执行听证分为依公检法职权的主动启动和依当事人申请的被动启动。在实际生活中存在许多需要公检法主动查清事实的情形,司法机关会根据案件需要主动启动执行听证程序,这是依职权进行的启动,在现实中比较常见。如人民法院对涉及当事人重大权益、重大影响案件的执行、司法赔偿案件的执行、执行异议案件以及执行减刑和假释等都应实行公开听证。依申请启动听证是案件当事人的一项重要程序性权利。决定性推定学说认为:"由于该推定可能不是对该分类的每一个人都有效,不让人有机会对该推定提出质疑是违反正当程序的。在重要的个人正当程序利益受到威胁时,必须提供机会进行个别听证,以便于对该推定提出质疑。"[①]因此,当事人出于对自身利益的关切而申请启动听证程序是合理的,应当成为执行听证程序启动的主要动因。对于公检法依职权组织的执行听证要明确受案范围,应当由法律明文规定哪些案件必须组织听证,以避免公检法权力的随意性。比如,对于案件执行上相对模糊和有争议的领域必须组织听证,如不起诉听证、缓刑听证、执行听证、再审听证、司法赔偿听证等。同时,应当就执行听证公开的范围、方式和程序等进行规定。"对某些权力模糊的领域,应该允许国家机关有自由裁量的权力,但必须建立和健全配套的程序制度,如听证制度、请愿制度和新闻舆论监督制度等,保证国家权力依据'看得见'的方式运行",[②]健全执行听证的启动机制是为了保障公众在案件执行过程中的司法参与权不被随意剥夺,充分发挥听证制度的司法公开与沟通协商作用。

2.完善执行听证代表的产生机制

执行听证制度的一个关键问题是听证代表的选择。根据专业知识的掌握情况,我们可以将大众分为两类群体,即普通大众和专家大众。参与执行听证的大众代表从中分别产生,称为普通代表和专家代表。普通代表是来自各个行业的普通民众,专家代表是来自各个行业的专家学者,如法学家、金融家、工

---

① 杰罗姆·巴伦,托马斯·迪恩斯.美国宪法概论[M].北京:中国社会科学出版社,1995:134.

② 汪进元.政治文明与宪政的关系[J].中国法学,2003(6).

程师等。之所以根据专业和行业对听证代表进行分类,主要考虑到各类代表参与执行听证与协商的功能和作用并不完全相同,如普通代表无法参与需要专业知识的执行听证,而专家代表参与非该专业的执行听证也无法发挥应有作用。应当加快建立各行业普通代表库及专家代表库,协商代表从各库中随机产生,使公众当选机会均等,不受其他因素干预。在选取各类代表时,许多情况下还要考虑参会代表与听证案件的某种关联性或利益相关性。"只有那些所有可能的相关者作为合理商谈的参与者都可能同意的规范才会有效。"①例如,房屋拆迁案件的听证代表相当一部分就应当在所涉拆迁户中选取,以便确保当选代表具有与诉求利益的一致性。那么,代表参与听证会的积极性、主动性和责任意识都会随之增强。

3.确定执行听证笔录的"卷宗排他"原则

"卷宗排他"原则起源于美国的第一摩根案件②。该案件强调了决策者必须参加听证,并且只能以在听证中确定的事实作为裁判依据,以防止决策者违背听证意见,随意做出决定。决策者被要求必须亲自做出决定,而不只是一个"橡皮图章"③,从而解决了听证程序只"听"不"证"的流弊,避免了执行听证走过场的问题。法院通过执行听证程序,充分听取来自民众的普通代表和专家代表的意见和建议,开展说理讨论,进行双向互动。法院应根据听证过程中已确定的事实制作现场笔录,法官应根据执行听证笔录做出裁决,严格遵循"卷宗排他"原则,坚持听证笔录是做出判决的唯一依据,以免执行听证笔录效力虚置,使最后真正做出的决定是决定者所做出的。这一做法一方面能够鼓励

---

① 哈贝马斯.在事实与规范之间:关于法律和民主法治国的商谈理论[M].北京:三联书店,2003:132.

② 第一摩根案件简介:1933 年 6 月,美国农业部发布一个法规,限制塔萨斯市牲畜代理服务费的最高价格。法律规定,部长制定限制价格的法规必须举行正式听证程序。美国农业部在 1930 年至 1932 年期间,举行了两次听证会。听证的口头证词记录多达13000页,统计资料及其他证件多达几百件,记录达 1000 多页,对听证说明也多达 500 页。但是,当事人在之后仍向法院起诉,认为限制价格的法规不仅内容有问题,也不符合法定程序。其理由是,听证会议结束后,职员并没有对听证进行整理,写出听证总结报告,以供部长参考。部长在既没有参加听证会,也没有阅读任何证据材料的情况下做出了决定。最高法院认为,法律要求部长通过举行正式听证,部长必须仔细考虑听证证据,否则就等于没有举行听证。本案中农业部长的决定,实质上是部内职员的决定。农业部长只是一个橡皮图章。参见 Morgan V.United States,298U.S.486(1936).

③ 此处的橡皮图章是指按照常规而不加判断地赞同、批准或处理文件和政策等,或受别人或其他机构之命令或示意而赞同、批准和处置。

公众积极参与执行听证,对听证问题表达真实意见。另一方面,也要求法官以合理的时间和适当的精力关注案情,研究案件,分析和筛选证据,而不能在没有对听证意见和证据材料进行分析就做出与听证记录不相干的裁决。

(二)建立司法执行信息调阅和监督制度

司法机关除了主动公开信息外,还应当允许受该判决影响的利益相关民众根据需要依法向司法机关索取案件的相关信息。司法执行信息调阅不是指公民利用网络、报纸和公告等方式获取信息,也不是各级法院正在建设的司法信息查询系统①,而是特指公民向司法机关主动索取司法执行信息的行为。司法执行信息通过赋予公众的调阅权可以使公众拥有获得执行信息的主动权,方便公众、案件当事人和其他受案件执行影响的人对案件执行情况进行监督。司法公开包括两个方面:依职权的主动公开和依申请的被动公开。公众向司法机关调阅信息可以看作是公民主动介入司法执行过程,行使对案件执行情况知情权的体现。为避免公民滥用该制度侵犯他人隐私权,可对该项权利予以必要限制,如规定调阅人应当与该判决具有利益相关性、对涉及当事人的隐私信息进行匿名处理、规定调阅人对司法信息的保密义务、合理利用义务等。建立公民司法执行信息调阅制度可以有效弥补司法机关主动披露信息的不足②,监督信息披露的真实性、全面性和均衡性,并可由此启动司法执行情况的问责机制,追究案件执行的义务人失职的法律责任。在关于司法执行问题的协商过程中,协商各方均可通过司法执行信息调阅制度,享有均等的司法信息资源。进而拥有平等的发言权,确保执行协商的平等而顺利实现。

(三)完善司法发言人案件执行情况公布与答疑制度

针对上述司法信息调阅制度而言,案件执行情况公布与答疑制度是司法机关主动披露案件执行信息的一项制度。发言人制度在我国已经有20多年历史了,大家对此并不陌生,我们总是可以在电视新闻中看到各类新闻发言人的形象。通过各部门发言人,我们可以及时、便捷地获知关于社会管理、公共

---

① 司法信息查询系统仍属于司法机关主动提供信息的范畴,不同于笔者提出的司法信息调阅制度。

② 司法机关主动提供的信息可能会存在提供信息不充分和避重就轻等现象,导致司法信息选择性公开或公而不开的现象,而司法信息调阅制度是信息相关人掌握着信息获取的主动权,依法定程序对信息的自主调阅,从而产生倒逼司法公开的效果。

服务、突发事件及重大决策等信息。司法发言人将具体的司法执行信息向社会公众公开,以司法机关为公开主体,以新闻媒体为公开中介,以社会公众为公开对象,通过执行情况发布会、记者招待会和公众见面会等形式,第一时间发布各类司法执行信息、通报判决执行情况。司法发言人除了公开案件执行的相关信息外,针对具体案件执行的可行性、合理性和难易度也应当予以释明,以便于公众全面而理性地判断案件执行情况,并提出有针对性的意见。

司法发言人应当认真听取公众对案件执行情况的咨询、意见、建议和诉求,及时解答媒体和公众的提问和关切,并将对问题的解答与反馈视为司法发言人的一项重要职责,根据发言人答疑情况和公众满意度作为考核标准,建立起司法发言人绩效考核制度。在司法实践中,司法发言人往往只注重单向的对外发布信息,忽视了对所发布执行信息持异议者的双向沟通和反馈环节,使司法发言人的实效大打折扣。根据《马德里原则》的《附录·实施的策略》部分的相关规定:"法官不应当被禁止回答媒体和公众提出的与司法有关的问题。"①司法发言人在发布案件执行信息时,应当与公众进行充分沟通,认真听取公众意见。发言人在对外发布有影响案件的司法执行信息时,既是为了获得公众对执行的支持,推动案件的有效执行,也是在听取公众对案件执行的意见,汲取公众对执行的合理化建议,通过理性的沟通和对话,实现司法执行过程与公众参与的良性互动。

---

① 李金慧,武建敏.媒介与司法:一种理论的角度[M].北京:中国传媒大学出版社,2009:247.

第六章　中国回应型司法的协商调处制度

第一节　司法协商调处制度的意义

一、司法协商调处制度的基本理念

（一）司法协商调处制度的提出

法律是以国家强制力量保证实施的国家意志,这说明强制性是法律的一个根本属性。司法机关依法开展审判工作,通过判决的强制力来保证法在现实生活中的贯彻执行。然而,强制措施未必是处理纠纷最好和最有效率的办法。它虽符合形式正义,但是,对于实体正义的实现却常常表现得顾此失彼,在牺牲了审判效率的同时,还付出了较高成本,可谓得不偿失。同时,如果对同一犯罪主体反复多次运用刑罚,必然会导致这一强制措施丧失应有的威慑作用,取而代之的是犯罪主体的习以为常,不以为然,刑罚制约犯罪的功能就会减弱,其局限性就会越发凸显,引发边际效应。随着社会的发展,国家的管制职能已经开始弱化,社会服务功能日趋增强,国家和社会日益融为一体。在国家社会化趋势的推动下,公法私法化开始暗流涌动,悄然而生。

我们也要看到,近年来,由于受社会变迁、体制转型和利益重组等多重因素影响,社会的纠纷率和犯罪率在不断攀升,各种诉讼案件激增。与此同时,大量积案出现,司法资源面临匮乏,苦不堪言。于是,现代诉讼制度开始了自我反思和变革,寻求既能够节省司法资源,又可以提高司法效率的方案,以其实现"更小的残忍、更少的痛苦、更多的仁爱,更多的尊重,更多的人道"①的司法效果。伴随自由竞争型市场经济向合作共赢型市场经济的转型及政治自由主义向政治民主主义的转型,司法开始出现由司法对抗主义向司法合作主义转型的趋势,体现为充满对抗精神的辩论主义开始向富有对话精神的协商主义转变。当今时代,我们时常发现,在司法实践中,对于许多案件,法官通过鼓励当事人之间进行沟通和谅解,很快能够就赔偿问题达成和解;法官还通过充当调解人的角色,就当事人之间的纠纷从中斡旋,说服其接受调解,从而达成协议,很快结案;在一些不愿和解和调解不成的案件中,作为公诉人的检察官可以和被告人的律师进行谈判,以被告人认罪服法为条件,换取对被告人的降格指控,通过控辩交易的方式快速结案,做出双方都满意的裁判;在一些案情简单、事实清楚、证据充分,并且被告人也认罪的案件中,法院通过比简易程序还要灵活便捷的速裁程序予以结案。在这些双方自愿协商,达到合作,实现了和解或调解的案件中,或是事实清楚、情节简单的案件中,过于烦琐复杂的司法程序往往是没有必要的,既消耗了大量宝贵的司法资源,还使当事人陷入讼累,容易对诉讼产生畏惧心理,更有使已经受损的社会关系接受二次伤害的可能。基于以上种种原因,快速高效的司法方式在诉讼实践中受到了更多当事人的积极肯定和欢迎。因而,可以说,司法协商调处制度作为一种双赢共荣的司法方式,在司法实践中显示出强烈的现实需要。

(二)司法协商调处制度的基本理念

在司法审判中,法官不仅要根据法律和事实审判案件,而且还要能够将有限的司法资源在寻求司法正义的公民之间公正而合理的分配。法官既要考虑如何保障法庭上的当事人的合法权利,也要考虑正在或将在法庭外排队的当事人合法权利的保障问题。这就要求法官除了学会如何公正裁决之外,还要懂得进行司法资源和司法程序的有效控制和科学安排。尤其是在司法资源相当匮乏的今天,司法过程中的种种现实问题都促使当事人和法官不再单纯地依靠刻板而不容变通的司法判决解决问题,希望能够更自主地、有选择性地处分自身权利,努力寻求更好的纠纷解决办法。于是,司法的协商调处制度应运而生。

---

① 米歇尔·福柯.规训与惩罚:监狱的诞生[M].刘北成,杨远婴,译.北京:生活·读书·新知三联书店,1999.

司法协商调处制度建立的目的减少当事人之间的消极对抗,促进彼此间的积极合作,将"为权利而斗争"的传统观念转化成"为权利而对话"的现代理念,用更少的司法资源换取更好的司法效果,使代表程序正义的司法制度能够兼顾效率与公平,实现实质正义。司法协商调处制度的参与人一般应有三方,即诉讼双方当事人和调处人。协商调处的利害关系方是纠纷双方当事人,调处人在其中进行积极沟通,既是双方所认可的纠纷解决的见证人,同时也是协商合约的设计者,在其中起到了平衡双方协商能力的作用。由于中间调处人的角色非常关键,一般由法官或检察官担任。调处人除了较之纠纷双方具有更强的协商能力外,应当处于客观中立地位,不得偏袒任何一方。司法官在诉讼过程中所扮演的协商调处的息讼角色使当事人不再畏惧到法院诉诸司法程序解决纠纷,并且更倾向于接受充满双赢精神的协商调处方案。司法协商调处制度使当事人作为主体参与到整个司法过程中,能够对自身权利做出自愿处分,当事人的意见得到司法官的充分尊重和听取,最终的裁判结果在不违背现行法律规定的基础上,最大限度地吸纳了当事人对权利处分的意见,回应了当事人的权利诉求。

二、司法协商调处制度的必要性

一项新的制度出现应基于原有制度已经无法有效解决现实问题这一前提,有其产生的时代背景和社会需要。司法协商调处制度的提出和进一步发展亦有其必要性。协商调处制度的必要性主要体现在以下几个方面:

(一)公民意思自治和权利自决的要求

司法协商调处是纠纷当事人通过协商方式或是经第三方调处方式实现对自身合法权利的自决处置,从根本上讲乃是公民意思自治和权利自决的体现,因而是具有正义性的。如果协商结果双方都可以接受,那么总比双方都不能接受或是一方皆大欢喜而另一方拒不接受的判决要好。既然合约能够达成,那必须是基于某种现实条件下在双方看来能使对方接受的最有利的解决办法,虽然在外人看来或许有不公平之处,但其中的利害关系可能非常复杂,某些看似不公平之处必然有"这里你吃亏一些,那里我让你一点"的双方协商和谈判的理据,这些缘由甚至不足为外人道也,"周瑜打黄盖,一个愿打一个愿挨",其中冷暖只有双方当事人自知。当代社会日益进入一个契约化的社会,使得当事人通过契约处分自身权利这一私法自治原则开始在公法领域内快速扩张,并逐渐显示出其适应社会需要的存在价值,它所体现出的选择主义和处分主义正被公权和私权所广泛接受。如果不重视这种契约现象和契约关系,在程序中不能体现当事人的主体地位和处分权,既可能对当事人的合法权益造成侵害,也会导致当事人对裁决结果认同度的降低。

(二)司法资源匮乏对司法效率的要求

随着多元社会的到来,利益进行着巨大而急速重组,社会的激变导致了众多矛盾的出现,各种民事和刑事案件较之前更为频发,有限的司法资源已经无力应对日趋增多的案件。如果不能对现有的司法资源进行合理分配、有效整合和高效利用,必然会导致更多案件久拖不决或无法立案,受害人的权利就无法得到应有的保障,社会公正也会由于司法资源的不足而变得遥不可及。因此,从某种意义上讲,效率就是公正。诉讼本身也是需要支付成本的,这个成本不只是经济成本,还要包括时间成本、精神成本、知识成本等。人们在选择通过司法程序解决纠纷时都会很自然地衡量"成本与收益"比,而严格复杂的诉讼程序却意味着较高的诉讼成本、漫长的诉讼周期和专业化的知识要求,无形中造成了人们对诉讼的畏惧和排斥心理,不利于当事人接近司法。我们应当在制度设计上尽量减轻当事人的诉讼负担,将法官"职权主义"转向为当事人答疑解惑,阐明法律适用上的问题,帮助当事人分析案情,引导其从容应诉。否则,"无论审判能够怎样完美地实现正义,如果付出的代价过于昂贵,则人们往往只能放弃通过审判来实现正义的希望"。[①]

(三)弥补因证据不足或法律缺失等原因造成对权利救济的缺位

在司法实践中,受当事人证据责任不清和举证能力不足的制约,原被告都难免有举证不能的情况发生。加之各种在实践中出现的法律适用上的边缘性问题或因法律规范滞后而无法为有罪判决提供充分依据时,如果法官仅以事实不清、证据不足甚至无法可依为由便轻易驳回原告或公诉人对加害人的犯罪指控,权利的救济和公平的实现就根本无从谈起。在这种情况下,如果不适宜启动正式的审判程序,则可以考虑通过协商对话调处等方法,使致害人主动接受被指控的罪名,法院就能够以此为依据对法律事实问题予以酌情认定,从而绕开了传统诉讼程序,依托一个既合理又合法的诉讼外纠纷解决途径,有效

---

① 棚濑孝雄.纠纷的解决与程序[M].王来新,译.北京:中国政法大学出版社,1996:266.

化解了事实认定或法律适用上的难题,使权利得到了及时救济。

(四)避免出现不必要的诉累和二次伤害,有利于社会稳定

在司法的协商调处过程中,法官按照"司法谦抑性"原则,本着"宽容"与"合作"的态度,依托协商达成的共识,做出双方均可接受的裁决。通过协商调处,一方面,受害人可以获得致害人主动而诚恳的道歉和自愿给予的经济补偿,有利于弥补案件给受害人带来的身心创伤;致害人也可以通过彼此沟通和相互理解更容易获得受害人的谅解,从而避免了受到长期羁押之刑的肉体之苦,双方以此方式合理避免了彼此陷入二次伤害的风险。通常来说,经过调解、和解和辩诉交易等协商调处方式结案的案件,由于是出于双方当事人自愿协商和自主选择的结果,所以大多都会坦然接受,很少出现上诉或是上访现象,避免了不必要的诉累,减少了许多后顾之忧,当事人也不会因像判决那样非赢即输的零和博弈结果而因此积怨,甚至出现打击报复现象,极大促进了社会稳定。

三、司法协商调处制度的可行性

可行性分析是进行制度创新时必不可少的环节,通过对司法协商调处制度的可行性研究,为进行制度设计提供合理而有效的实施路径。

(一)中华文化的"和合"思想为司法协商调处制度提供了适宜的土壤

"和合"思想是中华文化之精髓,也是中华民族千百年所追求的理想境界——人与自然、人与人的和谐统一,具体体现为群体与社会和谐、人际关系和谐、个人身心和谐等方面,孟子所言的"天时不如地利,地利不如人和"正是强调"和为贵"的思想,以宽容博大的精神传递着和谐理念,"和合"思想对于处理人与人之间的矛盾关系具有重要启发作用。在司法制度中引入协商调处的做法契合了中华文化的核心思想,具有本土化的优势,国人在观念上比较容易接受。受中国传统的"人情社会"、"熟人社会"文化的影响,人们通常不愿意在法庭上兵戎相见,素有"厌讼""息讼"心理,中国儒家文化的创始人孔子就希望对争讼者通过道德伦理的教化使其耻于争讼,从而实现"闾里不讼于巷,老幼不讼于庭"的和谐社会。这些文化基因都为协商调处方式解决纠纷提供了心理依托和思想基础。

（二）一系列司法体制改革措施为协商调处制度创造了条件

1998 年，我国政府正式签署了《公民权利和政治权利国际公约》，对于该《公约》与我国现行法律不一致的地方，如死刑的适用范围、犯罪嫌疑人的沉默权、疑罪从无等问题，这既显示出司法制度具体规定上的不同，也有司法理念上的不同。我国正在结合自身的实际国情，根据政治体制改革的总体要求，通过修改相关法律的方式，努力与公约各项要求的一致。2012 年 3 月，第十一届全国人民代表大会第五次会议通过了《中华人民共和国刑事诉讼法修正案》，把尊重和保障人权写入该法，并对证据制度、辩护制度、审判程序、执行程序和特别程序的规定做了重要突破，进一步规范了司法行为。该修正案以尊重和保障人权为宗旨，充分体现了对公民刑罚的谦抑性原则和轻刑化趋势，如规定了不得自证其罪，非法证据排除制度，扩大了刑事和解的范围，增加了附条件不起诉制度等，这些都体现了宽严相济的司法政策和和谐司法的理念。一系列司法改革措施的实施，为建立我国司法协商调处制度创造了积极条件，奠定了良好的司法环境。

（三）协商调处制度所实现的实质正义符合多元社会的价值取向

协商调处是在当事人之间进行的利益谈判和交换行为，不可能是完全依法进行的，如果是完全依法协商的话，那就与判决并无二致了。既然当事人之间可以谈，本身就说明了对某些法律的灵活变通执行。在司法调解的实践中，顺利达成的调解大都不会严格依法调解，只有具有了在法外的协商处理空间，调解才可以大有作为，否则就只能是司法判决的附属品。不仅在处理自身权利时不是完全依法协商，就连司法程序也要为调解的达成让路。比如法官作为促成调解达成的积极协调者，完全有必要和纠纷双方当事人进行接触，甚至是"亲密交流"，而这无疑违背了法官不得私下与当事人接触的司法原则。因此，司法协商调处有必要摆脱法条对它强有力的束缚，给予其必要的发挥空间，在处理双方权利时尊重双方意识自治和权利自决的要求，以调处结果的达成作为目标，通过司法的协商调处方式，实现在突破原有法律的基础上丰富对法律的理解，并对现行法律进行创新和发展。

当然，司法协商调处绝非有意违背法律的相关规定，突破法律的规定并非协商调处的初衷，而是协商调处得以顺利达成的依托。如果无须违反法律规定就能够达成协商一致的结果，那么协商调处和司法判决的结果就会高度一致，法官倒也省事了，同样是一种不错的协商结果。然而，实践中但凡双方想要协商调处的纠纷案件,一般都是双方并不愿意完全依法审判的案件,或是双方基于现实条件的考虑,如果完全依法审判或会陷入僵局,难以让双方满意,抑或是基于司法效率的考虑,如果经过诉讼程序的漫长等待,权利或有更大损失。但是,我们必须认识到,司法协商调处的"不合法"只是相对严格依法判决而言的,本身并非对法律的有意践踏,最终是为了维护双方权利,促成实质正义的实现。并且,无论双方怎么协商谈判,都会自觉不自觉地以现行法律作为参照,并成为双方进行讨价还价的筹码。当事人一方的某项违法行为将成为另一方要求其实现自己某项权利的依据,任何一方的违法行为必然会成为对方提出一项要求的筹码,双方在这种相互求偿的过程中寻找一个都能接受的平衡点,协商共识即达成了。于是,现行法律成了双方进行讨价还价的权利交易的直接依据。因此,司法协商调处又是依法进行的,具有"合法"性。不仅如此,司法协商调处过程必然要求双方当事人及其中间人严格依照协商调处的法律程序规定进行,即协商调处程序必须"合法"。通过对司法协商调处的制度化建构,对其进行严格规制,使其在现行法律赋予的合法空间内进行,不得违背法律的基本原则。

可见,司法协商调处是在"合法"与"非法"之间寻求一种动态平衡,最终以保障公民权利,实现实质正义为其归宿,这正适应了社会主体的意思自治和权利自决,符合多元社会的价值取向。

第二节　中国司法的协商调处制度建构

司法协商调处制度的出现对公民权利的影响表现在两个方面:一方面使公民能够对自身的诉讼权利做出自决处分,拥有了自主的程序选择权;另一方面公民通过这一机制也能够实际参与实体权利的分配。司法协商调处制度显示出司法关注的重点开始转向被害人及其因犯罪行为所带来的权利损害上,不再像传统司法那样,只是关注对犯罪本身的处罚而忽略了对犯罪所侵害的被害人权利的救济。司法协商调处制度在被害人与犯罪人之间的和解,被害人、犯罪人及第三方参与的调解,由被害人、犯罪人及多方参与的圆形会谈(包括控辩协商等)为三种主要形式,这一制度具有给被害人以补偿和由犯罪人提供的社区义务劳动具有潜在的补偿和修复受损的权利及社会关系的作用。① 这一机制在 20 世纪 90 年代在世界许多国家兴起的原因是"对传统司法程序的无效与高成本（从人与财力的角度讲）的一种回应；部分原因则是对传统司法系统无法负责地对待侵害人或者无法充分的关照被害人需求的一种回应"②。司法协商调处制度主要分为两类：一类是诉讼方式的协商调处制度，即控辩协商制度、案件速裁制度和社区司法制度等；另一类是非诉讼方式的协商调处制度，即替代性纠纷解决制度（ADR 制度），具体有调解和和解制度等。

一、健全控辩协商制度

（一）控辩协商的概念及发展现状

控辩协商，顾名思义，是指在控诉方和被告的辩护人之间进行的协商活动，类似制度在美国被称为"Plea Bargaining""Plea Agreement""Plea Copping"等。在美国比较正式的场合，如法律职业者和法学研究人员中，较为常用的词汇为"Plea Bargaining"，翻译过来即为辩诉交易。美国的辩诉交易一般在法院开庭审理前进行，由作为控诉方的检察官和被告人的辩护律师之间进行协商和交易，以检察官撤销、降格指控或要求法官从轻处罚为条件，换取被告人的积极认罪，达成双方均可接受的司法协议。根据《布莱克法律辞典》的解释："辩诉交易是指控诉方和刑事被告人达成的一项协议，根据该协议，被告人就一项较轻罪行或者多项指控中的一项认罪，以换取控诉方的让步，通常是更宽容的量刑或者取消其他指控。"③由此可知，辩诉交易是控辩双方经过协商达成的刑事契约。这种契约的达成主要有两种方式，一是对被指控罪名的协商。即检察官将起诉书中的多项罪名撤销一项或多项，或者将一项重罪指控为轻罪，以换取被告人认罪。二是对处以刑罚的协商。检察官向法官要求给予被告人比原判刑罚较轻的量刑，以换取被告人的认罪答辩。由于该制度对"罪刑法定"构成了巨大挑战，自其诞生之日起，就广受诟病，

---

① 丹尼尔·W.凡奈斯.全球视野下的恢复性司法[J].南京大学学报（哲学人文科学社会科学版），2005(4).

② 马明亮.协商性司法：一种新程序主义理念[M].北京：法律出版社，2007：71.

③ BRYAN A GARNER.BLACK.Law Dictionary，8th Ed.West Publishing Co.2004：1190.

一直处于争议声中。但是,鉴于该制度的实用性和对当事人的积极作用,它又受到了检察官和当事人,甚至法官的欢迎,并不断发展壮大,体现出顽强的生命力。

辩诉交易最早起源于美国,在19世纪后半期至20世纪初期,辩诉交易尚属于不合法的状态,但是在实践中却已经悄悄开始了。“二战”后,犯罪在美国日益猖獗,犯罪率居高不下,有限的司法资源已经无力应对日趋增多的刑事案件。检察官发现通过与被告人的律师进行协商,订立协议,明确约定给予被告人更宽容的量刑或是减少指控以换取其有罪答辩的办案方式灵活快速,可以节省司法资源,极大提高办案效率。于是,辩诉交易为美国司法机关广为接受,得以迅速发展并普及化,美国联邦最高法院则是在20世纪70年代才以布雷迪诉美国一案承认了辩诉交易在美国的合法化。1974年,美国通过对《联邦地区法院刑事诉讼规则》的修改,将辩诉交易的一般原则和程序写入其中,第一次以立法的形式确认了辩诉交易的法律地位及其合法性。如今,诉辩交易在美国相当普遍,大部分案件均采用此方式结案,占到了全部案件量的近90%。[①] 意大利的辩诉交易主要着眼于量刑,而与控诉关系不大。对于量刑而言,如果辩诉交易可以达成的话,刑度可以减少为应判刑罚的1/3。但是被告同样需要认可检察官对其罪行的指控,而不管是多么严重的指控都须接受,除非检察官主动降格或减少指控。对于该辩诉交易,法官同样有权表示接受或拒绝。2004年,台湾地区通过修改“刑事诉讼法”,增订了第七编的内容,从法律上正式引入辩诉交易制度。但是,作为大陆法系的台湾地区对辩诉交易的运用不同于美国,严格规定只有轻罪才可以适用辩诉交易,即3年以下刑期的犯罪,并且在适用辩诉交易的时间上也和美国有根本不同。台湾地区是在法院辩论终结和简易判决处刑前才得以适用,如果控辩双方能够达成合意,被告认罪,检察官就可以向法官申请依双方协商合意达成的协议进行判决。目前,辩诉交易制度作为许多国家刑事司法的一项重要制度,不仅在美国、英国和加拿大等普通法系国家迅速发展,而且已经扩展到大陆法系的法国、德国、意大利、俄罗斯等国家。

我国在司法实践中也开始或多或少,或明或暗地进行着控辩协商活动,只是由于我国的司法理念重在强调严格依法审判和定罪量刑,所以,除了非讼方式的当事人和解和司法调解外,禁止在诉讼活动中进行任何形式的交易行为和变通做法。庭审方式也是以职权主义的纠问式诉讼模式为主。这一模式与

---

① 徐友军.比较刑事程序结构[M].现代出版社,1992:82.

当事人主义相反,不关注当事人对自身权利的处分意见,尤其在涉及刑事案件的情况下往往是不被允许的,因而尚未正式引入辩诉交易制度。

在我国的司法审判实践中,法官通常只会依据法律规定单方面将当事人处于争议中的权利进行强制性处分,很少听取当事人对自身权利的处分意见。这种近乎"独断"式的判决没有经过与当事人的充分协商与沟通,无法使其心悦诚服,其结果往往是法官自认高明,当事人却是怨声载道,案结事不了,有时矛盾还会更加突出,继而上诉上访,社会效果差强人意。如果法官审判时发现证据有明显瑕疵,审判就会陷入久拖不决的僵持状态或不予受理的窘境。诉讼权利人的受损权利在很长时间内得不到应有的救济,对其难免造成二次伤害。这种严格依法审理不予变通做法常会导致既不利于对诉讼权利人的积极救济,也不利于对被追诉人的教育改造,使正义停留在判决书里,难以变成现实。可见,以追求绝对公正为目标的司法审判却最终失去了现实中的公正,这未免不是我们所希望看到的结果。如果我们能够对某些司法程序予以变通执行①,以求现实中的公正或是使公正能够来得更快些,这也不失为一个明智而务实的选择。控辩协商制度就是这样一种选择,其制度优势在于:一方面,受害方能够最大程度上得到预期的心理和物质补偿,实现对被害人权利的最大救济,善意沟通也使受害人更有可能谅解加害人;另一方面,在说服被告人认罪服法的前提下,给予从宽处罚,以利于其接受判决,积极改造,努力回归社会,充分发挥司法治病救人的作用,实现司法效益的最大化。

目前,我国已经在制度层面认可了诉讼和解及调解制度,使得双方当事人可以通过协商方式对赔偿数额和责任分担进行商谈,使当事人对自身诉讼权利拥有了较大的自主处分权,同时节省了司法资源,提高了司法效率。与和解与调解不同,控辩协商是在检察官与被告人(通过其律师)之间的一种"讨价还价"行为。虽然参与主体不同,但都是一种双赢的制度。司法机关通过辩诉交易,以最小的司法资源高效结案,受害人的权利得到了快速而现实的最大救济,加害人也可以因此得到治病救人式的积极改造,从而极大地消解了司法程序中残存的"以暴易暴"的因素,将解决纠纷的司法程序改造为对话的,而非对抗的,主动接受的,而非被动压制的司法程序。虽然辩诉交易并非对案件处理的最理想方式,但是它却在绝对公正难以实现的情况下,追求更为现实的相对

---

① 当然,这种变通也不是随意进行的,必须在法律的框架内,以法律制度作为依托。

公正,①从而在公正和效率之间找到了一个平衡点。

(二)对中国控辩协商制度的设想

1.中国控辩协商制度应坚持的原则

(1)当事人自愿处分原则

辩诉交易既然是一种刑事契约,就要遵循自愿原则。法官必须确定地认为被告的有罪答辩是出于理智而自愿做出的才被认定为有效协议。辩诉交易以控辩双方意思自治为前提,不得强迫任何一方接受辩诉交易。尤其要注重尊重被告人的自主性和自愿性,应当明确告之被告人进行有罪答辩的法律后果,使其接受辩诉交易是建立在理智决定的基础之上。回应型司法在客观上要求法官成为居中裁判的消极被动角色,旨在回应当事人的各种权利要求。因而,作为回应型司法中的辩诉交易制度应当采取"当事人主义"的诉讼结构,坚持以"当事人利益"为中心和当事人"权利自决"的精神,遵循"当事人处分原则"和"法官消极原则"。"当事人处分原则"是指当事人可以自由处分诉讼中的请求或是标的物。"法官消极原则",是指法官在审理和判决过程中处于消极中立地位,受控方主张的严格限制,采取"不告不理"原则,并能够在法律许可的范围内尽可能尊重控辩双方达成的权利处分契约。

(2)司法审查原则

法官在受理辩诉交易时虽要坚持法官消极原则,但是并不等于法官对控辩双方的辩诉交易无所作为。然而,事实恰恰相反,在辩诉交易的发起及审理过程中,应当注重强调法官对辩诉交易的司法审查功能。辩诉交易是检察官和被告人之间的交易,二者之间地位不平等,检察官在地位上无疑处于绝对优势,这会在无形中对当事人造成某种压力,使其极易丧失自主性,从而倾向于接受公诉人单方面提出的辩诉交易的要求。其后果可能既损害了被告人的合法权利,也不利于原告人权利的实现。比如,公诉人对指控罪名的证据不足时,基于胜诉的需要,以声称已经掌握犯罪事实的威吓手段,迫使被告人接受了一项实际上并未实施的指控,这就使被告蒙受了不白之冤,而公诉人促使被告人的非自愿认罪是以对被告人降格指控、撤销某项指控或是要求法官从轻处罚为代价,而这又可能对受害人带来经济上和精神上的二次伤害。因此,在辩诉交易中,处于中立地位的法官必须严格审查辩诉交易中被告人意思表示

---

① 对"成本—收益"的角度看,或许可以带来更为实惠的公正结果,这是每个理性经济人对自身权利处分的自愿而现实的选择。

的真实性、交易事实的真实性与合理性，以及交易是否在法律许可的范围内进行，严格贯彻司法审查原则。当控辩双方达成协议时，法官应当充分行使审查权和否决权。如果法院接受该辩诉交易协议，就可以在判决中直接采用这个协议而无须再开庭审理。① 如果法院不接受控辩双方达成的协议，则法院可以完全不受此协议约束，并可以允许被告人将有罪答辩撤回。

（3）不得违反"罪刑法定"原则

构建我国的控辩协商制度应当结合中国的具体国情，不应完全照搬西方国家的相关制度。"罪刑法定"原则是我国刑法规定的一项基本原则，即犯罪行为的界定、种类、构成要件和刑罚均应由法律明文规定。"罪刑法定"制度在我国的确立时间不长，对于约束司法机关谨慎运用刑罚权，惩罚犯罪，保护人权，防止刑罚权的滥用起到了积极作用。控辩协商也应在"罪刑法定"原则下进行，不得因被告人认罪为交换就可以不依照法律规定随意定罪处刑，这必然会动摇法律的权威性和威慑力。但是，被告人认罪完全可以作为酌定的减轻、从轻或免于处罚的情节进行认定，这就不会从根本上违反"罪刑法定"原则。因此，控辩协商不应当对定罪进行交易，只可对量刑进行交易，这是合理的。如果允许控辩双方对罪名进行交易，并且可以交换为一个毫不相干的罪名，那么就会闹出许多笑话，比如将强奸罪交易为盗窃罪等。相同的犯罪行为却会有许多不同的罪名，其结果会严重扰乱既定的法律规则和秩序，冲击人们的法律观念，甚至影响国家的法治进程，最终得不偿失。

2.对健全中国控辩协商制度的思考

（1）控辩协商的参与各方实际地位和相互关系问题

在控辩协商中，参与各方的实际地位和相互关系决定着其在协商谈判中的话语权，进而影响谈判结果，决定其公正与否。清楚认识和适度调整协商各方的地位和关系，可以为控辩协商的平等参与创造必要条件。因为控辩协商制度取决于一国的刑事诉讼结构，而刑事诉讼结构又取决于一国对刑事诉讼的价值取向。那么，刑事诉讼结构是什么，它为何能够影响甚至决定控辩协商的正常进行，这就需要从分析一国的刑事诉讼结构入手。我们先对刑事诉讼结构的概念进行界定，"刑事诉讼结构是指国家专门机关在当事人和其他诉讼参与人的参加下进行刑事诉讼的基本方式，以及专门机关、诉讼参与人在刑事

_____

① 因为在法官看来，刑事诉讼是被告人和公诉人就指控事实的真实性及证明力、能否入罪进行的辩论，对双方都无争议的事实和证据，如果被告人业已认罪，即指控罪名的真实性双方都不再存有任何异议时，法院就可以直接对此给予定罪处刑。

诉讼中形成的法律关系的格局"①。它是"由一定的目的所决定的,并由主要
诉讼程序和证据规则中的诉讼基本方式所体现的控诉、辩护、审判三方的法律
地位和相互关系"②。当今世界的刑事诉讼结构主要有三种类型:职权主义诉
讼结构、当事人主义诉讼结构、混合式诉讼结构。一个确定的刑事诉讼结构必
然要在保护人权和惩罚犯罪、程序公正与实体公正的价值目标间做出取舍选
择。③ 比如,职权主义的诉讼结构更注重对犯罪的惩处,视国家和社会的利
益高于一切,其在诉讼程序中体现为对被告人的辩护权做出严格限制,辩护
方的地位较低,无法与控诉方和审判方抗衡。当事人主义诉讼结构则更为
强调个人利益至上,国家利益应当让位于个人利益,遵循程序公正,注重保
障基本人权。在刑事诉讼中主要体现为对控诉权和审判权做出严格限制,
辩护权得到充分的重视和支持,从而使三者之间的关系更为平等。混合式
诉讼结构遵循价值均衡原则,注重吸收职权主义和当事人主义两种诉讼结
构的优势。

　　我国刑法坚持倡导打击犯罪、保护人民,并以此为我国刑事诉讼法的价值
取向。因此,我国的诉讼结构还是职权主义的。虽然在 1996 年刑事诉讼法修
改时将当事人主义吸收进来,但是并没有给予足够重视,控辩双方的实际地位
仍然很不平等。这使控辩协商制度在我国的建立困难重重,阻力很大。如果
控诉方和辩护方不能够平等地坐在一起进行协商、谈判,没有平等的话语权,
就难以实现真实而公平交易。为此,我们必须进一步确立当事人主义的诉讼
结构,对辩护权和被告人的实体权利给予充分保障,尊重并回应当事人双方权
利自治要求。只有将控、辩、审三方的地位和关系彻底理顺,加强辩护权,拘束
控诉权和审判权,将三者改造成为司法过程的平等参与者,我国的控辩协商制
度才能够从幕后走向前台,实现合法化。

　　(2)受害人权利的保障问题

　　控辩协商虽然是在检察官与被告人之间开展,通过检察官与被告人的律
师进行协商决定。作为被告人的辩护律师自然是站到被告人一方,积极维护
被告人的合法权利,并尽其所能为被告人谈判说情以换取以被告人从轻、减轻
以致免除刑罚的有利交易。但是,这就存在一个不容制度设计者所忽视的问
题,那就是在谈判过程中谁来维护受害人的权利。控辩协商一方是检察官,另

---

　　① 　陈光中.刑事诉讼法学[M].中国政法大学出版社,1996:10.
　　② 　李心鉴.刑事诉讼构造论[M].中国政法大学出版社,1992:7.
　　③ 　冀祥德.中国刑事辩护的困境与出路[J].政法论坛,2004(2).

一方是被告人的律师,律师无疑是维护被告人权利的人,检察官虽是对犯罪提起公诉的人,但其进行的辩诉交易则是出于迅速结案,节约司法资源的目的,对于证据的存疑或司法适用难题或因效率和结案的需要而轻易发起辩诉交易,以减少指控换取被告人认罪,并代替了对案件的进一步调查,这对于受害人来说未必是公平的。因此,在这一交易的过程中,法官作为客观中立的第三方,应当认真审核控辩协商的申请,了解双方协商的真实动机和具体细节,在充分考虑案情的重要性及复杂性的基础上,以维护受害人的合法权利为目的,做出接受或不接受控辩协商的决定。除此之外,作为公诉方的检察官应当有责任保障受害人的诉讼权利和实体权利的实现。因此,在发起控辩协商时,应当听取和尊重受害人意见,包括是否发起控辩协商及受害人能否接受一项具体的交易行为,向受害人释明控辩协商的利弊,以便于受害人做出真实的意思表示。在协商过程中,就协商的进展情况应当及时与受害人沟通,对其提出的各项权利要求给予积极回应。

(3)控辩协商的必要限度

公民社会的发展使强调规则主义的公法和强调意思自治、协商合意的私法加快了整合与一体化进程,固守任何一方都不是一个明智的选择。既不能只讲规则和程序正义而不顾及现实性与实质正义,也不能走向另一极端,把公法所保护的受害人权利完全当成一种市场交易,不考虑公法所具有的对犯罪的惩治和威慑作用,以及所担负的社会功能和责任,使其成为又一个钱权交易的场所,从而诱发新的司法不公和徇私枉法。所以,控辩协商应当被严格限制在法律规定的框架之内,遵循必要的原则和底线。

在学习和引进国外辩诉交易制度以创建适合我国国情的控辩协商制度时,必须充分考虑我国的社会制度、文化传统和司法理念等因素,使控辩协商在必要的限度进行,不过于冲击我国现行司法制度的权威性和稳定性。基于此,笔者认为,在我国现阶段,将控辩协商适用于非严重刑事案件的被告人是可以接受的,如可能判处刑罚在3年以下有期徒刑的被告人,而不得随意用于实施任何犯罪的被告人,尤其是实施了严重犯罪行为的被告人。对于未成年的被告人、犯过失罪的被告人等也可以适用控辩协商制度。但是,控辩协商不能进行罪名交易,只可对量刑进行交易,否则就违反了罪刑法定原则。应当尽快修改现行法律,承认辩诉交易的合法性,使其从"潜规则"变成"明规则",将控辩协商纳入制度化的轨道,通过为控辩协商制定必要的原则、规则和程序要求,促其健康、有序、规范地发展。

二、完善案件速裁制度

(一)完善轻微刑事案件速裁制度

1.轻微刑事案件速裁制度的概念

轻微刑事案件专指一些案情相对简单、事实比较清楚、证据确实充分,同时被告人能够认罪服法的情节显著轻微的刑事案件。轻微刑事案件速裁制度是指对于此类案件,在遵循必要的法定程序、期限和保证办案质量的前提下,对审判工作流程进行简化,尽量缩短案件的办理期限,尽量依托当事人之间的协商与理解,对当事人之间的矛盾和纠纷进行积极调处,以促使案件更为灵活和快速裁决的一项司法制度。在法院实际审判工作中,类似于"轻微伤害""醉驾"等刑事案件频发。这些案件的特点就是情节轻微,案情简单,但是案件较多,经常发生,占用了大量的司法资源。如果完全按照正常程序审理这些轻微案件,许多更为严重的案件就会因司法资源有限而被拖延,而这些轻微案件也会因审理自然周期的存在而耽搁时间,使简单的案件复杂化。

为回应公众对提高案件处理效率、及时实现权利救济的呼声和期待,中央出台了《关于深化司法体制和社会体制改革的意见》,明确提出"完善轻微刑事案件快速办理机制"的司法改革要求。2014年6月27日,第十二届全国人大常委会第九次会议表决通过了《关于授权最高人民法院、最高人民检察院在部分地区开展刑事案件速裁程序试点工作的决定》,指出刑事案件速裁程序的适用是"为进一步完善刑事诉讼程序,合理配置司法资源,提高审理刑事案件的质量与效率,维护当事人的合法权益",适用速裁程序的案件为"事实清楚,证据充分,被告人自愿认罪,当事人对适用法律没有争议的危险驾驶、交通肇事、盗窃、诈骗、抢夺、伤害、寻衅滋事等情节较轻,依法可能判处一年以下有期徒刑、拘役、管制的案件,或者依法单处罚金的案件"。[①]

2.轻微刑事案件速裁制度的具体适用

试点法院在受理此类案件时,可以按照相关规定对刑事诉讼法规定的司法程序予以简化适用,但应当遵循刑事诉讼法的基本原则。因为程序的简化

---

① 全国人民代表大会常务委员会关于授权最高人民法院、最高人民检察院在部分地区开展刑事案件速裁程序试点工作的决定[EB/OL]. http://www.gov.cn/xinwen/2014-06/27/content_2709113.htm,2014-6-27.

是在案情事实清楚,证据充分,被告人已经认罪的这一前提下,这就使得执行原有司法程序的意义不大。当前司法工作的重点和迫切需要是推动案件的繁简分流,对司法资源进行优化配置,将稀缺的司法资源用于重大疑难案件的审理,以充分辩明是非,伸张正义,而对于轻微刑事案件,正义已经不言自明,就要着眼于让正义来得更快些。简化程序、快速裁决并不是随意裁决,草草了事,速裁建立在对案件事实和证据的充分了解和掌握的基础之上,通过减少不必要的说理环节,使协商调处过程更具效率。但是,必须注重同等保障案件当事人的合法权利,确保司法公正的实现。全国人大常委会在《关于授权最高人民法院、最高人民检察院在部分地区开展刑事案件速裁程序试点工作的决定》中规定,速裁案件开庭时间灵活,不作限制要求,开庭可不安排法庭调查和辩论,但须听取被告最后陈述,裁判文书可以简化,办案期限可以缩短。这为我们大致明确了速裁制度在审判各阶段的要求,但是尚需进一步细化。比如,开庭时间不受限制是为了能够实现随时进行快速送达的效果。那么,送达方式就应当是灵活多样的,以实现快速送达为目的,不拘泥于严格的形式,除了传统的传票形式外,口信、电话、传真等都应当成为速裁案件的送达方式。目前,许多法院已经采用这些形式送达,但是,我们还应考虑送达方式与送达效果两者之间的平衡,在实现便捷快速送达的同时,努力实现送达的力度要求,不可顾此失彼。电话送达虽效率高,但是效力低,如果当事人不能接受,就要考虑必用其他方式。法庭开庭时,为了速裁需要,法庭调查和法庭辩论可不进行,但是,应当允许当事人对此提出异议,对异议提出的适格主体及异议程序的规定需要进一步明确化。既然本身就是速裁程序,那么异议程序也应当遵循便捷快速的原则。裁判文书可以简化,但是具体应当简化到一个什么程度,也需要明确。笔者认为,既然是事实清楚、证据充分的轻微案件,其制度设计的初衷又是为了提高司法效率,那么不妨将裁判文书做进一步简化,对于起诉书上所列的没有争议的案件事实,在经过庭审法官的确认后,判决书可以准许直接引用起诉书内容,或是将该类判决书设计成可以反复套用的固定格式,以减轻法官的工作量。除此之外,在速裁程序进行时,如果出现不能适用速裁的特殊情况,还应明确规定速裁程序和普通程序之间进行转换的要求和流程。

(二)完善小额民事案件速裁制度

小额速裁制度建立的初衷与轻微刑事案件速裁制度是一样的,只是它是对应于民事案件的一项速裁制度。其亦是基于我国的具体国情和此类案件在司法实践中多发的情况,为节约司法资源,提高司法效率,回应广大人民群众对稀缺司法资源的需要和期待,司法过程对法律关系相对单一、事实比较清楚的案件,通过能动地适用法律规定,简化诉讼程序,以实现快速审理、速裁速决,及时回应公民对权利保障需要的一种民事速裁制度。

2011 年 4 月,最高人民法院下发《关于部分基层人民法院开展小额速裁试点工作指导意见》,在全国范围内开展小额速裁的试点工作。小额速裁同样采取当事人自愿原则,开庭时间灵活,不设时间限制,可以根据当事人申请的时间和地点开庭,并允许安排在休息日或是晚间进行。小额速裁的标的额度一般为 2 万元以下,并对受案范围作了明确规定,如借贷纠纷,租赁纠纷,抚养费纠纷,交通事故及人身损害赔偿纠纷,水、电、气等费用纠纷案件。在诉讼程序上,小额速裁贯彻调解优先的原则,并实行一裁终决制。如果当事人不服判决,可在判决书下达之日起 10 日内向原审法院提出异议申请,由原审法院重新指定审判员对申请进行审查。如审查后发现异议不成立,3 日内予以驳回,如异议成立,则在撤销原审判决,并适用普通程序对案件进行重新审理。如果异议被驳回,而审理裁决又确有错误的案件,虽然按照规定不可以申诉,但是仍然可通过审判监督程序给予必要的纠正。

三、推进替代性纠纷解决制度

(一)替代性纠纷解决制度的概念

替代性纠纷解决制度又称 ADR(Alternative dispute Resolution)制度,顾名思义,就是指用非讼方式替代诉讼方式解决纠纷的一种制度。随着当今社会诉讼案件的剧增,传统的审判方式承受着日益沉重的诉讼负荷,诉讼的高成本和判决的低效率日益突显,严重影响了对公民权利的救济和公平正义的实现。况且,刑罚的诸多副作用也在不断显现,尤其对于一些并非严重刑事案件,适用刑罚的效果很可能适得其反,事与愿违,司法制度面临着高成本低功效的弊病,社会呼吁多元化的纠纷解决制度。于是,替代性纠纷解决制度应运而生。

ADR 制度本着"权利自治"的理念,依当事人自主合意决定是否启动 ADR,注重纠纷解决的多方参与,通过一定的协商对话程序进行,依托当事人之间的理性沟通,达成共识,从而实现当事人对权利自主处分的目的。ADR制度的具体形式可以有多种,只要是非讼的纠纷解决方式大都可以列入此类。美国是最早将 ADR 与诉讼程序相结合的国家,结合后的 ADR 制度兼具司法的性质,成为司法非讼纠纷解决制度,又称司法 ADR 制度①。根据《美国联邦民事诉讼规则》第 16 条第 3 款的规定,在案件审理前,美国法院一般都会主持召开由双方当事人或其律师参加的审理前会议,具体协商案件的准备工作,并就案件和解的可能性以及是否可以利用审判外的程序解决纠纷进行协商和讨论。② 可见,ADR 制度作为 20 世纪后期西方国家司法改革的产物,是法院解决纠纷的首选方式。由于它能够避免开庭审理案件,比传统诉讼程序更为便捷高效,也不会使双方当事人的关系走向完全对立的情境,更有利于受损社会关系的最大修复和权利与利益的积极救济,对我国正在进行的司法改革具有重要的借鉴意义。

(二)替代性纠纷解决制度的具体类型

1.调解制度与和解制度

目前,我国的 ADR 制度还没有正式建立起来,但是,我国学术界对 ADR 制度的研究已经开始。ADR 制度没有在法律文本上正式确立并不等于我国没有类似于 ADR 的制度。我国具有类似于 ADR 性质的制度当然是存在的,最为典型的制度就是调解制度与和解制度。调解制度是指在作为中间人的第三方的排解和疏导下,经过说服和谅解,双方当事人就发生的纠纷自愿达成协议,以化解纠纷的一种制度。调解制度具体分为法院调解、人民调解、行政调解和仲裁调解等形式,和解制度具体分为诉讼前和解、诉讼和解、执行和解及仲裁和解等形式。由于受当事人证据能力和诉讼时间和成本所限,我们很难做到对每个案件事实清楚。许多时候,我们也未必一定要搞清楚事实是什么。因为无论是诉讼、仲裁还是其他非讼方式,其根本目的不过是解决纠纷,恢复受损的权利和利益,最终不是为了查清事实,查清事实只是解决纠纷的方式之一,是为了解决纠纷的需要而已。因此,如果双方当事人自愿和解或接受调解,对自身权利做出让步,以促成和解或调解的实现,即使事实并非完全清楚,我们也应在法律规定范围内,依据"权利自治"原则,尊重当事人对自身权利的自决处分。当然,和解和调解都应依法进行,不得以引诱和胁迫等方式,使任

---

① 根据纠纷主持人的不同类别,ADR 制度可分为由民间机构主持的 ADR 制度,如我国的人民调解、美国的邻里司法中心等;由国家行政机关所设立的纠纷解决机构主持的 ADR 制度,如行政调解;由法院主持的 ADR 制度,即司法 ADR 制度,虽由法院主持,但完全不同于诉讼程序,仍是诉讼外纠纷解决制度,以美国法院的 ADR 制度最为典型。

② 白绿铉.美国民事诉讼法[M].北京:经济日报出版社,1996:114.

何一方违背其真实意愿做出接受和解或调解的意思表示。无论是调解还是和解，均因当事人达成了解决纠纷的协议而宣布撤回起诉或中止已经进行的诉讼，法院无须再继续查明事实，通过判决的方式对双方权利做出强制性处分。法院不仅不会禁止当事人之间达成合意，还会通过法律保护双方当事人合意的效力。比如，法院调解虽然取决于当事人的自愿，但其所形成的调解文书则具有强制力，与判决书具有同等效力。由于人民调解和行政调解属于合同性质，并不具有强制效力。最高人民法院为保护当事人之间的自愿协商之契约关系，维护调解的法律效力，制定了司法确认制度①，通过司法权支持和保障人民调解、行政调解和仲裁调解的法律效力，为调解协议的有效执行提供了司法救济和保障手段，从而有利于减少诉讼，促进社会稳定。和解达成的协议均不具有强制约束力，如果一方当事人违反和解协议，另一方当事人不能请求人民法院予以强制执行，即不受司法权的支持和保障。但是，另一方当事人可以通过向法院提起诉讼或是根据约定申请仲裁的方式寻求司法权介入解决纠纷。

从制度功能的角度来说，协商的目的无非是使协商双方能够达成一个对自己和对方都有利的协议。显然，互利是协商的动力，亦是该项制度的重要功能。协商方式使双方都能够有更多机会参与到纠纷解决过程中，并从中找到共同点和互利点，从而实现合作与双赢，这是符合经济学上"帕累托最优"（Pareto Optimality）②定理的。在纠纷解决过程中，如果一方获利，一方受损，或是双方利益都受损，其结果只能是"帕累托次优"和"帕累托最劣"。由于没有任何一方甘愿利益受损，大家自然受"帕累托最优"定理的约束，以求在实现自身利益时，适当关照和回应对方的合理要求。在调解与和解中，双方当事人对自身诉讼权利拥有较大自主处分空间，能够通过对话和协商方式对赔偿数额和责任分担等彼此关心的问题达成协议。法院鼓励当事人进行和解和调解，

---

①　2009年7月24日，最高人民法院发布了《关于建立健全诉讼与非诉讼相衔接的矛盾纠纷解决机制的若干意见》，明确规定"经行政机关、人民调解组织、商事调解组织、行业调解组织或者其他具有调解职能的组织调解达成的具有民事合同性质的协议，经调解组织和调解员签字盖章后，当事人可以申请有管辖权的人民法院确认其效力"。2010年审议通过的人民调解法又以立法的形式明确了司法确认制度。至此，司法确认制度正式入法，成为国家司法制度之一。

②　帕累托最优也称帕累托效率，是指资源分配的一种理想状态。这一状态在没有使任何人境况变坏的前提下，可以使得其中一个人或多个人变得更好。而此时，无法在不使任何其他人受损的前提下改善某些人的境况，帕累托最优是对公平和效率的最优状态。

通过积极沟通化解争议。由于 ADR 制度不启动传统的审判程序,可以极大地节省司法资源,提高司法效率。司法机关应当充分利用和解、调解等多种方式,倡导"和谐司法"理念,积极回应公众对司法资源的需求和对权利自决的要求,实现对当事人权利的充分关注和有效救济。

2.社区司法制度

(1)社区司法的概念

随着各个部门法律规范的逐步建立和不断完善,法的体系越来越庞大,内容越来越复杂,经常使人们望而却步,反而限制了法的价值实现,成为法发展过程中的瓶颈。之所以会出现这种悖论现象,主要是由于法律发展的精英化造成的。自古以来,法都是统治阶级为维护自身利益而制定的,当代社会的法律是由社会精英群体参与和推动的。这就使法律表现出理论化有余,平民化不足的特点,违背了法的接近原则,即接近公民,方便公民和服务公民的原则。一方面,许多普通公民鉴于法律规范的艰涩难懂,而不愿将纠纷的解决求助于法院;另一方面,由于许多来自社会底层的公民法律意识缺失,犯罪率不断上升,给司法审判和监管带来沉重负担,司法成本不断加大,资源濒临耗竭。国家刑事司法制度不断暴露出在控制犯罪方面的局限性。18 世纪法国著名思想家孟德斯鸠就曾经说过"刑罚可以防止一般邪恶的许多后果,但是刑罚不能铲除邪恶本身"[①]。这说明刑罚并不是唯一的,也不是最好的惩治犯罪的方式,社会需要对现行的刑罚方式进行反思和创新,社区司法呼之欲出。

(2)社区司法的功能

马克思告诉我们,人是社会的动物,社会性是人的本质属性。但是,人的活动范围毕竟是有限而相对固定的。社会性具体到每个人来说,就是他所赖以生存的环境,如居住的社区、学校、工作单位等。每个地方都有着自己特有的文化和氛围,并通过一定的规则和习俗维系着区域内社会秩序的相对稳定。社区就是由区域性文化维系的共同体。生活在共同体中的人们都深受该社区文化的影响,通过改变其赖以生存的社会环境,就可以改变一个人的行为方式,这就为司法与社区的结合提供了资以借鉴的思路。司法通过对犯罪行为人所生活社区的介入,找出社区中潜在的犯罪诱导因素,利用社区内的人力和资源优势对犯罪诱因进行化解,并对犯罪行为人进行直接干预。这种依托于社区环境对犯罪行为人进行改造的司法方式,能够极大地避免生活在监狱环境下发生交叉感染的危害,以及对其身心造成的二次伤害,使其顺利回归社

---

① 孟德斯鸠.论法的精神[M].张雁深,译.北京:商务印书馆,1996:85.

会,从根本上矫正犯罪行为。司法在处理具体案件时,通过依托社区文化的地缘优势和认知共性,可以实现与被告人更为积极的沟通,对于恢复被犯罪行为人业已破坏的社会关系具有重要作用。在社区司法中,程序正义被相对弱化,实体正义得到进一步强化,社区司法更加突出人性化的特点,强调"突破实体法和程序法的限界,综合运用修复、矫正、和解、谅解、沟通、包容等超越法律规范的开放性的原则来实现实体法律所无法企及的目标"①。美国学者科列和卡普给社区司法下了一个有代表性的定义,即"社区司法指以社会的秩序整合和提升社区生活品质为目标而由社区直接参与的犯罪预防以及社区主导的各种司法活动的总称"②。在社区司法环境中,各方当事人可以比在严肃的法庭上有更多的发言机会,表达也更为自由和充分,气氛也比在充满对抗的法庭上更为宽容与和谐,可以充分参与到对问题的解决过程中,进行更为平等的沟通和协商,诉求能够得到足够重视和回应。社区司法并不追求替代国家主流司法制度,也不否认受害人与被告人在法律上应予享有的各项权利,只是尝试借助社区在预防犯罪方面的优势地位以突破传统司法在惩治犯罪上的局限性。因此,社会司法并不是刑事司法在社区中的简单延伸,而是致力于更好地对问题进行协商解决和有效回应,以促进问题得到妥善处置而使司法在社区中创新和发展。

(三)社区司法制度的适用与创新

社区司法在惩罚刑事犯罪方面的作用并不是绝对的,应视犯罪情节给予区别对待。社区司法一般只适合于情节并不严重的犯罪,如涉及罪大恶极的暴力犯罪、累犯、惯犯等就不再适用。如果将罪行严重的犯罪分子放回社区处理或管治,就无异于放虎归山,不仅对犯罪行为人所在的社区,甚至整个社会都会带来不稳定因素。但是,我们也不能因此而畏首畏尾,裹足不前。我们应当积极尝试在更多的犯罪类型和刑罚量刑中适用社区司法。

2011年2月,《中华人民共和国刑法修正案(八)》首次将社区矫正写入《刑法》,并明确规定,社区矫正主要适用于判处管制、缓刑、暂予监外执行、假释和被剥夺政治权利并在社会上服刑的罪犯等五种类型。这是对创建社区司

---

① 李本森.社区司法与刑事司法的双系耦合[J].法律科学(西北政法大学学报),2014(1).

② TODD R CLEAR, DAVID R KARP. The Community Justice Ideal. Westview Press,1999:25.

法制度的一个重要突破。但是,社区矫正并不等同于社区司法,社区矫正只是社区司法的一个方面。除此之外,社区司法还应包括社区警务、社区调解等众多司法方式。由于我国的社区司法制度目前尚处于探索和起步阶段,在法律上也只是规定了社区矫正制度,对于社区司法的定义和范围还没有法律上的明确规定。这说明社区司法在我国还没有引起足够的重视,这一概念只是处在学术研究阶段,在法律上仍属于空白领域,还需要法学界和实务界通过司法实践,在丰富相关经验的基础上创新社区司法的模式,引入社区司法中心、社区被害人救助中心、社区法院、社区量刑中心等,通过建章立制,尽快将其纳入制度化轨道。对于已经纳入制度化的社区矫正,也需要进一步扩展其职能。社区矫正不是将执行刑罚的地点转移到社区这么简单,而是要充分利用社区在改造犯罪、治病救人上最为接近,便于有效回应的优势,通过制度创新发挥社区的管理、教育和感化作用。社区司法的目标是促进社区成员共同和平等地参与社区司法事务,通过对话与协商创建司法共识,以维系社区的安全、稳定与和谐。在社区司法建设上,应重视调动社区自身的主动性,让更多的社区居民参与其中,发挥社区的自治功能,彰显社区的文化和智慧,通过司法共识的方式对社区内的司法事务进行自我管理和决策,改变社区司法的行政化和模式化,通过社区司法最大限度地化解国家主导的"职权主义"司法制度与社会主导的"当事人主义"司法自治之间的张力,确立以平等、参与、包容与合作的社区司法理念,真正激发社区的创造性,促进司法的开放性与回应性。

(四)替代性纠纷解决制度应注意的问题

1.法院在替代性纠纷解决制度中的定位

由于调解是"第三方对民事纠纷的双方当事人进行斡旋协调,促进双方当事人妥协让步,达成调解协议,从而解决纠纷的机制"[①]。那么,第三方则承担着提出或修正调解方案,协调双方利益的作用,在纠纷调解中的地位非常关键。在司法调解中,法院作为第三方具有非常强势的地位。司法调解在本义上虽然是当事人之间自主解决纠纷、自愿处分权利的活动,但是,调解必然在法院的指导下进行。这就存在一个非常棘手的问题,就是法官对调解活动的指导权和当事人对纠纷的处分权该如何平衡。不可否认,法院的指导不仅体现为法官对调解活动的参与和主持,而且还会就纠纷问题提出具体的调解方案,这对当事人无疑具有判决意义上的压力。法官通过对纠纷调解的程序权

---

① 张卫平.新民事诉讼法专题讲座[M].北京:中国法制出版社,2012:183.

利和实体权利的支配,对调解享有十足的支配权,消解了当事人对调解的主体地位,使纠纷解决的结果并不直接取决于当事人双方的自愿和合意做出。于是,当事人的合意在法官的调解下被扭曲了。法院在调解中倾向于"以判压调""以拖压调",这显然违背了当事人自愿调解的原则。可见,法院在替代性纠纷解决制度中的定位亟须调整。法院作为调解人的角色如何定位的问题,每个国家的做法不尽相同,但大都采用了调审分离的原则。调审分离又可具体为两种方式,一是让部分法官充任调解官,专职于调解工作,而不参与审判案件。二是由司法行政主管部门通过选任有学识和威望的人,组成调解委员会,专门受理案件的调解工作。调审分离可以消解法官借助审判权所拥有的在调解中的强势地位,避免法官利用判决为调解施压的情形,使调解的氛围更为宽松,为平等协商和充分沟通创造条件。

2.完善调解监督程序

完善的调解监督程序对于保障调解的公平和公正至关重要。加强对法院调解工作的监督,可以依照审判监督程序,对在调解中违反当事人自愿原则,强制当事人进行调解,侵犯当事人诉讼权利的行为,或是滥用调解权,进行恶意调解,谋取不正当利益的行为,或是调解过程严重违背司法原则和理念,调解结果明显违背公平正义的行为,必须对相关责任人给予严厉处罚。建立和完善对不当调解做出的协议予以依法撤销的程序和制度,允许当事人反悔,明确规定可以由权利受损一方当事人提出对调解协议无效的审查。完善调解监督程序,还应建立调解员回避制度,对于参与当事人案件调解工作的法官不得再度担任案件主审法官,以避免因调解工作和审判工作的不当关联而对案件的调解和审判的公正性进行产生不良影响。在一项调解中,应当保证调解过程公开和透明,并接受社会公众的监督。

第七章 中国回应型司法的 实践困境及化解

回应行为是在多个主体之间展开的,有提出诉求的一方,另一方对该诉求做出回应,而提出诉求的一方对于另一方的回应也可以给予回应,其回应还可能得到另一方的再次回应,直至问题的解决。可见,回应不是一蹴而就的,它以问题的最终完结为使命,可以多次循环往复。在这一过程中,诉求方与应答方的角色也在不断变换,这说明,回应行为亦具有相互性。回应型司法是以回应行为为显著特征的司法模式,表现为司法与多个主体之间的回应过程,司法回应在包括宪法、公众和当事人在内的诉求方和由法官组成的应答方之间进行。在明确了回应主体和回应关系之后,我们再分析司法回应陷入困境的表现及其产生的可能因素。通过对回应型司法实践困境产生原因的分析,找到对回应型司法实践困境的化解之策。

第一节 司法回应机制失灵的表现

回应机制的正常工作依托于回应主体(包括诉求方和应答方)的适格与功能完备和回应过程的有效运转,回应机制的失灵既可能缘于主体因素,也可能缘于过程因素。只有通过对成因的客观分析和认真寻找,发现症结所在,对症下药,才能从根本上解决回应机制的困境问题。从回应机制的工作原理分析,回应失灵一般常见于以下四种情况,笔者结合司法的回应机制进行具体分析。

一、司法回应机制启动不能

诉求方不能提出自己的诉求,应答方也就无从反馈,因而导致回应机制无法启动。回应机制以诉求方提出要求为回应过程的起点,同时也是回应的动力所在,没有要求就无所谓回应。在这种情况下,对于回应失灵,应当具体分析诉求方不提要求的真实原因。是诉求方确实没有诉求还是不愿意提出诉求?是由于诉求方法律知识缺失而不能发现既有问题,还是诉求方的情感冷漠、法律意识、权利要求淡薄所致?诉求方是否难以找到提要求的具体入口和路径?是否缘于提出诉求的成本过高而收效甚微?各种原因,不再逐一列举。找到原因所在,通过采取针对性措施,可以最大限度地避免问题的发生。对于司法回应机制来说,公众诉求的提出取决于诉求方法律素养的高低和权利意识的强弱。如果对于明显存在问题的判决却没有表现出更多的民怨诉求,那么我们就有必要对这一指标进行评估,从而确定是公众没有发现问题还是没有提出诉求的主观意愿。在这些因素被排除后,再对公众提出诉求的制度化路径进行考察,明确公众可以通过哪些途径提出诉求,这些渠道是否全部畅通,存在哪些阻碍因素,并进一步考察这些路径的参与成本及其成效高低。

二、司法回应机制反馈失灵

诉求方提出了自己的诉求,但是没有收到应答方相应的反馈信息,从而出现回应机制的反馈失灵。对于这种情况,应当找到应答方不予应答的原因,是缺少对应答方的制度拘束使其懈怠应答还是囿于某种力量的干预而不能自主应答?是诉求方提出的要求不合理还是不属于其职责范围?是应答方没有能力应答还是基于某种不愿公开的因素而无法正面应答?对于司法回应机制来说,如果法官对公众诉求没有做出回应就要首先确定法官是否怠于回应,现有制度对此有无必要的规制措施;是否存在行政权力干预司法导致的法官无法自主回应的情况。在排除这些可能后,再进一步分析公众诉求的可回应性,即诉求是否属于法律问题,是否有法可依,是否缺乏合理性等,以及法官不予回应的具体原因,如有无司法滥权或是徇私枉法行为致使法官不敢公开回应的情况。

三、司法回应机制反馈延迟

诉求方提出自己的诉求后,应答方做出反馈的时间过长,久拖不决,使反馈失去实际意义,亦是回应机制失灵的表现。应答方做出应答的时间取决于回应机制内部的运行情况。如果回应机制存在沟通问题,致使协商活动无法顺利进行,如"飞地协商"(enclave deliberation)。"飞地"是指在一个单位里,与其成片土地相分离,但仍然属于该管辖区域的土地。由于行政主体无法只是经过自己的属地直接到达该地,必须"飞"越其他行政主体的属地才可以到达,故称"飞地"。① "飞地协商"的概念被用来指在同一个行政区域的人们大部分时间内在一个相对隔离的空间进行交谈。由于地理位置的阻碍导致沟通上的不及时和不到位,加之存在各自不同的实际情况等因素影响,应答方相互之间分歧较大,对诉求方提出的问题难以达成一致意见,协商进程缓慢,共识迟迟不能做出,就会出现久拖不决、延迟回应的情况。在司法回应机制中,如果无法将持有不同意见的各种主体有效地组织到一起,各自均在自己的圈子里发表自以为是的意见,而不是各方坐到一起,就不同观点进行充分沟通和协商交流,就很难达成彼此的宽容和理解,观点和立场的妥协和转换更是难以实现,协商共识也就无从谈起。因此,在实际的司法协商机制中,协商形式的设计合理与否对于协商的顺利开展至关重要。协商形式涉及司法协商的时间、地点和具体方式等。具体形式又包括协商主持人的选择方式,各方发言的原则、顺序、方式及对协商意见的集中与整合的原则、方式和过程,避免协商不充分、走过场的现象,以促进各方共识的实现。

四、司法回应机制信息丢失

诉求在到达应答方的过程中出现丢失或失真,导致回应机制无法反馈;反之亦然,如果应答方的反馈在到达诉求方的过程中出现丢失或失真,也会导致回应机制失灵。信息失真是指信息在传递过程中偏离了信息源发出的真实信息,具体表现为信息缺失、信息遗漏、信息不对称、信息滞后和虚假信息等形

---

① 飞地是国际法上的一个重要概念之一,相关法学辞典对它的一般定义是"一国位于他国国境之内,且不与本国毗连的领土"。如美国的阿拉斯加,位于北美洲西北部,与美国本土不相连,就属于美国的飞地。

式。在回应机制的运作过程中,双方信息的传递有着至关重要的作用。信息是回应的基础,是提出解决方案的依据。信息的真实与否、传递是否顺畅将直接关系到对诉求问题能否做出妥善应答。现阶段,在司法诉求和应答信息的传递过程中,由于网络上各种虚假信息①的干扰,加之媒体时常对一些未决案件妄加评论和审前介入,在推动司法信息更快传递的同时,也增加了信息被劫持的风险。信息传递的层级结构极大影响了信息传递的准确性,增加了传递过程中的信息损耗和失真情况的发生。信息传递的层级越多,其速度越慢,信息的损耗越大。因为信息传递到每一个层级后,该层级都会对信息进行重新认知和理解,这一过程就必然会产生某些或大或小的偏差,层级越多,偏差越大。除此之外,对信息传输的垄断更是加大了信息失真的可能。由于受司法信息中利益因素的作用,信息传递者基于自身利益和主观偏好的考虑,会有意无意地对信息做符合自身利益和偏好的过滤后再传递到下一层级,这种选择性传递在传输路径垄断的情况下则会表现得尤为突出。因为在缺乏其他信息来源相互印证的情况下,其信息选择行为不易被人发现,信息垄断者甚至会利用其信息垄断地位进行寻租。在司法的回应机制中,如果缺少全方位的司法信息传播渠道,却又有着众多的司法信息传播层级,司法信息在传递过程中就很难保证信息的真实有效、始终如一。

第二节 中国回应型司法实践困境之成因

一、司法过程的行政干预使司法回应失灵

对于西方现代民主制度健全的国家来说,行政干预司法被看作是一种严重的政治禁忌,政府干预司法很容易授人以柄。于是,行政权力因诸多顾忌而更加审慎,很少直接干预司法。然而,在我国的现阶段,行政对司法的干预却非常普遍,有时甚至是堂而皇之,以所谓的影响招商引资、经济发展和社会稳

---

① 国家加大了对网络大 V,即网络上拥有众多粉丝的公众人物的监管,同时,严厉处罚了一大批网络谣言的制造者,这些人在信息传递的过程中,对信息的真实性进行了歪曲,或是制造出完全不存在的虚假信息,严重干扰了信息的正常传递。

定的大局为名,以向法院发公函的方式直接干预司法审判。中国青年报曾刊文披露陕西省发生的一起矿权纠纷案件,当事人一方不服陕西省高级人民法院的判决,上诉至最高人民法院。然而,在最高人民法院审理过程中,陕西省政府办公厅向最高人民法院发函,表示最高人民法院如果维持省高级人民法院的判决,将会产生影响陕西省发展和稳定大局的严重后果等等。[①] 这还是地方行政机关对最高人民法院审判过程进行的指手画脚,如果案件放到同级人民法院,地方行政权力则会以更为直接的方式对司法进行干预。这种例子可谓多得不胜枚举,只是国人已经习惯了,以至于见怪不怪罢了。

《中华人民共和国宪法》规定:"人民法院依照法律规定独立行使审判权,不受行政机关、社会团体和个人的干涉。"《中华人民共和国法官法》第1条也进一步明确了"保障人民法院依法独立行使审判权"的原则,第三章第8条同时规定:"依法审判案件不受行政机关、社会团体和个人的干涉"是法官的当然权利。尽管从国家的根本大法到具体法律规定都一再重申法官的独立地位,然而,来自行政权力对司法的干预仍然是司法机关独立行使审判权的最大阻力。司法机关如果不能摆脱行政机关的干预就无法实现自身的真正独立,而司法的独立性是确保司法机体正常运转,并对外界反馈做出自由回应的前提条件,也只有独立的司法才能够与公众的司法参与实现直接对接,进而得以充分听取和反映公众意见。倘若司法权力受制于行政权力,那么,司法机关就要首先回应行政机关的意见和建议,公众的意见进入司法系统后就会被行政机关的意见所压制,司法机关则处于一种上迎下压的两难境地,其结果必然是要么禁止公众进行司法参与,要么对公众的司法意见置若罔闻,司法成为行政的奴仆。如此一来,司法在积极回应行政权力的同时,[②]对于公众参与就必然表现为消极回应或回应失灵。

二、司法参与成本过高使司法回应懈怠

司法参与原本是公民的一项重要政治权利,公民通过参与司法过程既可以监督审判权,又能够以自己的才智为审判过程提供意见和建议。这一过程

---

① 公函发至最高法 谁在干预司法:陕西省政府办公厅就矿权纠纷向最高法施压:不改判后果严重[N].上海法治报,2010-8-3.A07.

② 基于现有司法制度的人财物的管理由行政机关统辖,司法对行政机关的回应只能是一个服从式回应,而不是充满对话精神的协商式回应,这完全不同于对公众参与的回应。

不仅可以锻炼公民的司法参与能力,同时又使公民体验了正义感,实现了表达意见的权利和愿望。司法参与权作为公民的一项基本权利,是公民基于自身法律意识的觉醒而进行的自觉行为,不能由法律进行强制性规定。也就是说,对于作为一项权利的司法参与,应当本着"自愿"原则,公民既可以选择参与,积极行使这一权利,也可以选择不参与,自愿放弃这一权利。然而,在这种对权利的行使完全自愿的情况下,现实中的公民却普遍选择了放弃这一参与权利,使司法参与常常处于一种懈怠,甚至停摆的尴尬境地。比如,司法过程为某些典型案件举行执行听证会、新闻发布会以及各种法庭开放日活动,往往只有一些记者和与案件利益相关的人员参加,却少有普通民众参与的身影。公众一方面要求参与司法过程,以监督司法权;另一方面却又没有参与司法过程的实际热情,更不愿为此投入额外的金钱和精力。经过进一步研究发现,人们只是对与自己利益密切相关的案件才有实际参与的热情和动力,而司法参与成本的存在提高了普通民众参与司法的门槛。这一成本包括司法参与所必需的交通开支、时间占用、精力消耗、经济收入的影响等方面。而且,民众如果从快节奏生活中抽身出来亦可能对自身工作和生活等带来潜在的消极影响。与此同时,部分公众即使投入了成本,却往往又难以看到自身参与司法的实际效果,即司法参与的绩效很低。其具体表现为民众普遍认为自身参与执行听证对案件的执行过程并无太多实际作用,即"参不参加一个样",听证不过是一个形式而已,其结果是"什么也改变不了"。不可否认的是,生活在现实社会中的每个人都会通过"成本—收益"的计算予以趋利避害,对自身行为做出优化选择。于是,公众囿于司法参与的各种成本,而司法参与的收益并不明朗,故较为普遍地选择了放弃司法参与这一权力。

三、"理性无知"的广泛存在使司法回应偏离

　　"理性无知"这一概念在本书的上文中已经提到过,意思是每个人都在根据自己的深思熟虑而发表意见,或者进行投票。从表面上看,每个人都是理性的。然而,意见或投票结果却可能是非理性的。之所以出现这种情况,主要是基于每个人都是功利化经济人的假设,人们大都会根据自身利益、好恶、任性等进行选择和投票。尽管他们往往明知自己的决定并非客观公正,但他们仍会刻意把自己伪装成对信息占有的不对称,以此为自己的某种偏颇选择寻求看似合理的依据,巧妙地规避了使他们从"无知"中走向"清醒"的有用信息,这即是"理性无知"。在美国,这一概念经常用来形容选民。因为多数选民对政

治了解较少,通常表现得很无知,他们中许多人并不知道每个州到底有几个参议员,其各自任期是多长,他们的主要职责又是什么。他们对政治毫无兴趣,认为了解这些信息太费精力,就算自己煞费苦心地研究了所有候选人,而自己的一张选票对于改变整个选举结果又起不到什么作用。何况,至于谁能成功当选,这对自己的日常生活实在没有太大影响和改变。于是,他们就理性地选择了对政治的冷漠和无知,从而节约了自己的大量时间和精力去赚更多钱或是做自己喜欢做的事情。

在我国司法参与的实践中,亦可以发现"理性无知"者的普遍存在。他们对司法公开的信息熟视无睹,不愿意牺牲自己的工作或休息时间在法庭开放日到庭旁听,不参加各种面向公众的执行听证会。即使成为陪审员的公民,许多人也是怀着对自身有利的功利性目的而兼任这一职务的。他们要么一言不发,陪而不审,要么就是说些避重就轻,随声附和之语。他们认为个人参与司法的力量微乎其微,什么也改变不了,还不如先把自己的事情做好,这才是使自身利益最大化的明智之举。然而,任何一次可以形成强大正义力量的司法参与都是由众多的个体参与汇集而成的,没有个体的参与,哪来的群体行为?每个人对司法参与的冷漠就是整个社会对正义和良知的无视和亵渎,最终换来的将是司法权力的肆无忌惮,整个社会的公平和正义都将被无情地践踏,最终导致公民个人权利被恣意侵犯,徇私枉法呈常态化。当这一结果出现时,相信每个人都无法幸免成为司法滥权的受害者。

四、公众权利意识和法律素养缺失使司法回应低效

普通公众相对于职业法官而言,法律专业知识和法律思维都比较欠缺,如果自身又存在法律教育缺位的问题,通常就很难和法官在同一个层面上进行对话,无法理解法律职业者的法言法语,从而陷入一种法官和公众互不理解、自说自话的尴尬境地。因受众法律知识和能力所限,法官的释法说理过程即使透彻而充分,却也难以达到应有的说服效果。缺乏法律常识的民众经常会提出一些违背法律原则和程序或与法律毫不相干的问题和要求,法官只能不断解释,疲于应对,不仅会导致司法效率降低,而且还会使法官与公众产生对立情绪。

司法参与不是公众对司法过程的任意介入和情绪宣泄,司法回应也不应沦为对法律无知者的普法过程。如果那样的话,将会出现司法过程被随意干扰,司法资源被无端占用,司法回应低效无能的局面。因此,我们在鼓励公众

积极参与司法过程的同时,需要对公众司法参与行为进行必要而适当的引导和规制,不能让民粹主义的思想和行为在司法制度内泛滥,从而动摇司法的规则之治,损害司法的严肃性和权威性。

公众司法参与应遵循两个方面的基本要求,即形式要求和实质要求。对司法参与的形式要求是指公众司法参与是在司法规则约束下的一种有序参与,必须遵循法定的程序和规则。对司法参与的实质要求是司法参与作为一项相对专业化的行为,必然要参与者具备最基本的法律知识和法律思维素养,参与者应当能够知晓司法的基本原则和程序要求,能够理解案情主要信息、法律基本概念和法律要素之间的逻辑关系,可以听懂和理解法庭上法官、公诉人、辩护律师以及原告和被告之间的对话和言词辩论,能够从法律的角度对案件进行简单的分析,提出自己的意见和建议。哈贝马斯曾说过:"一个交往性的、成功的言语行为除了语言学表达的可领会性以外,还要求交往过程的参与者准备达到理解,要求他们高扬真实性、真诚性和正确性等有效性要求,并且相互地予以满足。"①如果司法参与者不具备这些基本素质,当其参与其中时,既无法理解审判过程,也不能正确表达意见,就无法顺利完成司法参与过程,势必影响司法参与的实际效果。因此,要使交往理性能够得到切实的贯彻,司法参与者只有凭借言语的有效性,社会共同体才能实现相互理解和达成共识。对于司法参与者来说,要么通过选择能够代表自己意见的适格主体参与司法过程;要么提高自身法律修养,使自己成为司法过程的适格主体,亲自参与司法过程。

第三节　中国回应型司法的实践困境之化解

一、依托全民普法教育,培育回应型司法的适格主体

回应型司法作为一项司法制度,其有效运作必然依赖作为回应型司法运行主体的公民对司法的参与、交涉和反馈等行为,其运行主体的基本素质将直接决定回应型司法的运行质量和水平。不得不承认的是,中国社会的传统观

---

① 哈贝马斯.交往与社会进化[M].重庆:重庆出版社,1989:32.

念对现代法治建设具有很大的制约作用,比如人治思想、清官思想、缺乏对程序正义的基本信仰等。许多人听到西方颇为著名的"毒树之果"理论时表现得不以为然,甚至嗤之以鼻,对于西方搞的辩诉交易、认罪协商等做法视为践踏法治尊严之举,完全不可接受。如果这种错误观念不加以改变,不能树立起现代社会的法治理念和人权观念,我国的司法改革措施就会面临很大阻力,难向纵深推进。因而,我们必须通过加强普法教育,提高回应型司法的参与者所需要的知识、观念和素养,大力培育回应型司法的适格主体。

根据回应型司法的特点和要求,回应型司法的适格主体应当具备的重要品格主要包括权利意识和法律素养两个方面。权利意识是指公众对于自身所享有的权利的一种理解、认知以及所持有的态度,尤其当自身权利受到侵害时,人们对救济自身权利的认识和能力。只有具有鲜明的权利意识的公民才懂得自身权利所在和如何捍卫自身权利。"某个人拥有权利,意味着他拥有的资格、力量和主张,别人负有不得侵夺不得妨碍的义务。"①法律素养主要是指公民所具有的法律理论、法律知识、法律思维、法律观念、法律信仰等对法律的认识及其运用能力。这两方面品格的提升都需要依靠教育的手段,教育是一种以促进人的发展为目的、以一定的组织形式开展的有计划性和系统性的传授知识和技能的活动,对人的发展和完善起着至关重要的作用。它可以增进公民的整体素质,强化公民对自我实现的需要,进而唤起公民的权利意识。这就解释了为什么精英大多都是受过良好教育的人。② 教育活动的机理在于通过使公民增加各方面知识,进而对问题理解得更为透彻,因此变得自信和独立,不再轻易服从世俗威权的压制,而关注于对问题本身的理解和值得信服的道理,并视之为圭臬。普法教育更是一种基于实践的教育,不能只是从概念到理论的学习,纸上谈兵终觉浅,在实践中学习法律知识是最为有效的方式。有学者就指出,"司法改革的重点应该放在司法的'社会化'设法让司法本身承担教育的功能"③。法院通过让公众走进法庭,参加旁听,设立司法专业网站,直播庭审现场④,公开司法信息和判决说理过程等各种形式,在推动司法公开和

① 夏勇.走向权利的时代:中国公民权利发展研究[M].北京:中国政法大学出版社,2000:2.

② 这里的教育除了作为主体的学校教育外,当然也包括自我教育和社会教育等各种接受教育的方式,如自学成才、校外活动。

③ 夏勇,张明杰.改革司法[M].北京:社会科学文献出版社,2005:431.

④ 当然,对庭审现场的直播应遵循必要的司法程序和规则,如保护个人隐私和商业秘密,媒体不得在裁决做出前进行有倾向性宣传等。

参与的同时,对公众开展了身临其境的,也是最为有效的普法教育。

应当说,现代科技手段为实现全民普法教育提供了可能。在旧社会,知识作为一种稀缺资源一度为有钱人所独享,穷人家的孩子因上不起学而无法获取知识,沦落为文盲,不仅难以跻身于上流社会,而且对自身的基本权利和尊严也不懂得如何捍卫,甚至无法意识到自身权利和尊严的存在。随着新中国的建立,义务教育得到大力普及,普通民众都有机会接受免费的初级教育,法律基础成为必修的一门课程,但是更高层次的教育对普通人来讲依然是一种奢求。[①] 不过,时代进入 21 世纪后,随着互联网技术的发展和普及,知识和信息的流动性越来越强,不再是一种可以垄断的稀缺资源,而是变得越来越廉价,以至于随处可见,触手可得。当今时代的每个公民在汲取知识上都较之前的任何一个时代都变得更为平等、快速和便捷。教育,尤其是普法教育促使社会人完成从臣民向公民的转变。臣民的显著特点是对社会事务的冷漠、对管理权威的顺从、缺乏对公共事业的热情。而公民是一个权利意识觉醒的群体,普遍具有责任感和正义感,懂得理解和宽容,能够积极参与,并善于对话、懂得妥协。这些品格和素养正是回应型司法为增强自身的参与性、交涉性、反馈性与包容性而对其主体提出的基本素质要求。因而,普法教育是使公民成为回应型司法制度的适格主体的重要方式和有效手段。

普法教育作为教育的一项重要内容,直接向公民传播法律知识和理念,端正和深化公民对法律理论和实践的理解,树立公民对法律的尊重和对法治的追求。当公民通过接受普法教育变得更为懂法、守法和更具权利意识时,公民的正义感和社会责任感就会同步提升,对司法参与的冷漠会被参与热情所取代,司法参与就会成为公民的一种自觉行为和心理需要。于是,公民就会产生对法律的亲近感,能够自觉关注、旁听和参与案件的审理过程,能够理解证据的证明力和逻辑推理过程等相对专业的法律问题,对于案件裁判的公正与否尤为关切,并对裁判结果感同身受。因而他们渴望通过参与司法过程,将自身的理念付诸现实,以满足自身对司法权力监督和司法受益权分享的需要,并能够以实际行动切实维护自身权利,使社会公平和正义得以彰显。当一个社会中的合格公民占多数时,社会也就相应地进入了公民社会。回应型司法的良性运行依赖于公民社会所造就的具有权利意识和法律修养的适格主体,因而,

---

① 然而,笔者认为,普法教育作为社会发展之需和现代人的必备技能,应当对基本法律素养教育实行继续免费的做法,这应当被看作是一种国家义务,是具有现实合理性的。否则,整个社会终将会为那些法盲而付出更为沉重,甚至是无法弥补的代价。

回应型司法制度只有在一个健全的公民社会中才能够最终走向完善和全面发展。

　　为此,我们应当致力于使公民接受更多教育,提升教育质量和水平,在教育过程中应特别注重普法教育,全面提升公民的权利意识和法律修养。这一过程的实现既要通过加大对教育的投入力度,积极创新传统的学校教育方式,将法治教育纳入国民教育体系,又要尝试通过远程教育和网络信息共享平台建设,广泛利用新闻媒体和微博、微信等新兴媒体,扩宽法制宣传和教育的渠道,将法律知识以公众喜闻乐见的方式推送到公众面前,使普通公众获取知识的方式变得更为简单易行,从而扩大受众人群,增加教育普及的深度和广度,让更多的公民学习法律。此外,司法机关将司法过程打造为普法过程,将审判的法庭打造成普法的实践课堂,让公众在参与司法的同时,接受亲历性普法教育,将是一件推动全民法律意识和权利观念觉醒的影响重大、意义深远的事情,应当成为当前司法改革的一项重要内容,得到重视和推广。公民通过各种普法教育,从而增强自身权利意识和法律素养,成为回应型司法的适格主体。

二、创新司法体制改革,激活回应型司法的作用机制

　　"法官的独立性,即是法官在裁断案件时仅需依据案件事实和遵守相应的法律,法官之外的个人不得对法官行使职权产生影响。"[①]对于法官的独立性,马克思有句经典论述:"法官是法律世界的国王,除了法律就没有别的上司。"[②]可见,法官的独立性至关重要。这种独立性并不是一种任意性,而是法官只对法律负责,受法律约束,但又不受任何外力干预的独立性。法官具有了这种独立性之后,法官才能够真正听命于法律而不受他人摆布。只有这样,公众才能够以适用法律的公正性问题与法官进行对话,法官只有拥有了法律适用上的自主权,才有法律适用上的发言权,可以超然一身,就法论法,通过对法律不偏不倚地适用,并可直面公众的询问和质疑,使司法的回应机制得以正常而有效的运转。

　　司法体制改革就是为了使回应型司法的作用机制更好地发挥作用,使法官能够真正独立自主的适用法律审判案件,和公众就法律适用问题进行开诚

---

　　①　支振锋.司法独立的制度实践:经验考察与理论再思[J].法律与社会发展,2013(5).

　　②　马克思.马克思恩格斯(第1卷)[M].北京:人民出版社,1995:181.

布公地说理和论证。在这一过程中,法官或说服,或被说服,都旨在使审判回归法律本身的应然。因此,在司法制度的设计上,法院通过跨区化设置、去行政化、审判公开原则、回避制度、人民陪审制、法官终身制等一系列制度,把司法权从各种错综复杂的关系中剥离出来,使其真正与宪法要求、公众意见和当事人诉求相对接,从而有效回应宪法对司法的要求,回应民众对司法的期待,回应案件当事人的权利救济诉求。独立审判权的法官在获得独立审判权后,其首要任务是提高自身的道德自律性。在法官道德自律的制度设计上,采用遴选法官的"法学家一元主义"用人原则、法官司法职业豁免权、高薪制、退休不减薪等制度,确保法官坚守正义、信守中立、保持清廉。[①] 因此,要解决司法回应机制失灵的问题,应努力使司法回归到一种独立自主的状态,使法官能够独立而客观公正地司法。通过对司法体制改革的进一步创新与深化,完善各项法官管理制度,使回应型司法的作用机制更加顺畅。在这一机制的推动下,司法过程得以真正体现法官和公众的协力,从而使司法回归公平和正义。

三、推动公众亲历司法过程,增强回应型司法的运行能

"实践出真知",公民司法参与能力的提高需要公民亲历司法过程,经过现场的学习和感受,实地了解司法的具体程序和规则,并将法治的理念内化为自身的法律意识和修养。这种司法亲历行为可以是法庭旁听,也可以是出任陪审员。尤其是人民陪审员制度,为广大民众提供了一个现场实践司法权力的机会。托克维尔就曾说过,陪审制度可以使法官的一部分思维习惯进入公民的头脑,而这种法律的思维习惯,正是人民为主张自身权利,使自己自由而要养成的习惯。陪审制度赋予每个公民以一种主政的地位,使人人感到自己对社会负有责任和参加了自己的政府。[②] 可见,公民亲历司法过程无疑具有非常积极的作用,不仅可以增强参与者的社会责任感、正义感和参与意识,更是能够在参与实践的过程中锻炼自身的协商与对话能力,无形中提升了自身的话语权。

然而,现实的问题是,民众整日为生计而奔波,通常无暇顾及政治生活,司法参与活动势必会对公民的日常生活和工作带来一定干扰。加之许多民众法

---

① 汪进元.基本权利的保护范围:构成、限制及其合宪性[M].北京:法律出版社,2013:129.

② 托克维尔.论美国的民主(上卷)[M].商务印书馆,1997:316-317.

律意识相对淡薄,自身缺乏参与司法的主动性。此外,司法参与成本和参与专业性、复杂性的存在又抑制了民众参与司法的能力和积极性,导致民众的司法参与热情进一步降低,使原本所具有的主动参与诉求转而消减为被动参与义务。为应对这一局面,司法机关应当考虑为司法参与者提供尽可能的便利,尽量减少和避免对司法参与人的个人生活和工作产生消极影响,并通过支付给参与人一定的交通补助费用和劳务补贴的形式,为其承担参与司法活动的经济成本。司法机关还应与司法参与人的工作单位进行必要的沟通和协调,以取得所在单位对司法参与活动的理解,为司法参与人提供必要的支持和便利。这些与参与人切身利益相关问题的妥善解决将会有效调动司法参与人的积极性,促使其主动地参与到司法过程中。

结语:中国回应型司法制度的展望

　　处于转型期的中国社会呈现多元化的发展趋势,利益的分化与重组导致各种矛盾凸显,传统司法模式面临严峻挑战,司法公信力日渐式微。在这一背景下,为应对传统司法权的当代失落,进一步增强司法权的合法性,党的十八大明确提出了"进一步深化司法体制改革"的总目标。十八届三中全会则从"确保依法独立公正行使审判权"和"健全司法权力运行机制"两个方面提出了司法体制改革的主张,将司法权力更加独立、法检人员职业化管理、审判公开、审判统一和审责统一写进全会决定。在十八届三中全会决定提出的两方面要求中,"确保依法独立公正行使审判权"是实现司法公正的前提,"健全司法权力运行机制"是实现司法公正的必要保证。十八届四中全会对司法改革的具体路径予以进一步明确,对司法体制和工作机制提出了许多具有可操作性的具体措施。十八届四中全会之后,如何构建科学合理的审判权力运行机制成为法院改革的首要任务。由此可见,我国新一轮司法改革的力度之大,已经触及我国司法体制的核心问题,对建设法治中国具有重大而深远的意义。回应型司法是以司法坚守必要的独立性为前提和基础,通过将协商民主的理念、原则和程序规则引入司法制度中,赋予司法权的公正性以一个客观的外在评价标准和监督形式,使司法权力在阳光下运行,从而有效拘束司法权,促进司法公正的实现。

　　当前司法体制改革的主要任务是使司法权摆脱行政权的干预,变得更加独立,这无疑具有非常积极的作用。但是,实事求是地讲,行政权干预司法权纵然有着更多的弊病,但客观上也构成监督和制约司法权的力量之一。在司法权摆脱行政权的干预,获得彻底独立之时,另一个问题也随之浮现出来,那就是司法权会不会变得高高在上,更加傲慢与恣意呢?这完全是有可能的。甚至我们还可以大胆的设想,由于对法官独立行使审判权的强化,改革之前,行政权通过干预司法权获得权力寻租的机会或许在不久的将来就会演变为法官个人的司法权力寻租。这个道理很简单,就是谁可以决定判决结果,谁就有权力寻租的机会。如何避免这一问题出现,使司法权在走向独立的漫漫征程中大步向前而不走偏?难道是重新借助于行政权力的干预吗?这只是转移了寻租的主体而已,不能从根本上遏制寻租行为。但是,我们绝不能让司法系统自我封闭起来,仅仅依靠其自我约束。我们应当正确理解司法独立的内涵,明确司法独立并不等于司法专断。法官独立判断和自由心证的合法性均来自于其适用法律准确与审判程序正当这一大前提下。唯有如此,我们才应当保障法官的内心确信。如果发现法官审判程序失当,适用法律有误,无论谁都有权利向法官提出异议,法官必须做出合理解释,回应质疑,以维护自身做出的独立判断和内心确信的合法性。如果法官无法解释判决的合理性,法官的这种独立判断自然就失去了合法性。这为司法的外部他控体系介入司法过程提供了必要性与合理性。

为此,我们需要从两个层面拘束司法权力,健全司法权力的运行机制:一是健全司法内部的自控体系,旨在健全和完善司法权力的运行机制,打破司法的封闭和专断,为外部他控体系进入司法系统提供制度保障。自控体系的建构主要包括法官的职业化、职业保障制度、员额制、遴选制、审判责任制和错案追责制等一系列制度的确立,进而全面改革法官管理制度,以有效对接司法外部的他控体系;二是构建司法的外部他控体系。为更好地检验法官独立独断的合法性与合理性,需要引入一个外在于司法系统的监督和评判机制。这一机制鼓励公众合理合法地参与司法过程,参与过程适用协商民主的参与原则和程序安排,即参与主体地位平等、话语机会均等、协商议题被平等而自由的创设、避免先入为主、反馈意见受到同等重视、崇尚沟通和理性、善于理解和妥协等原则和安排。唯有严格地遵从协商民主的既有规则,司法过程的协商共识才有可能实现。于是,协商民主的原理和机制为构建新型的回应型司法制度提供了可能性和必要条件。

回应型司法将协商民主的理念引入司法制度,建立起协商民主与回应型司法的内在联系。在回应型司法中,协商民主的参与机制是回应型司法的基本前提,协商民主的交涉机制是回应型司法的作用机理,协商民主的反馈机制是回应型司法的核心功能,协商民主的包容机制是回应型司法的价值追求。

笔者虽确信回应型司法对当前的司法制度建设具有积极的促进作用,但是,对于协商民主进入司法系统后的实际运作状态亦有一定顾虑,就是协商民主在现有司法体制内如何被正当适用的问题。协商民主作为一种新型的民主形式，不是宽泛概念和意义上的大民主，而是一种经过缜密的规范化设计的规则之治，对协商程序有着严格要求。只有将协商民主在司法系统内的适用过程落实为一种强制性的司法程序，并依托于司法制度的强力保障，才能获得稳定的行为预期，从而实现回应型司法的协商民主之治。因此，科学合理地设计协商民主在司法过程中的具体适用形式将决定回应型司法制度的成败。然而，回应型司法作为司法改革的方向是人心所向，大势所趋，其前途是光明的。回应型司法可谓任重而道远，需要我们对它继续加以关注和研究。

参考文献

一、中文专著

1.汪进元.良宪论[M].济南:山东人民出版社,2005.

2.汪进元.基本权利的保护范围:构成、限制及其合宪性[M].北京:法律出版社,2013.

3.佟德志.在民主与法治之间[M].北京:人民出版社,2006.

4.罗豪才.软法与公共治理[M].北京:北京大学出版社,2006.

5.罗豪才.软法与协商民主[M].北京:北京大学出版社,2007.

6.张文显.法学基本范畴研究[M].北京:中国政法大学出版社,1993.

7.张文显.二十世纪西方法哲学思潮研究[M].北京:法律出版社,1996.

8.樊崇义.诉讼法学研究[M].北京:中国检察出版社,2002.

9.范愉.司法制度概论[M].北京:中国人民大学出版社,2004.

10.俞可平.法理与善治[M].北京:社会科学文献出版社,2003.

11.龚祥瑞.比较宪法与行政法[M].北京:法律出版社,2003.

12.刘立宪,谢鹏程.海外司法改革的走向[M].北京:中国方正出版社,2000.

13.李卫平.司法制度教程[M].郑州:郑州大学出版社,2004.

14.王干,汪道胜.地方法视野中的司法改革[M].北京:长江出版社,2005.

15.王建国.司法制度与纠纷解决机制[M].长春:吉林大学出版社,2006.

16.周泽民.国外法官管理制度观察[M].北京:人民法院出版社,2012.

17.程春明.司法权及其配置:理论语境、中英法式样及国际趋势[M].北京:中国法制出版社,2009.

18.陈琦华.回应型法理念:立案庭制度的实践与创新[M].北京:法制出版社,2012.

19.贺卫方.司法的理念与制度[M].北京:中国政法大学出版社,1998.

20.徐大同.西方政治思想史(第二卷)[M]天津:天津人民出版社,2005.

21.吴敬琏,许小年,于建嵘等.中国 2013:关键问题[M].北京:线装书局,2013.

22.高一飞等.司法公开基本原理[M].北京:中国法制出版社,2012.

23.江必新.法院执行工作实务指南[M].北京:人民法院出版社,2010.

24.汤德宗.权力分立新论(卷二:违宪审查与动态平衡)[M].台湾:台湾元照出版有限公司,2005.

25.周叶中.宪法[M].北京:高等教育出版社,2012.

26.莫江平.中国宪法学[M].北京:法律出版社,2002.

27.莫纪宏,翟国强主编.宪法研究(第 13 卷)[M].北京:社会科学文献出版社,2012.

28.何包钢.民主理论:困境和出路[M].北京:法律出版社,2008.

29.孙永芬.西方民主理论史纲[M].北京:人民出版社,2008.

30.高鸿钧.商谈法哲学与民主法治国:《在事实与规范之间》阅读[M].北京:清华大学出版社,2007.

31.孙谦,郑成良.有关国家司法改革的理念与经验[M].北京:法律出版社,2002.

32.周安平.大数法则:社会问题的法理透视[M].北京:中国政法大学出版社,2010.

33.陈金钊.司法方法与和谐社会的建构[M].北京:北京大学出版社,2009.

34.林来梵.从宪法规范到规范宪法:规范宪法学的一种前言[M].北京:法律出版社,2001.

35.俞可平.政府创新的中国经验:基于"中国地方政府创新奖"的研究[M].北京:中央编译出版社,2011.

36.李玉杰.审判管理学[M].北京:法律出版社,2003.

37.尹忠显.法院队伍建设实践与探索[M].济南市:山东人民出版社,2007.

38.关玫.司法公信力研究[M].北京:人民法院出版社,2008.

39.徐友军.比较刑事程序结构[M].北京:现代出版社,1992.

40.陈光中.刑事诉讼法学[M].北京:中国政法大学出版社,1996.

41.李心鉴.刑事诉讼构造论[M].北京:中国政法大学出版社,1992.

42.徐国贤.个人自由的政治理论[M].北京:法律出版社,2007.

43.吴文程.政治发展与民主转型[M].长春:吉林出版集团有限责任公司,

2008.

44.何海波.实质法治:寻求行政判决的合法性[M].北京:法律出版社,2009.

45.郭道久.以社会制约权力[M].天津:天津人民出版社,2005.

46.陈琦华.回应型法理念:立案庭制度的实践与创新[M].北京:法律出版社,2012.

47.范愉.纠纷解决的理论与实践[M].北京:清华大学出版社,2007.

48.陈刚.自律性社会与争议的综合体系[M].北京:中国法制出版社,2006.

49.苏力.送法下乡[M].北京:中国政法大学出版社,2000.

50.贺卫方.具体法治[M].北京:法律出版社,2002.

51.春鹰,李林编.依法改革与司法改革[M].北京:社会科学文献出版社,2008.

52.王焱.宪政主义与现代国家[M].北京:生活·读书·新知三联书店,2003.

53.颜厥安.法与实践理性[M].北京:中国政法大学出版社,2003.

54.徐国栋.民法基本原则解释:成文法局限性之克服[M].北京:中国政法大学出版社,1992.

55.沈宗灵.比较法总论[M].北京:北京大学出版社,1987.

56.国务院法制办公室.法律法规全书[M].北京:中国法制出版社,2012.

57.袁祖社.市场经济与现代社会的公共理性研究:当代"公共哲学"的理论视角[M].北京:中国社会科学出版社,2011.

58.王炎.罗尔斯、诺齐克、德沃金与哈耶克的理论及其他.知识分子的立场:自由主义之争与中国思想界的分化[M].长春:时代文艺出版社,2000.

59.龚祥瑞.西方国家司法制度[M].北京:北京大学出版社,1993.

60.贺日开.司法权威的宪政分析[M].北京:人民法院出版社,2004.

61.杨一平.司法正义论[M].北京:法律出版社,1999.

62.李龙.论协商民主:从哈贝马斯的"商谈论"说起[M].中国法学,2007(1).

63.胡军良.哈贝马斯对话伦理学研究[M].北京:中国社会科学出版社,2010.

64.卞建林.美国联邦刑事诉讼规则和证据规则[M].北京:中国政法大学出版社,1996.

65.林立.法学方法论与德沃金[M].北京:中国政法大学出版社,2002.

66.雷安军.美国司法审查制度及其理论基础研究:以美国最高法院司法审查的正当性为中心[M].北京:中国政法大学出版社,2011.

67.韩大元.比较宪法学[M].北京:高等教育出版社,2008.

68.郭相宏,完珉,任俊琳.宪法学基本原理[M].北京:中国社会出版社,2005.

69.编委会编.中华人民共和国法律法规及司法解释分类汇编·增补卷(1)[M].北京:中国民主法制出版社,2002.

70.任东来.美国宪政历程:影响美国的25个司法大案[M].北京:中国法制出版社,2004.

71.李金慧,武建敏.媒介与司法:一种理论的角度[M].北京:中国传媒大学出版社,2009.

72.白绿铉.美国民事诉讼法[M].北京:经济日报出版社,1996.

73.夏勇.走向权利的时代:中国公民权利发展研究[M].北京:中国政法大学出版社,2000.

二、译著

1.黑格尔.法哲学原理[M].北京:商务印书馆,1995.

2.孟德斯鸠.论法的精神[M].张雁深,译.北京:商务印书馆,1996.

3.诺内特,塞尔兹尼克.转变中的法律与社会[M].张志铭,译.北京:中国政法大学出版社,1994.

4.阿马.宪法与刑事诉讼[M].房保国,译.北京:中国政法大学出版社,2004.

5.卡洛斯·桑迪亚戈·尼诺.慎议民主的宪法[M].赵雪纲,译.北京:法律出版社,2009.

6.本杰明·卡多佐.司法过程的性质[M].苏力,译.北京:商务印书馆,2000.

7.博登海默.法理学:法律哲学与法律方法[M].邓正来,译.北京:中国政法大学出版社,1999.

8.贡塔·托依布纳.法律:一个自创生系统[M].张骐,译.北京:北京大学出版社,2004.

9.庞德.通过法律的社会控制[M].沈宗灵、董世忠,译.北京:商务印书馆,

1984.

10.罗纳德·德沃金.认真对待权利[M].信春鹰,吴玉章,译.北京:大百科全书出版社,1998.

11.罗尔斯.正义论[M].北京:中国社会科学出版社,1988.

12.哈特.法律的概念[M].许家馨,李冠宜,译.北京:法律出版社,2006.

13.戴维·赫尔德.民主的模式[M].燕继荣,等译.北京:中央编译出版社,2008.

14.卡罗尔·佩特曼.参与和民主理论[M].陈尧,译.上海:上海世纪出版集团,2006.

15.雷蒙·阿隆,丹尼尔·贝尔等.托克维尔与民主精神[M].北京:社会文献出版社,2005.

16.约·埃尔斯特主编.协商民主:挑战与反思[M].周艳辉,译.北京:中央编译出版社,2009.

17.约翰·S.德雷泽克.协商民主及其超越:自由与批判的视角[M].北京:中央编译出版社,2006.

18.毛里西奥·帕瑟林·登特里维斯.作为公共协商的民主:新的视角[M].王英津,等译.北京:中央编译出版社,2006.

19.塞拉·本哈比主编.民主与差异:挑战政治的边界[M].北京:中央编译出版社,2009.

20.詹姆斯·博曼.多元主义、复杂性与民主[M].黄相怀,译.北京:中央编译出版社,2006.

21.罗伯特·达尔.多元主义民主的困境:自治与控制[M].尤正明,译.北京:求实出版社,1989.

22.菲什金等.协商民主争论[M].张晓敏,译.北京:中央编译出版社,2009.

23.托克维尔.论美国的民主(上卷)[M].北京:商务印书馆,1997.

24.迈克尔·艾隆·艾森博格.普通法的本质[M].张曙光,等译.北京:法律出版社,2004.

25.罗纳德·德沃金.自由的法:对美国宪法的道德解读[M].刘丽君,译.上海:上海人民出版社,2001.

26.达玛什卡.司法和国家权力的多种面孔:比较视野中的法律程序[M].郑戈,译.北京:中国政法大学出版社,2004.

27.汉密尔顿,杰伊,麦迪逊.联邦党人文集[M].程逢如,等译.北京:商务印书馆,1980.

28.杰罗姆·巴伦,托马斯·迪恩斯.美国宪法概论[M].北京:中国社会科学出版社,1995.

29.夸克.合法性与政治[M].佟心平、王远飞,译.中央编译出版社,2002.

30.哈贝马斯.在事实与规范之间:关于法律和民主法治国的商谈理论[M].童世骏,译.北京:生活·读书·新知三联书店,2003.

31.哈贝马斯.合法化危机[M].刘北成,曹卫东,译.上海:上海人民出版社,2000.

32.罗斯科·庞德.普通法的精神[M].唐前宏,等译.北京:法律出版社,2001.

33.约翰·格雷.自由主义的两张面孔[M].南京:江苏人民出版社,2002.

34.德沃金.法律帝国[M].北京:中国大百科全书出版社,1996.

35.博登海默.法理学、法律哲学与法律方法[M].邓正来,译.中国政法大学出版社,1999.

36.哈贝马斯.后民族结构[M].曹卫东,译.上海:上海人民出版社,2002.

37.马修·德夫林,哈贝马斯.现代性与法[M].高鸿钧,译.北京:清华大学出版社,2008.

38.勒内·达维.英国法和法国法:一个实质性的比较[M].潘华仿,等译.北京:清华大学出版社,2002.

39.乔·萨托利.民主新论[M].冯克利,阎克文,译.北京:东方出版社,1993.

40.约翰·密尔.代议制政府[M].汪瑄,译.北京:商务印书馆,1982.

41.卢梭.社会契约论[M].何兆武,译.北京:商务印书馆,2005.

42.道格拉斯·C.诺思.经济史中的结构与变迁[M].上海:上海三联书店,1991.

43.棚濑孝雄.纠纷的解决与程序[M].王来新,译.北京:中国政法大学出版社,1996.

44.马克思.马克思恩格斯(第1卷)[M].北京:人民出版社,1995.

45.拉德布鲁赫.法学导论[M],米健,朱林,译.北京:中国大百科出版社,1997.

46.麦高伟,杰费里·威尔逊.英国刑事司法程序[M].姚永吉,等译.北京:法律出版社,2003.

47.迪特儿·格林.现代宪法的诞生、运作和前景[M].刘刚,译.北京:法律出版社,2010.

48.斯·R.孙斯坦.设计民主:论宪法的作用[M].金朝武,刘会春,译.北京:法律出版社,2006.

49.波斯纳.法官如何思考[M].苏力,译.北京:中国政法大学出版社,2002.

50.博西格诺等.法律之门[M].邓子滨,译.北京:华夏出版社,2007.

51.拉德布鲁赫.法哲学[M].王朴,译.北京:法律出版社,2005.

52.本杰明·卡多佐.法律的成长:法律科学的悖论[M].董炯,彭冰,译.北京:中国法制出版社,2002.

53.埃尔斯特,斯莱格斯塔德.宪政与民主:理性与社会变迁研究[M].潘勤,等译.北京:生活·读书·新知三联书店,1997.

54.M.J.C.维尔.宪政与分权[M].苏力,译.北京:生活·读书·新知三联书店,1997.

55.梅因.古代法[M].沈景一,译.北京:商务印书馆,1983.

56.哈贝马斯.交往行为理论(第2卷)[M].法兰克福:苏尔坎普出版社,1981.

57.松尾浩也.刑事法学的地平线[M].东京:有斐阁,2006.25.

58.权宁星.宪法学原论[M].汉城:法文社,1991.

59.许营.韩国宪法论[M].汉城:博英社,1988.

60.尤尔根·哈尔贝斯、半夏埃尔·哈勒.作为未来的过去[M].杭州:浙江人民出版社,2001.

61.加里·沃塞曼.美国政治基础[M].陆震纶,等译.北京:中国社会科学出版社,1994.

62.波斯纳.法律实用主义与民主[M].凌斌,等译.北京:中国政法大学出版社,2005.

63.哈贝马斯.交往与社会进化[M].重庆:重庆出版社,1989.

三、中文论文

1.汪进元.政治文明与宪政的关系[J].中国法学,2003(6).

2.汪进元.论宪法的正当程序原则[J].法学研究,2001(2).

3.陈忠林.司法民主是司法公正的根本保证[J].法学杂志,2010(5).

4.苏永钦.漂移在两种司法理念间的司法改革:台湾司法改革的社经背景与法制基础[J].环球法律评论,2002(1).

5.韩大元.东亚国家司法改革的宪政基础与意义:以韩国司法改革的经验

为中心[J].浙江社会科学,2004(3).

6.陈家刚.多元主义、公民社会与理性:协商民主要素分析[J].天津行政学院学报[J],2008(4).

7.贺卫方.改革司法改革[J].人民法院报,2002-1-4.

8.苏力.关于能动司法与大调解[J].中国法学,2010(1).

9.齐树洁,黄斌.德国民事司法改革新动向[N].人民法院报,2002-10-30.

10.燕继荣.协商民主的价值和意义[J].科学社会主义,2006(6).

11.陈家刚.风险社会与协商民主[J].马克思主义与现实,2006(3).

12.肖北庚.论协商民主在行政决策机制中的引入[J].时代法学,2009(5).

13.李瑜青,邓玮.司法实践中平衡术的动力与行动逻辑:对行政诉讼从法社会学视角所作的一种研究[J].政治与法律,2008(6).

14.刘孔中,王红霞.台湾地区司法改革60年:司法独立的实践与挑战[J].东方法学,2011(4).

15.汤维建.挑战与应对:民行检察监督制度的新发展[J].法学家,2010(3).

16.刘志刚.宪法诉讼的目的[J].中国人民大学学报,2003(5).

17.蔡定剑.法制的进化与中国法制的变革:走向法治之路[J].中国法学,1996(5).

18.蔡定剑.宪法实施的概念与宪法施行之道[J].中国法学,2004(1).

19.苗连营.关于设立宪法监督专责机构的设想[J].法商研究,1998(4).

20.何其生.变革与回应:法律静力学和法律动力学的视角[J].河南省政法管理干部学院学报,2000(5).

21.莫纪宏.宪政普遍主义与民主[J].外国法译评,2001(1).

22.胡东,李雪沣.关于民意的民主性思考[J].政治学研究,2006(2).

23.孙笑侠,熊静波.判决和民意[J].政法论坛,2005(9).

24.陈树森.博弈与和谐:穿行于法意与民意之间的司法[J].法律适用,2009(9).

25.肖仕卫.刑事法治实践中的回应型司法:从中国暂缓起诉、刑事和解实践出发的分析[J].法制与社会发展,2008(4).

26.肖建国.回应型司法下的程序选择与程序分类:民事诉讼程序建构与立法的理论反思[J].中国人民大学学报,2012(4).

27.江国华.民主·宪政民主及其低度程序法则[J].现代法学,2004(3).

28.汪进元.国家治理体系中政府权力的分化与重组[J].法商研究,2014(3).

29.汪进元,汪新胜.程序控权论[J].法学评论,2004(4).

30.汪进元.法治进程中的程序法制及其现代化[J].武汉大学学报(社会科学版),2001(1).

31.林来梵,刘练军.论宪法政治中的司法权[J].福建师范大学学报(哲学与社会科学版),2007(2).

32.周永坤.民意审判与审判元规则[J].法学,2009(8).

33.贺卫方.中国司法管理制度的两个问题[J].中国社会科学.1997(6).

34.支振锋.司法独立的制度实践:经验考察与理论再思[J].法律与社会发展,2013(5).

35.陈光中,肖沛权.关于司法权威问题之探讨[J].政法论丛,2011(1).

36.徐美君.司法权威实现司法公正的关键[J].政治与法律,2004(5).

37.李本森.社区司法与刑事司法的双系耦合[J].法律科学(西北政法大学学报),2014(1).

38.汪进元.法治的价值与价值的法制建构[J].法商研究,2001(1).

39.汪进元.法治模式论[J].现代法学,1999(2).

40.韩大元.略论宪法正当性[J].法学,1995(2).

41.贺日开.司法权威:司法体制改革的目标、重点与起点[J].江海学刊,2006(6).

42.谢晖.论当代中国官方与民间的法律沟通[J].学习与探索,2000(1).

43.吕明.从"司法能动"到"司法克制":略论近年来中国司法改革的方向之变[J].政治与法律,2009(9).

44.葛洪义.社会团结中的法律:略论涂尔干社会理论的法律思想[M].现代法学,2000(4).

45.周少华.法律之道:在确定性与灵活性之间[J].法律科学(西北政法大学学报),2011(4).

46.陈端洪.法与民主:中国司法民主化及其批判[J].中外法学,1998(4).

47.陈柏峰.法治热点案件讨论中的传媒角:以"药家鑫案"为例[J].法商研究,2011(4).

48.汪进元.基本权利的合宪性基准[J].政法论丛,2010(8).

49.周佑勇.行政法的程序正当原则[J].中国社会科学,2004(4).

50.陈金钊.能动司法及其法治论者的焦虑[J].清华法学,2011(3).

51.苏力.法条主义、民意与难办案件[J].中外法学,2009(1).

52.李步云,柳志伟.司法独立的几个问题[J].法学研究,2002(3).

53.何兵.人民司法如何贴近人民?[N].南方都市报,2008-4-15.

54.杨力.新农民阶层与乡村司法理论的反证[J].中国法学,2007(6).

55.田口守一,付玉明.日本裁判员制度的意义与课题[J].法律科学(西北政法大学学报),2012(1).

56.韩大元.韩国宪法学理论的发展[J].中外法学杂志,1997(3).

57.季卫东."当代法学名著译丛"评介(选登)[J].比较法研究,1994(1).

58.汪进元.司法能动与中国司法改革的走向[J].法学评论,2013(2).

59.谢鹏.浅析刑事和解理念对辩诉交易制度的启示:以被害人为视角[J].法学论坛,2006(4).

60.周叶中.关于宪法的几点认识与宪法实施的几点建议[J].湖北社会科学,2004(6).

61.赵钢.德国联邦宪法诉讼制度评介[J].河北法学,1998(1).

62.PETER E QUINT.宪法在私法领域的适用:德、美两国比较[J].余履雪,译.中外法学,2003(5).

63.张艳,张晶.我国基本权利保障之历史检视与制度重构[J].求实,2011(2).

64.王来华等.对舆情民意和舆论三概念异同的初步辨析[J].新视野,2004(5).

65.胡玉鸿."人民法院"与陪审制度:经典作家眼中的司法民主[J].政法论坛,2005(4).

66.顾培东.公众判意的法理解析[J].中国法学,2008(4).

67.齐志超.怎样科学测算法官的工作量[N].人民法院报,2014-8-23.

68.廖永安,刘方勇.人民陪审员制度目标之异化及其反思:以湖南省某市人民陪审员制度实践为样本的考察[J].法商研究,2014(1).

69.叶青,王晓华.论法院之友制度及其在我国的移植障碍[J].现代法学,2008(2).

70.丹尼尔·W.凡奈斯.全球视野下的恢复性司法[J].南京大学学报(哲学人文科学社会科学版),2005(4).

71.冀祥德.中国刑事辩护的困境与出路[J].政法论坛,2004(2).

四、外文论著

1.J.S.Mill,Essays On Politics and Culture,Himmelfarb G.(ed.),New York(1963).

2.Dahl,Robert.Democracy and Its Critics.New Haven,CT:Yale University Press,1989.

3.John Parkinson,Why Deliberate? The Encounter between Deliberation and New Public Managers, Public Administration Vol.82 No.2,2004.

4.Benhabib,"Toward a Deliberative Model of Democratic Legitimacy", Seyla Benhabib.ed,Democracy and Difference,Princeton:Princeton University Press,1996.

5. Edward C. Weeks, The practice of deliberative democracy: Results from four large-scale trials, Public Administration Review, Jul/Aug 2000 (60),4.

6.B.C.Herrnesy.Public Opinion, Belmont:Wadsworth Publishing Company, 1970.

7.Gregory Y.Porter.Uncivil Punishment:The Supreme Court's Ongoing Struggle with Constitutional Limits on Punitive Civil Sanction,S.CALL.L. REV.1997, Vol.70.

8.H.Simon.Reason in Human Affairs, Oxford:Blackwell, 1983.

9.Emest Angell.The Amicus Curiae:From Friendship to Advocacy,72 Yale L,J.694(1963)

10.H.C.Black.Black's Law Dictionary.West Publishing Co.,1979.

11.G.Ganz,Allocation of Decision-Making Functions, [1972]Public Law 215.

12.Bryan A.Garner.Black.Law Dictionary,8th Ed.West Publishing Co. 2004.

13.Lord Irvine of Laing QC,Judges and Decision-makers:The Theory and Practice of Wednesbury Review, [1996]Public Law 59.

14.C.Diver, The Optimal Precision of Administrative Rules, Yale Law Journal, 1983, Vol.93, 65.

15.J.Black, Which Arrow:Rule Type and Regulatory Policy, [1995] Public Law 94.

16.Sir Stephen Sedley, The Sound of Silence:Constitutional Law without a Constitution, Law Quarter Review, 1994, Vol.110, 270.

17.J.Mitchell, The Causes and Effects of the Absence of a System of Public Law in the United Kingdom,[1965]Public Law 95.

18.F.Cohen, Transcendental Nonsense and the Functional Approach, Columbia Law Review, 1935, Vol.35, 809.

后 记

本书是在本人博士学位论文的基础上进一步修改、完善而成的。这一撰写过程使本人想起三年的博士学习生活和论文写作情景,尽管艰辛却快乐且颇有成就感。记忆中的东南大学校园绿树成荫、花团锦簇。每天独居一隅,奔走于图书馆、餐厅和宿舍之间,忘情于浩瀚文献之中。打字、阅读、查询、修改和校对,虽然看似枯燥的写作生活,却让自己在平静中得以倾听内心的声音,在忙碌中品味几分充实与喜悦。这令本人的思想更加沉淀,学术追求也日益坚定。读书期间,每一个细微的经历至今仍历历在目,难以忘怀,这必将成为本人一生的精神财富。

本书的顺利完成得益于本人读博期间的学习经历。在这三年里,本人遇到了许多好老师,结识了许多好朋友,创造了从未有过的读书纪录,极大地增长了理论知识,开阔了学术视野,提高了治学水平。这不仅是知识的增长,更是人生在更高平台上的历练;不仅是学术的积累,更是对人生意义和价值的探究与追寻。

伴随本书写作的完成,一丝轻松和喜悦涌上心头,除此之外,更多的则是由衷的感激之情。在这里,首先要感谢本人的导师汪进元教授,他在百忙之中给予本人诸多指导和帮助,从选题拟订到写作完成,无不渗透着恩师的心血与汗水。恩师学识之渊博,思想之深邃,治学之严谨,言谈之睿智,深深地影响本人,并将使本人受益终生。师母张老师在生活上给予本人无微不至的关怀,在图书馆为本人提供了许多便利的条件,实在感激不尽。没有恩师、师母的教导和关爱,就不会有本书的完成。在此,谨向导师和师母表示深深的敬意和最诚挚的感谢。

此外,本人还要感谢东南大学周佑勇教授、刘艳红教授、孟鸿志教授、龚向和教授、周少华教授、施建辉教授、孟红教授、欧阳本祺教授、李煜兴教授、顾大松教授等在课程学习和论文写作过程中给予本人的诸多关心和指导;感谢董国珍老师、崔立群老师等在课程安排、学术交流上给予本人的帮助；感谢东南大学法学院资料室老师在查阅资料过程中为本人提供的诸多方便。

本人还要感谢朝夕相处的同学。三年时光虽然短暂，我们之间却有无数次的交流、探讨与辩论。午夜时分的思想交锋与观点论战，至今仍记忆犹新；相互之间的帮助和勉励令本人在最困难的时候仍然能保持自信与乐观。

感谢母校东南大学，为本人提供了优越的学习环境与治学条件。本人非常荣幸地参加了母校一百一十周年华诞，见证了东南大学的风雨历程。在此，衷心地祝愿母校的明天更加灿烂辉煌！

本书最后的修改和完善是在本人于香港大学法律学院访学期间进行的，并有幸得到了香港大学法律学院陈弘毅教授、赵云教授、吴海杰教授的悉心指导，在此一并表示感谢！

最后，需要说明的是，由于本书论题涉及面广、资料庞杂，加之本人学识浅薄，书中缺点和错误在所难免，恳请各位老师和同人给予批评、指正。

吴建国
2016 年 10 月于香港大学智华馆